# जयशंकर प्रसाद

30 जनवरी, 1889—15 नवम्बर, 1937

बीसवीं सदी की हिन्दी रचनाशीलता और छायावाद के आधार स्तम्भों में से एक। सिर्फ 48 साल की उम्र मिली, इसके बावजूद कविता, कहानी, नाटक, उपन्यास और निबन्ध के क्षेत्र में असाधारण उपस्थिति। परवर्ती पीढ़ी के रचनाकारों पर गहरा प्रभाव डाला। हिन्दी साहित्य सम्मेलन द्वारा 'मंगला प्रसाद पारितोषिक' से सम्मानित।

सम्पादक

## सुबोध शुक्ल

युवा आलोचक और अनुवादक। आधुनिकता से जुड़ी वैचारिकी पर लगातार लेखन। रचना समय के 'सिमोन द बोउवार' पर केन्द्रित अंक का सम्पादन। स्त्रीवाद की प्रतिनिधि वैचारिकी पर केन्द्रित अनुवादों की किताब 'गूँगे इतिहासों की सरहदों पर' प्रकाशित। कई अन्य किताबें प्रकाशन की प्रक्रिया में।

शृंखला सम्पादक

## बद्री नारायण

हिन्दी के महत्त्वपूर्ण कवि और समाजविज्ञानी। कविताओं के चार संग्रह प्रकाशित। हिन्दी और अंग्रेजी में अनेक किताबों के लिए चर्चित। आजकल गोविन्द बल्लभ पंत सामाजिक विज्ञान संस्थान के निदेशक। 'भारतभूषण अग्रवाल पुरस्कार' और 'साहित्य अकादेमी पुरस्कार' सहित अनेक महत्त्वपूर्ण सम्मानों से सम्मानित।

**शृंखला संयोजन**

डॉ. सूर्य नारायण
डॉ. विवेक निराला
डॉ. सुबोध शुक्ल

# विचार का आईना

कला ✦ साहित्य ✦ संस्कृति

जयशंकर प्रसाद

सम्पादक

सुबोध शुक्ल

शृंखला सम्पादक

बद्री नारायण

लोकभारती पेपरबैक्स

लोकभारती पेपरबैक्स में
**पहला संस्करण :** 2023



**लोकभारती पेपरबैक्स :** उत्कृष्ट साहित्य के लोकप्रिय संस्करण

लोकभारती प्रकाशन
पहली मंजिल, दरबारी बिल्डिंग, महात्मा गांधी मार्ग
प्रयागराज-211 001
द्वारा प्रकाशित

**शाखाएँ :** 1-बी, नेताजी सुभाष मार्ग, दरियागंज, नई दिल्ली-110 002
अशोक राजपथ, साइंस कॉलेज के सामने, पटना-800 006

वेबसाइट : www.lokbhartiprakashan.com
ई-मेल : info@lokbhartiprakashan.com

बी.के. ऑफसेट
नवीन शाहदरा, दिल्ली-110 032
द्वारा मुद्रित

**मूल्य :** ₹250

Vichar Ka Aina
Kala Sahitya Sanskriti
JAISHANKAR PRASAD
*Edited* by Subodh Shukla

ISBN : 978-93-92186-97-4

# दो शब्द

कला, साहित्य, संस्कृति लोकभारती प्रकाशन की एक अनूठी पुस्तक-श्रृंखला है जिसमें भारत के मनीषियों, रचनाकारों एवं चिन्तकों के कला, साहित्य एवं संस्कृति पर केन्द्रित आलेखों, विचारों एवं साहित्य के अनेक विधाओं में अभिव्यक्त चिन्तनपूर्ण गद्यों का संकलन किया गया है।

आज के बाजारवाद के दौर में कला, साहित्य एवं संस्कृति को बचाए रखने के लिए यह जरूरी है कि हम अपने लेखकों, कवियों, मनीषियों, राजनीतिक द्रष्टाओं के कला, साहित्य एवं संस्कृति विषयक विमर्शों को याद करें एवं उनसे अपने को जोड़ें। ये विमर्श ही हमारी रचनाशीलता पर उपस्थित खतरों से हमें बचा पाएँगे। आज तो हमारी सामाजिकता पर भी खतरे उपस्थित हो गए हैं। मुझे तो लगता है कि कला, साहित्य एवं संस्कृति न हो तो समाज नहीं, समाज नहीं तो हम नहीं। फिर प्रश्न उठता है कि कला, साहित्य एवं संस्कृति को सत्ता एवं बाजार से कैसे बचाया जाए? मुझे तो लगता है कि खुद साहित्य, कला एवं संस्कृति में निहित, प्रवाहित एवं अभिव्यक्त हो रहे विचार ही साहित्य, कला एवं संस्कृति को बचा पाएँगे। उन विचारों को जितना स्मरण एवं पाठ किया जाएगा, उतना ही कला, साहित्य एवं संस्कृति के बचने के स्पेस हम निर्मित कर पाएँगे।

यह श्रृंखला न केवल हिन्दी वरन् अनेक विश्व-भाषाओं में इसलिए विशिष्ट है क्योंकि इसमें भारतीय लोक एवं समाज-चिन्तन की वैचारिक छाया भी मौजूद है। इस श्रृंखला में शामिल चिन्तकों एवं लेखकों का चयन एक अत्यन्त संवेदनशील विद्वानों के समूह ने किया है। साथ ही इसमें हरेक खंड के सम्पादक अपने-अपने क्षेत्र के महत्त्वपूर्ण नाम हैं।

श्रृंखला का यह खंड हिन्दी के प्रखर युवा चिन्तक एवं रचनाकार सुबोध शुक्ल ने तैयार किया है। जयशंकर प्रसाद हिन्दी भाषा के ही नहीं, सम्पूर्ण भारतीय भाषाओं के एक नायाब कवि तो हैं ही, एक गहन दार्शनिक एवं ऐतिहासिक विवेक रखनेवाले चिन्तक भी हैं। ऐसा कई

लोगों को महसूस होता है कि उन्हें भारतीय समाज एवं साहित्य की व्याख्या में जो महत्त्व मिलना चाहिए था, वह नहीं मिला है। यह खंड हमें जयशंकर प्रसाद जी की बौद्धिकता एवं विचारपरकता से तो हमें जोड़ेगा ही, साथ ही हमें उनके पुनर्मूल्यांकन के लिए बाध्य भी करेगा।

**—बद्री नारायण**

गोविन्द वल्लभ पंत सामाजिक विज्ञान संस्थान

प्रयागराज-2110019

# भूमिका

एक सर्जक और उसके समय के आभ्यन्तरिक शिल्प को डिकोड करने में जो सबसे बड़ी बाधा है, वह है—स्मृति का सरलीकरण और प्रासंगिकताओं को निर्धारित करने का पूर्वग्रही समाजशास्त्र। इसीलिए किसी रचनाकार की उपस्थिति और उपादेयता के सवाल, समय के वृहत्तर भाव-आयामों और चेतना की सरलतम नैसर्गिकता के सवाल भी होते हैं।

किसी कवि को उसके आकलित वर्तमान से निकालकर अपने अनुमानित समकाल तक लाने की चेष्टा दोधारी तलवार की तरह होती है—एक ओर तो वह ऐतिहासिक रूप से समाज-संस्कृति के पारस्परिक संगठन के बीच साहित्य की सामूहिक पहचान में अतीत होते जाने के खतरे से जूझती है, दूसरी ओर वैचारिक स्तर पर चिन्तन और अनुभव के यान्त्रिक किस्म के पुनर्गठन से, जहाँ स्वभाव की निरुद्वेग आत्मसजगता को एक विचलित सामान्यीकरण में अनुकूलित कर दिये जाने की सम्भावना लगातार मौजूद रहती है।

अक्सर ही विचार का स्वकेन्द्रित और आत्मलीन आग्रह संवाद के स्थापत्य को अविकसित छोड़ देता है, विशृंखलित कर जाता है। इसीलिए एक रचनाकार अपनी प्रत्यक्ष या कहें, अभिव्यक्त भूमिका में जिस सामाजिक विरासत का हिस्सा होता है, उसे इतिहास के दीर्घकालिक परिप्रेक्ष्य में भी देखना और समझना होता है।

समकालीनता के एकदिशात्मक तनाव और उसके समानान्तर गतिशील, कथित यथार्थकामी सरोकारों का आपसी संघर्ष, रचनाशीलता के अपरीक्षित विवेक को सार्वजनिक पक्षधरताओं से जोड़ने का काम तो क्या ही करता है, उलटा उसे एक हठधर्मी अमूर्तता में बदलकर विचार की व्यापक और अन्तर्संयोजित प्रणाली से असम्पृक्त और असम्बद्ध कर देता है। इस प्रक्रिया के तीन जोखिम से भरे परिणाम सामने आते हैं—पहला, रचना और रचनाकार के भौतिक आलम्बन लगभग न के बराबर होते जाते हैं; दूसरा, रचनाकार की सैद्धान्तिक निर्मिति को

सुगमता से किसी भावुक स्वप्नशीलता में ढकेला जा सकता है और तीसरा और सबसे महत्त्वपूर्ण कि रचनाकार होने के सामयिक तर्क का, यथास्थितिवादी विश्वासों और इच्छित अनुभवों के दायरे में संकुचन किया जा सकता है।

प्रसाद बीसवीं सदी की हिन्दी सृजनशीलता के ऐसे ही सदाशयी दुराग्रह रहे हैं। उन्हें आलोचित और विवेचित करने की साहित्य में तीन परम्पराएँ रही हैं—पहली, जिसमें उन्हें एक सुरक्षित भावावेग और सुविधापूर्ण संवेदन का लेखक माना गया; दूसरी, जिसमें उन्हें परम्परा और आधुनिकता के चालू मुहावरों के बीच एक किस्म के प्रतिक्रियावादी सौन्दर्यबोध का हिमायती माना गया और तीसरी, जहाँ वे किसी असमाप्त आस्था के अनथक प्रतिबद्धता के रचनाकार हैं। तीनों परम्पराओं में प्रसाद का पाठ क्रमश: वैयक्तिक असहिष्णुता, शास्त्रीय या कहें, शहराती रोमान और एकायामी अभिरुचियों का शिकार रहा है।

एक विस्तृत फलक पर वे जिस आत्मकेन्द्रित आदर्शवाद के पैरोकार माने गए या फिर जैसे उन्हें परम्परा के स्थूल और रोमांटिक इतिहास-बोध का आरोपी सिद्ध किया गया है, उससे तो यही प्रतीत होता है कि वे पिछली सदी के सबसे कुपठित, विसंगतिपूर्ण और दुस्साध्य कवियों में से भी एक रहे हैं।

छायावाद आधुनिक हिन्दी रचनाशीलता का संक्रमण काल है। जितनी तरह के रचनात्मक और वैचारिक द्वैत छायावाद में जन्मे; जितने सभ्यतागत ऐन्द्रिक द्वन्द्व और उनके विरोधाभासों से छायावाद टकराता है और कई मायनों में अतिक्रमित भी करता है, वह इसके पूर्व हिन्दी साहित्येतिहास में सिर्फ भक्तिकाल (मध्यकाल) में ही देखने को मिलता है। छायावाद हिन्दी रचनाशीलता में यथार्थ की कलात्मक जिम्मेदारी के रूप में सामने आनेवाले दौर की तरह भी याद किया जाता है और साथ ही अतीत को देखने-समझने के आत्मग्रस्त कुचक्र से अलग सांस्कृतिक सत्याग्रह की तरह भी।

एक ऐसे स्वायत्तशासी दौर में जहाँ यथार्थ और समकालीनता के जिन रासायनिक और लगातार परिवर्तनशील आग्रहों का प्रभुत्व है और जिस तरह से मत, औपचारिकता और तदर्थता का अपारदर्शी अवचेतन गढ़ा जा रहा है, उसके चलते प्रसाद असंगत और कमोबेश अप्रचलित-से हो गए हैं। किन्तु यह असंगति ही प्रसाद के रचनात्मक आत्मजगत का अप्रस्तुत भी तैयार करती है जिसमें हमारे दौर के असंख्य अन्तर्विरोध और संकटग्रस्त मनुष्यता की अनुगूँजें मौजूद हैं।

प्रसाद सम्भवत: आधुनिक हिन्दी लेखन के वे पहले रचनाकार है जिन्होंने यथार्थ के जटिलतम सन्दर्भों को आस्वाद-प्रक्रिया का साझेदार बनाया। भारतीय संस्कृति-सभ्यता के जितने जातीय, दार्शनिक और अस्मिताबोधी टकराहटों के उत्स प्रसाद-वाङ्मय में दर्ज हैं, वह उनके समकालिकों (यदि निराला को छोड़ दें) और उनके उत्तर-रचनाकारों में भी विरल हैं। प्रसाद की रचनाधर्मिता की कुछ अनिवार्य और दुर्व्याख्या से पीड़ित अवधारणाएँ हैं जिनका सामाजिक-आर्थिक पाठ आज भी विभिन्न किस्म की विभाजित व्यवस्थाओं और यथासम्भव उतावली पक्षधरताओं का शिकार है।

हमें यह याद रखना चाहिए कि प्रसाद का समय वैश्विक स्तर पर औपनिवेशिक प्रतीकों की त्रासद नाटकीयता का समय भी है। साम्राज्यवाद, राष्ट्र की सामूहिक चेतना को पैसिव आत्मसातीकरण और उपभोग की स्वेच्छाचारी तकनीक के नैरेटिव के बीच रिऑर्डर कर रहा था। एक ओर उपनिवेश अपनी सांस्थानिक हिंसा को सार्वजनिक मानस की धारणा और नियति की तरह इस्तेमाल कर रहा था तो दूसरी ओर धर्म भी इतिहास के नौस्टेलजिक मॉडल को उसके प्रतिरोधी वस्तुपरक दृष्टिकोण से वंचित कर रहा था और इस तरह से आधुनिकता और परम्परा के बीच अन्तर-पठनीयता शून्य-सी हो रही थी।

बीसवीं सदी के प्रारम्भिक दशक अन्तरराष्ट्रीय स्तर पर औद्योगिकता और नैतिकता के चुनावधर्मी गोलार्धों में बँटे थे। देश का राजनीतिक अन्त:करण परिवर्तन और मुक्ति के पारस्परिक औचित्य को सिद्ध करने के लिए अतीत से बद्धमूल रोमांटिक प्रभाववाद और स्मृतियों के रेटरिक का सहारा ले रहा था, वहीं दूसरी ओर स्थानिक अस्तित्व-बोध, पूँजी और शासन की निरंकुश बायनरी के बीच सांस्कृतिक एकीकरण के आयामों की पड़ताल कर रहा था। एक तरह से यह कहा जा सकता है कि यह दौर जहाँ इतिहास की वस्तु-सत्ता को समसामयिक मानवीय संघर्ष की निगाह से देखने की प्रवृत्ति पैदा करता है, वहीं दूसरी ओर इतिहास की तथ्यनिष्ठ विषमताओं तथा उसकी वर्चस्ववादी शक्तियों द्वारा रणनीतिक इस्तेमाल की राजनीति का भी उत्खनन करता है।

प्रसाद के विपुल वैचारिक गद्य से गुजरते हुए यह बार-बार महसूस होता है कि वे अपने समय की परिवर्तनकामी राजनीतिक-सामाजिक नियति को जिस रचनात्मक सादृश्यता के साथ लोकेट करने का प्रयास कर रहे थे, उसके सूत्र उन्होंने भारत की व्यापक सांस्कृतिक स्मृतियों और उनके सर्वसमावेशी रूपकवाली ऑर्गेनिक संवेदना से लिये थे। यहाँ संक्षेप में

उनकी रचनात्मक परियोजना के अन्तर्गत आनेवाले विविध स्तरीय बौद्धिक पद्धतियों और उनके सैद्धान्तिक मन्तव्यों की पड़ताल करेंगे।

प्रसाद का इतिहास-बोध सामासिक जीवनानुभवों के अतीतधर्मी सत्य का एक ज्ञानात्मक उद्यम है। वे इतिहास को वस्तुनिष्ठ सुनिश्चितता के दायरे से बाहर देखते हैं। उनके लिए इतिहास का अनुशीलन जितना भौतिक रूप से मुखर होता है, उतना ही ऐच्छिक रूप से भी अभिव्यक्त होता है। वह घटनाओं की निर्मिति और उत्पादन का जितना आलोचनात्मक संयोजन है, उतना ही स्वभाव की विकासमान प्रक्रिया का भावनात्मक सौन्दर्यशास्त्र भी। प्रसाद की इतिहास-दृष्टि में समाज और उसकी शक्ति-संरचना के समानान्तर अनुभव-तंत्र के संकल्पों का इच्छा-जगत भी शामिल है।

['इतिहास से घटनाओं की प्राय: पुनरावृत्ति होते देखी जाती है। इसका तात्पर्य यह नहीं कि उसमें कोई नई घटना होती ही नहीं। किन्तु असाधारण नई घटना भी भविष्यत् में फिर होने की आशा रखती है। मानव-समाज की कल्पना का भंडार अक्षय है, क्योंकि वह इच्छा-शक्ति का विकास है। इन कल्पनाओं का, इच्छाओं का मूल सूत्र बहुत ही सूक्ष्म और अपरिस्फुट होता है। जब वह इच्छा-प्राप्ति किसी व्यक्ति या जाति में केन्द्रीभूत होकर अपना सफल या विकसित रूप धारण करती है, तभी इतिहास की सृष्टि होती है। विश्व में जब तक कल्पना इयत्ता को नहीं प्राप्त होती, तब तक वह रूप-परिवर्तन करती हुई पुनरावृत्ति करती ही जाती है। समाज की अभिलाषा अनन्त स्रोतवाली है। पूर्वकल्पना के पूर्ण होते-होते एक नई कल्पना उसका विरोध करने लगती है और पूर्वकल्पना कुछ काल तक ठहरकर, फिर होने के लिए अपना क्षेत्र प्रस्तुत करती है। इधर इतिहास का नवीन अध्याय खुलने लगता है। मानव-समाज के इतिहास का इसी प्रकार संकलन होता है।' —'अजातशत्रु', कथा-प्रसंग]

इसीलिए प्रसाद की इतिहास-चेतना 'वस्तु' से अधिक 'प्रणाली' है, जिसमें समस्त मानवीय आयाम अपने स्थूल और सूक्ष्म, जागतिक और आत्मिक, भौतिक और तात्त्विक परिस्थितियों के आधार पर आकलित किये जाते हैं। इतिहास प्रसाद जी के लिए वर्तमान की कंडीशनिंग को उसके धारणामूलक संस्कार-बोध में खँगालने की कोशिश है क्योंकि इतिहास जितना प्रत्यक्ष है, उतना ही परम्परा के अवचेतन का हिस्सा भी है। उनका मानना है कि विकास और प्रगति के मैकेनिज्म को, बोध और ज्ञान के अविच्छिन्न प्रवाह में ही देखना होगा जहाँ राजनीतिक-

सामाजिक संगतियाँ, मानवीय मन:स्थितियों, मध्यस्थ आत्मजगत और कर्मजनित अभिलाषाओं के साथ मिलकर सभ्यता के अन्वेषण का अन्तर्विकास और बहिर्प्रारूप तैयार करते हैं।

प्रसाद का मानना रहा है कि इतिहास का काम क्रिया को दर्ज करना मात्र नहीं है बल्कि उसके प्रेरक और काम्य बीज-भाव को प्रकट करना भी है जो मानव-सभ्यता के संघर्षों और रूपान्तरणों की संघटक शृंखला बनाता है। फिर यह भी ध्यान रहे कि प्रसाद इतिहासकार नहीं हैं, वे रचनाकार हैं। वे इतिहास को साहित्य की आधारभूत नाटकीयता के साथ एकमेक करते हैं जिससे इतिहास का यथार्थ, साहित्य की मौलिक मनोदशा और सांकेतिक संवेदना बनकर सामने आए। ऐसे मौके पर इतिहास, रचनाकार के लिए परिकल्पना, जीवन-मूल्य और सांस्कृतिक आदर्श को प्रस्तुत करनेवाली एक मांसल विचारधारा बन जाता है।

['आज हम सत्य का अर्थ घटना कर लेते हैं, तब भी उसके तिथिक्रम मात्र से सन्तुष्ट न होकर, मनोवैज्ञानिक अन्वेषण के द्वारा इतिहास की घटना के भीतर कुछ देखना चाहते हैं। उसके मूल में क्या रहस्य है? आत्मा की अनुभूति! हाँ, उसी भाव के रूप-ग्रहण की चेष्टा सत्य या घटना बनकर प्रत्यक्ष होती है। फिर वे सत्य घटनाएँ स्थूल और क्षणिक होकर मिथ्या और अभाव में परिणत हो जाती हैं। किन्तु सूक्ष्म अनुभूति या भाव चिरन्तन सत्य के रूप में प्रतिष्ठित रहता है, जिसके द्वारा युग-युग के पुरुषों की पुरुषार्थों की अभिव्यक्ति होती रहती है।'—'कामायनी', आमुख]

प्रसाद की इतिहास-दृष्टि सर्वाधिक उनकी नाटकीय प्रस्तुतियों में मुखर हुई है। इतिहास-केन्द्रित नाटक की मूल प्रतिज्ञा यह होती है कि वह घटनाओं, स्थितियों, तथ्यों और प्रसंगों के केन्द्रीय और संज्ञानात्मक सत्य की रक्षा करने के लिए बाध्य रहता है। प्रसाद अपने नाटकों में इस केन्द्रीय सत्य के आयतन को बड़ा विस्तार देते हैं। उनका ऐतिहासिक सत्य, संस्कृति के विभिन्न जातीय संयोजनों का बहुलतावादी महावृत्तान्त है जिसमें चिन्तन के लौकिक अनुभव, दार्शनिक संवेग, व्यक्तिनिष्ठ अन्तर्विरोध, मानसिक-वैचारिक अन्तर्द्वन्द्व की भी ठोस और वस्तुनिष्ठ घटनाशीलता के समान ही महत्ता होती है।

प्रसाद की इतिहासबद्ध सृजनशीलता के कुछ बुनियादी पड़ाव हैं जहाँ से उनके इतिहास-विवेक और सांस्कृतिक मनोरचना के ताने-बाने को समझा जा सकता है। राष्ट्र के निर्वासित और आत्मलीन सामर्थ्य के पुनर्नवन के लिए वे या तो राष्ट्र के प्राचीनतम सामाजिक

चरित्र की ओर मुड़ते हैं या फिर इतिहास के कलात्मक, सार्वदेशिक, अविभाजित और नैतिक रूप से उन्नत मानव-दर्शन की ओर उन्मुख होते हैं।

यही कारण है कि प्रसाद बार-बार अपने राष्ट्र के अभीष्ट स्वप्न के लिए, आर्य-संस्कृति के कथानक, शब्द-बिम्ब और अभिव्यंजनाओं का सहारा लेते हैं। उनका मानना है कि प्रत्येक राष्ट्र अपनी जीवनी-शक्ति और जातीय-व्यक्तित्व का अन्वेषण अपने उन सुसंस्कृत आदर्शों और कल्पनाशील वस्तुगत वैकल्पिकताओं के सहारे करता है जिनमें मुक्तिसंगत वर्ग-बोध की अन्तर्निहित संघर्ष-चेतना हो और साथ ही सभ्यतागत भागीदारियों को सुनिश्चित और प्रमाणित कर सकने का अनौपचारिक मनोवेग भी।

['किन्तु मेरा विश्वास है कि प्राचीन आर्यावर्त ने समाज की दीर्घकालव्यापिनी परम्परा में प्राय: प्रत्येक विधानों का परीक्षात्मक प्रयोग किया है। तात्कालिक कल्याणकारी परिवर्तन भी हुए हैं।'—ध्रुवस्वामिनी]

इसलिए प्रसाद संस्कृति और इतिहास के अन्तर्युग्म को एक जैविक दृष्टिकोण से अपने रचनात्मक आचरण में देखने के पक्षधर रहे हैं। इसीलिए लगभग अपने सभी नाटकों में प्रसाद देशकाल की प्रत्यक्ष एवं परोक्ष विसंगतियों, चुनौतियों और खतरों से रू-ब-रू होते हैं पर उनके जवाबों की तलाश का माध्यम प्राचीन भारतीय सभ्यता के उदात्तीकृत मुहावरों के द्वारा ही होता है। यह एक प्रकार से उनके समय के जटिल सामूहिक आवेग और परतंत्रता के मानसिक आवेग के सापेक्ष स्वाधीनता और मुक्ति का भारतीय संस्करण भी है।

['इतिहास का अनुशीलन किसी जाति को अपना आदर्श संगठित करने के लिए अत्यन्त लाभदायक होता है क्योंकि हमारी गिरी दशा को उठाने के लिए हमारी जलवायु के अनुकूल जो हमारी जातीय सभ्यता है, उससे बढ़कर उपयुक्त और कोई भी आदर्श हमारे अनुकूल होगा कि नहीं, इसमें हमें पूर्ण सन्देह है। मेरी इच्छा भारतीय इतिहास के अप्रकाशित अंश में से उन प्रकांड घटनाओं का दिग्दर्शन कराने की है, जिन्होंने हमारी वर्तमान स्थिति को बनाने का बहुत कुछ प्रयत्न किया है।'—'विशाख' भूमिका]

इतिहास के ऐसे ही अनेकायामी आत्मान्वेषण के जरिये वे भारतीयता के द्वन्द्वात्मक निहितार्थों की खोज करते हैं जिसमें राष्ट्रीयता का भावुक स्मरण, गौरव की शास्त्रीय चेतना, विद्रोह की रोमांटिक आक्रामकता और पौरुषपूर्ण उत्साह आपस में गुँथे रहते हैं।

प्रसाद मिथक और इतिहास को एक ही संस्कृति का भाव-व्यापार मानते हैं। वे मिथक और इतिहास में कोई प्रवृत्तिगत भेद नहीं मानते। यह अलग बात है कि दोनों के आपसी सम्बन्ध में उत्प्रेरण और आत्म-निर्भरता टकराव की मुद्रा में बनी रहती है। प्रसाद के लिए मिथक भारतीय मानस की आत्माभिव्यक्ति हैं जो राष्ट्रीय अस्मिता का जीवन, मूल्य और दर्शन का विकासमान यथार्थ तैयार करते हैं।

प्रसाद मिथकों का इस्तेमाल सांस्कृतिक रूपान्तरण और इतिहास के रचनात्मक स्थिरीकरण के लिए भी करते हैं जिसके जरिये वे आयातित संस्कारों, मूल्यों की प्रतिहिंसा और कलात्मक मानदंडों की वैकल्पिक कल्पना का प्रौढ़ सामर्थ्य तैयार करते हैं। उत्पीड़न, शोषण और दासत्व की भौतिक और संवेदनात्मक असहायता के प्रति-संघर्ष में वे जिन नायकों की सृष्टि करते हैं, उनके लिए वे भारतीय मानस के अवचेतन में बसे उनके अपने जातीय मिथकों का ही सहारा लेते हैं। इस तादात्मीकरण के लिए वे इतिहास के प्रतिपूरक साक्ष्यों का एक रचनात्मक औदात्य तैयार करते हैं जो लोक-आग्रहों के प्रतिनिधि सौन्दर्यबोध को बहुकालिक बना देता है और जिससे स्मृतियों के आद्यबिम्ब समकालीन विवेक के टूल्स की तरह काम करने लगते हैं।

प्रसाद रचना में मिथक की भूमिका को या तो अनुभूति की व्यवहार्य अन्त:क्रिया की तरह सामने लाते हैं या सांस्कृतिक आकांक्षाओं के अविभाज्य तनाव के रूप में। 'कामायनी' के आमुख में वे लिखते हैं : 'प्राय: लोग गाथा और इतिहास में मिथ्या और सत्य का व्यवधान मानते हैं। किन्तु सत्य मिथ्या से अधिक विचित्र होता है।'

दोनों ही स्थितियों में प्रसाद जी मिथक अथवा पौराणिक आख्यानों के इतिहासबद्ध रचनात्मक अवकाशों के माध्यम से आक्रान्ता संस्कृतियों या वर्चस्ववादी शोषक प्रतीकों के सापेक्ष भारतीयता की अवधारणा को एक अनिवार्य मनोवेग में तब्दील कर देते हैं और ऐसे में मिथक, इतिहास की एक सम्भावनाशील नियमितता में ढलने लगता है और एक तरह से इतिहास के प्रतितर्क में व्यंजित होने लगता है। इसका प्रभाव यह होता है कि साम्राज्यवादी इतिहास के प्रायोजित या कहें, प्रस्तावित विरोधाभास दरकने लगते हैं और उनके स्थान पर सभ्यता की अप्रकट प्रतिबद्धताएँ और समानान्तर स्थानिकता अपना आकार पाने लगती हैं।

प्रसाद भारतीयता और संस्कृति को चेतना और विचार के विधायी आस्वाद की तरह रेखांकित करते हैं। यह इतिहास का ही काल-विस्तार

है। इतिहास, सभ्यता और मिथक का यह सांस्थानिक निगमन ही प्रसाद की रचनाशीलता की आवयविक संवेदना है।

तर्काधारित कल्पना, इतिहास की सामाजिक अभिव्यक्ति को अधिक उद्देश्यपरक वस्तुगत चिन्तन के निकट लाने का प्रयास करती है। प्रसाद ने इतिहास की प्रक्रिया और दृष्टिकोण को अधिक विमर्शपरक और ऐन्द्रिक बनाने में सहयोग दिया। इतिहास का इतिवृत्त और इतिहास में परिकल्पनात्मक अनुसन्धानशीलता के बीच पड़ी लम्बी दरार को प्रसाद अपने रचनात्मक प्रतिकर्म और समायोजनवादी शिल्प से पाटने की कोशिश करते हैं। यथार्थ और कल्पना का कालवर्ती साहचर्य, प्रसाद की रचनाशीलता में उस विस्मृत सौन्दर्यबोध का विवेक है जिसे अतीत की कोरी भावुकता अथवा गर्व की आत्मव्याख्यात्मक कुंठा कहकर परिधि पर ढकेल दिया गया।

प्रसाद ने अपने समय की लगभग सभी स्थापित विषमताओं को अपनी रचनात्मकता से रेखांकित किया है और प्रश्नांकित भी। जातियों के अन्तर्संघर्षों और पारस्परिक प्रतिहिंसाओं के कारणों की समीक्षा हो ('जनमेजय का नागयज्ञ'), भारत की स्वतंत्रता और गणतंत्रात्मक समानता से कहीं पहले लैंगिक असमानता और जैविक सामाजिकता के विचलन के बीच स्त्री-मुक्ति के सवालों की पड़ताल हो, सम्बन्ध-विच्छेद और पुनर्विवाह की कहीं उन्नत और दूरगामी भौतिक दृष्टि का सत्य हो ('ध्रुवस्वामिनी'), प्रेम-सम्बन्धों के आड़े आनेवाली विभिन्न अदृश्य एवं दृश्य धार्मिक राजनीतिक ताकतों को चिन्हित करना हो और उसे सम्प्रदाय, जाति, क्षेत्र, देश, रहस्य और रोमांच की अभ्यासी मानसिकता की वर्जना से निकालना हो ('विशाख') या विवाह-सम्बन्धों की प्रत्येक सामाजिक-सांस्कृतिक आरोपणों की बाध्यता से मुक्त करने का प्रयास हो, प्रसाद की रचनाशीलता में आधुनिकता का अन्तर्जीवन सांस्कृतिक अन्त:प्रेरणा के साथ मिलकर काम करता है। प्रसाद का पहला सम्पूर्ण नाटक 'विशाख', शासनगत शोषण, कृत्रिम प्रभुत्व का वैमनस्यपूर्ण सुख, मनुष्यगत विभेद, सम्मान से वंचित श्रमिक वर्ग, पूँजी-सत्ता और धर्म के गठजोड़ को समूची नग्नता के साथ सामने लाता है। शासकीय मान्यताएँ किस तरह से स्वतंत्रता के विवेक का दमन करती हैं और उसकी स्वाभाविक जिज्ञासा और तर्क को अपदस्थ कर देती हैं, व्यवस्था की इस विकरालता को इस नाटक के जरिये समझा जा सकता है।

सांस्कृतिक पुनरुत्थान के इस विकासोन्मुखी प्रकल्प को प्रसाद छायावाद के प्रगतिशील और विचारगत संघटन के साथ नवजागरण

के संक्रमणशील विश्वासों के साथ सूत्रबद्ध करते हैं। इसी क्रम में यह समझना भी उल्लेखनीय है कि विदेशी सांस्कृतिक एकाधिकारवाद के सामने भी वे भारतीय सांस्कृतिक आदर्शवाद के स्वयंसिद्ध मानक को ही चुनौती की तरह सामने रखते हैं। यही कारण है कि उन्होंने अपने नाटकों में गुप्तकाल के कथित 'स्वर्ण काल' का नैरेटिव अंग्रेजी सभ्यता के उस प्रतिनिधि सामान्यीकरण के सापेक्ष प्रस्तुत किया, जिसमें सभ्यता की सर्वोच्चता को अंग्रेजी राज के निरंकुश और उद्धत शासन के सामने एक राष्ट्रीय और सभ्यतागत उच्चता तथा औदात्य की तरह सामने लाया गया।

इसीलिए अपने पौराणिक और ऐतिहासिक कथानकों की आद्यछवियों में वे यथार्थ और अनुभव की अन्तर्योजना से एक आत्मविश्वस्त और स्वावलम्बी सांस्कृतिक चेतना का मानचित्र तैयार करते हैं।

प्रसाद समृद्ध जीवनादर्शों के रचनाकार हैं। पराजित और निष्कवच यथार्थ न तो उनके आत्मसंघर्ष का हिस्सा है और न ही प्रतिरोध का। इसीलिए भले ही उन्हें असहाय और अवसादी समकालीनता के बरअक्स एक कल्पनाश्रित समाजशास्त्र के सामूहिक अवचेतन को खड़ा करना पड़ा हो, उन्होंने अपने रचना-कर्म को किसी सामंजस्यवादी सरलीकरण की भेंट नहीं चढ़ाया। युग-दृष्टि को युग-बोध में बदलने की यही प्रश्नवाचकता उनके रचना-कर्म का स्वत्व भी बनाती है और मर्यादा भी।

प्रसाद का साहित्यिक द्वन्द्व या कहें, सृजनात्मक संघर्ष तीन स्तरों पर चलता है—स्मृति और स्वप्न के बीच प्रत्यक्षण और प्रभावन की लगातार चल रही प्रक्रिया के साथ, चेतना और कल्पना के सहज ज्ञानात्मक सन्तुलन के साथ और भाव, रूप, संवेग की विधायी दर्शन-रति के साथ। वे कहते हैं : 'काव्य में जो आत्मा की मौलिक अनुभूति की प्रेरणा है, वही सौन्दर्यमयी और संकल्पात्मक होने के कारण अपनी उपादान स्थिति में रमणीय आकार में प्रकट होती है। वह आकार वर्णनात्मक रचना-विन्यास में कौशलपूर्ण होने के कारण प्रेय भी होता है। रूप के आवरण में जो वस्तु सन्निहित है, वही तो प्रधान होगी। मैं तो यही कहूँगा कि यही प्रमाण है आत्मानुभूति की प्रधानता का।' —काव्य और कला तथा अन्य निबन्ध

प्रसाद दार्शनिक और सांस्कृतिक स्तर पर मानवीय-बोध और उसके आनुभविक विवेक को कला के अन्तर्मुखी और बहिर्मुखी सन्दर्भों में

पुनर्सृजित करनेवाले रचनाकार हैं जिससे कि अभिव्यक्ति का वस्तुगत आधार अनुभवों की अन्तर्निहित संवेदना में बदल जाता है।

प्रसाद स्वायत्त और निर्वसित यथार्थ-व्यापार के पक्षधर नहीं हैं। उनका मानना है कि यथार्थ को अहर्निश पुनर्मूल्यांकित किये जाने की आवश्यकता है। उनकी धारणा का यथार्थ समष्टिगत आस्थाओं से कालबद्ध होकर मानव-सभ्यता के आत्मपक्ष और आत्मशोध की ओर उन्मुख करनेवाला है। प्रसाद जानते हैं कि कला और कविता के मापदंड जीवन-विवेक के मानकों से विलग नहीं रह सकते परन्तु फिर भी दृष्टिकोण के समन्वित सत्य के लिए कलागत-विवेक के मूल्यों की प्रत्यक्ष पक्षधरता को स्पष्ट करना ही होगा अन्यथा जीवन के मुहावरे को कलागत चुनौतियों से अलगाया कैसे जा सकेगा क्योंकि दोनों समान रूप से न तो सांयोगिक हो सकते हैं और न ही आकस्मिक।

प्रसाद के रचना-कर्म में परम्परा में व्याप्त आन्तरिक विडम्बनाओं और उसमें मौजूद सभ्यतागत अन्तरालों को यदि परख लिया जाए तो उनके समय के रचनाधर्मी सन्देहों, रोमान, कुंठाओं और संवाद को समझने की दिशा में कदम बढ़ाया जा सकता है। प्रसाद एक ऐसे राजनीतिक रूप से असंयमित और चारित्रिक आत्महीनता के दौर से जूझ रहे थे जहाँ एक ओर मानवीय आत्मविश्वास, नाटकीय आत्म-प्रदर्शन की भावना से ग्रस्त हो रहा था तो दूसरी ओर अभिव्यक्ति का आत्मनिर्वासन, चेतना और अस्तित्व के अन्तरंग भाव-स्तर को दुर्बल और क्षीण कर रहा था। ऐसे वक्त में प्रसाद के रचनाधर्मी प्रयोग संस्कृति की जड़ों तक पहुँचने का प्रयास कर रहे थे और हर उस सरलीकृत यथार्थ का सभ्यतामूलक प्रतिरोध रच रहे होते हैं जो भाववादी अन्त:क्रियाओं की आड़ में समय की विस्तृत और सुदीर्घ चिन्तन-परम्परा और जीवन-शैली को धता बताता है।

इसीलिए प्रसाद की बेचैनी परिवेशगत संवेदन की असंशोधित रह आई कामनाओं की तो है ही, साथ ही इन कामनाओं को समय के स्वप्न में और युग की प्रामाणिक ईमानदारी में समावेशित करने की भी है। प्रसाद का लेखन एक आस्थावान अपराजेय अभिप्राय का लेखन है। यह कहने में कोई दो राय नहीं कि प्रसाद की सृजनधर्मिता अपने आत्यन्तिक संकल्पों में मनुष्यता की उसकी समूची लौकिक नियति में तलाश है। यह लौकिक नियति ही विश्व-चेतना और मानव-प्रकृति के बीच परिवहन का काम करती है। और यही लौकिकता प्रसाद के रचना-कर्म का प्रकृति-तत्त्व भी है। यह प्रकृति ही आधुनिकता और

परम्परा के तनाव के बीच एक आत्मावलोकन की तरह उपस्थित होती है। यह प्रकृति न तो किसी निरुपाय उल्लास की कोई उदार बौद्धिकता है और न ही किसी संकोचहीन आदर्श की प्रतिष्ठा के लिए खोजा गया कोई स्वच्छन्द उद्दीपन।

वे प्रकृति को लोकसम्मत श्रद्धा के आदिम भरोसों की तरह सामने लाते हैं और सौन्दर्य को चेतन तथा अचेतन की द्वन्द्वात्मक वस्तुस्थिति के रूप में। इस सन्दर्भ में प्रसाद की रचनाधर्मिता एक विस्मयकारी कायान्तरण है–पूर्वनिर्धारित यथार्थ का एक सम्भावित अप्रस्तुत में, कल्पना के असन्दिग्ध आरोपण का सत्य की अप्रत्याशित प्रासंगिकता में और प्रतीकों की तात्कालिकता का वस्तुपरक अन्त:करण में।

प्रस्तुत पुस्तक प्रसाद की कला, साहित्य एवं संस्कृतिपरक वैचारिक गद्य का प्रतिनिधि संकलन है। चुनाव करते समय इस बात का ध्यान रखा गया है कि प्रसाद की सांस्कृतिक, दार्शनिक, ऐतिहासिक और सभ्यतागत दृष्टि को उनके रचनात्मक व्यक्तित्व के माध्यम से देखा-समझा जाए। मैं इस प्रकल्प के श्रृंखला-सम्पादक प्रो. बद्रीनारायण का आभारी हूँ जिनकी उपस्थिति इस कार्य के लिए प्रेरक सिद्ध हुई। श्री सूर्यनारायण और श्री विवेक निराला के प्रति अपना सम्मान ज्ञापित करता हूँ जिनके मैत्रीपूर्ण सुझावों और हस्तक्षेप से यह कार्य अपनी दिशा और दशा को प्राप्त हो सका। अन्ततः प्रसाद साहित्य के आस्वादकों और सुधी प्रशंसकों को इस संचयन के माध्यम से एक जिज्ञासाबद्ध निमंत्रण भी भेज रहा हूँ क्योंकि उनकी आलोचकीय उपस्थिति ही इस कार्य का मन्तव्य सिद्ध करेगी।

**—सुबोध शुक्ल**

# क्रम


**कला**

काव्य और कला 23
रस 36
रंगमंच 44

**साहित्य**

कवि और कविता 57
आरम्भिक पाठ्य काव्य 63
हिन्दी में नाटक का स्थान 69
यथार्थवाद और छायावाद 74

**संस्कृति**

भक्ति 83
रहस्यवाद 85
प्राचीन आर्यावर्त्त—प्रथम सम्राट इन्द्र और दाशराज्ञ युद्ध 101
कालिदास 148
अजातशत्रु 157

# कला

# काव्य और कला

हिन्दी में साहित्य की आलोचना का दृष्टिकोण बदला हुआ-सा दिखाई पड़ता है। प्राचीन भारतीय साहित्य के आलोचकों की विचारधारा जिस क्षेत्र में काम कर रही थी, वह वर्तमान आलोचनाओं के क्षेत्र से कुछ भिन्न था। इस युग की ज्ञान-सम्बन्धिनी अनुभूति में भारतीयों के हृदय पर पश्चिम की विवेचन-शैली का व्यापक प्रभुत्व क्रियात्मक रूप में दिखाई देने लगा है; किन्तु साथ-ही-साथ ऐसी विवेचनाओं में प्रतिक्रिया के रूप में भारतीयता की भी दुहाई सुनी जाती है, परिणाम में, मिश्रित विचारों के कारण हमारी विचारधारा अव्यवस्था के दलदल में पड़ी रह जाती है। काव्य की विवेचना में प्रथम विचारणीय विषय उसका वर्गीकरण हो गया है और उसके लिए सम्भवत: हेगेल के अनुकरण पर काव्य का वर्गीकरण कला के अन्तर्गत किया जाने लगा है। यह वर्गीकरण परम्परागत विवेचनात्मक जर्मन दार्शनिक शैली का वह विकास है, जो पश्चिम में ग्रीस की विचारधारा और उसके अनुकूल सौन्दर्य-बोध के सतत अभ्यास से हुआ है। यहाँ उसकी परीक्षा करने के पहले यह देखना आवश्यक है कि इस विचारधारा और सौन्दर्य-बोध का कोई भारतीय मौलिक उद्‌गम है या नहीं।

यह मानते हुए कि ज्ञान और सौन्दर्य-बोध विश्वव्यापी वस्तु हैं, इनके केन्द्र देश, काल और परिस्थितियों से तथा प्रधानत: संस्कृति के कारण भिन्न-भिन्न अस्तित्व रखते हैं। खगोलवर्ती ज्योति-केन्द्रों की तरह आलोक के लिए इनका परस्पर सम्बन्ध हो सकता है। वही आलोक शुक्र की उज्ज्वलता और शनि की नीलिमा में सौन्दर्यबोध के लिए अपनी अलग-अलग सत्ता बना लेता है।

भौगोलिक परिस्थितियाँ और काल की दीर्घता तथा उसके द्वारा होनेवाले सौन्दर्य-सम्बन्धी विचारों का सतत अभ्यास एक विशेष ढंग की रुचि उत्पन्न करता है, और वही रुचि सौन्दर्य-अनुभूति की तुला बन जाती है, इसी से हमारे सजातीय विचार बनते हैं और उन्हें स्निग्धता मिलती है। इसी के द्वारा हम अपने रहन-सहन, अपनी अभिव्यक्ति का सामूहिक रूप से संस्कृत रूप में प्रदर्शन कर सकते हैं। यह संस्कृति विश्ववाद की विरोधिनी नहीं; क्योंकि इसका उपयोग तो मानव-समाज में, आरम्भिक प्राणित्व-धर्म में सीमित मनोभावों को सदा प्रशस्त

और विकासोन्मुख बनाने के लिए होता है। संस्कृति मन्दिर, गिरजा और मसजिद-विहीन प्रान्तों में अन्त:प्रतिष्ठित होकर सौन्दर्य-बोध की बाह्य सत्ताओं का सृजन करती है। संस्कृति का सामूहिक चेतनता से, मानसिक शील और शिष्टाचारों से, मनोभावों से मौलिक सम्बन्ध है। धर्मों पर भी इसका चमत्कारपूर्ण प्रभाव दिखाई देता है। ईरानी खलीफाओं के ही कला और विद्या-प्रेम तथा सौन्दर्यानुभूति ने—जो उनकी मौलिक संस्कृति द्वारा उनमें विद्यमान थी—मरुभूमि के एकेश्वरवाद को सौन्दर्य से सजाकर स्पेन और ईजिप्ट तक उसका प्रचार किया, जिससे वर्तमान यूरोपीय सौन्दर्य-बोध अपने को अछूता न रख सका। संस्कृति सौन्दर्य-बोध के विकसित होने की मौलिक चेष्टा है।

इसलिए साहित्य के विवेचन में भारतीय संस्कृति और तदनुकूल सौन्दर्यानुभूति की खोज अप्रासंगिक नहीं, किन्तु आवश्यक है। साहित्य में सौन्दर्य-बोध-सम्बन्धी रुचि-भेद का वह उदाहरण बड़ा मनोरंजक है, जिसमें जहाँगीर ने शराब पीते हुए खुसरो के उस पद्य के गाने पर कव्वाल को पिटवा दिया था, जिसका तात्पर्य एक खंडिता का अपने प्रेमी के प्रति उपालम्भ था। जहाँगीर ने उस उक्ति को प्रेमिका के प्रति समझकर अपना क्रोध प्रकट किया था। मौलाना ने समझाया कि खुसरो भारतीय कवि है, भारतीय साहित्यिक रुचि के अनुसार उसने यह स्त्री का उपालम्भ पुरुष के प्रति वर्णन किया है, तब जहाँगीर का क्रोध ठंडा हुआ। यह रुचि-भेद सांस्कृतिक है। यहाँ पर यह विवेचन नहीं करना है कि ऐसा उपालम्भ पुरुष को स्त्री के प्रति देना चाहिए या पुरुष को स्त्री के प्रति; किन्तु यह स्पष्ट देखा जाता है कि भारतीय साहित्य में पुरुष-विरह विरल है और विरहिणी का ही वर्णन अधिक है। इसका कारण है भारतीय दार्शनिक संस्कृति। पुरुष सर्वथा निर्लिप्त और स्वतंत्र है। प्रकृति या माया उसे प्रवृत्ति या आवरण में लाने की चेष्टा करती है; इसलिए आसक्ति का आरोपण स्त्री में ही है। 'नैव स्त्री न पुमानेष न चैवायम् नपुंसक:' मानने पर भी व्यवहार में ब्रह्म पुरुष है, माया स्त्री-धर्मिणी। स्त्रीत्व में प्रवृत्ति के कारण नैसर्गिक आकर्षण मानकर उसे प्रार्थिनी बनाया गया है।

यदि हम भारतीय रुचि-भेद को लक्ष्य में न रखकर साहित्य की विवेचना करने लगेंगे, तो जहाँगीर की तरह प्रमाद कर बैठने की आशंका है। तो भी इस प्रसंग में यह बात न भूलनी चाहिए कि भारतीय संस्कृत वाङ्मय में समय-चक्र के प्रत्यावर्तनों के द्वारा इस रुचि-भेद में परिवर्तन का आभास मिलता है। ऊपर की कही हुई सम्भावना या साहित्यिक सिद्धान्त मायावाद के प्रबलता प्राप्त करने के पीछे का भी हो सकता है; क्योंकि कालिदास ने रति का करुण विप्रलम्भ वर्णन करने के साथ-ही-साथ अब का भी विरह-वर्णन किया है और 'मेघदूत' तो विरही यक्ष की करुण-भाव-व्यंजना से परिपूर्ण एक प्रसिद्ध अमर कृति है।

इस प्रकार काल-चक्र के महान् प्रत्यावर्तनों से पूर्ण भारतीय वाङ्मय की सुरुचि-सम्बन्धी विचित्रताओं के निदर्शन बहुत-से मिलेंगे। उन्हें बिना देखे ही अत्यन्त शीघ्रता में आजकल अमुक वस्तु अभारतीय है अथवा भारतीय संस्कृति सुरुचि के विरुद्ध है, कह देने की परिपाटी चल पड़ी है। विज्ञ समालोचक भी हिन्दी की आलोचना करते-करते 'छायावाद', 'रहस्यवाद' आदि वादों की कल्पना करके उन्हें विजातीय, विदेशी तो प्रमाणित करते ही हैं, यहाँ तक कहते हुए लोग सुने जाते हैं कि वर्तमान हिन्दी कविता में अचेतनों में, जड़ों में, चेतनता का आरोप करना हिन्दीवालों ने अंग्रेजी से लिया है; क्योंकि अधिकतर आलोचकों के गीत का टेक यही रहा है कि हिन्दी में जो कुछ नवीन विकास हो रहा है, वह सब बाह्य वस्तु (Foreign element) है। कहीं अंग्रेजी में उन्होंने देखा कि 'गॉड इज लव'। फिर क्या? कहीं भी हिन्दी में ईश्वर के प्रेम-रूप का वर्णन देखकर उन्हें अंग्रेजी के अनुवाद या अनुकरण की घोषणा करनी पड़ती है। उन्हें क्या मालूम कि प्रसिद्ध वेदान्त ग्रन्थ पंचदशी में कहा है : 'अयमात्मा परानन्दः परप्रेमास्पदं यतः'। वे भूल जाते हैं कि आनन्दवर्द्धन ने हजारों वर्ष पहले लिखा है :

*भावानचेतनानपि चेतनवच्चेनानचेतनवत्,*
*व्यवहारयति यथेष्टं सुकविः काव्ये स्वतंत्रतया।*

ऐसे ही कुछ सिद्धान्त पिछले काल के अलंकार और रीति-ग्रन्थों के अस्पष्ट अध्ययन के द्वारा और भी बन रहे हैं। कभी यह सुना जाता है कि भारतीय साहित्य में दुःखान्त और तथ्यवादी साहित्य अत्यन्त तिरस्कृत है। शुद्ध आदर्शवाद का सुखान्त प्रबन्ध ही भारतीय संस्कृति के अनुकूल है। तब मानो ये आलोचकगण भारतीय संस्कृति के साहित्य-सम्बन्धी दो आलोक-स्तम्भों, महाभारत और रामायण की ओर से अपनी आँखें बन्द कर लेते हैं। ये सब भावनाएँ साधारणतः हमारे विचारों की संकीर्णता और प्रधानतः अपनी स्वरूप-विस्मृति से उत्पन्न हैं। सांस्कृतिक सुरुचि का समय-समय पर हुए विशेष परिवर्तनों के साथ, विस्तृत और पूर्ण विवरण देना यहाँ मेरा उद्देश्य नहीं है।

हमारे यहाँ इसका वर्गीकरण भिन्न रूप से हुआ। काव्य-मीमांसा से पता चलता है कि भारत के दो प्राचीन महानगरों में दो तरह की परीक्षाएँ अलग-अलग थीं। काव्यकार-परीक्षा उज्जयिनी में और शास्त्रकार-परीक्षा पाटलिपुत्र में होती थी। इस तरह भारतीय ज्ञान दो प्रधान भागों में विभक्त था। काव्य की गणना विद्या में थी और कलाओं का वर्गीकरण उपविद्या में था। कलाओं का 'कामसूत्र' में जो विवरण मिलता है, उसमें संगीत और चित्र तथा अनेक प्रकार की ललित कलाओं के साथ-साथ काव्य-समस्या-पूरण भी एक कला है, किन्तु वह समस्यापूर्ति (श्लोकस्य समस्यापूरणम् क्रीड़ार्थम् वादार्थम् च) कौतुक और

वाद-विवाद के कौशल के लिए होती थी। साहित्य में वह एक साधारण श्रेणी का कौशल-मात्र समझी जाती थी। कला से जो अर्थ पाश्चात्य विचारों में लिया जाता है, वैसा भारतीय दृष्टिकोण में नहीं।

ज्ञान के वर्गीकरण में पूर्व और पश्चिम का सांस्कृतिक रुचि-भेद विलक्षण है। प्रचलित शिक्षा के कारण आज हमारी चिन्तनधारा के विकास में पाश्चात्य प्रभाव ओतप्रोत है, और इसलिए हम बाध्य हो रहे हैं अपने ज्ञान-सम्बन्धी प्रतीकों को उसी दृष्टि से देखने के लिए। यह कहा जा सकता है कि इस प्रकार के विवेचन में हम केवल निरुपाय होकर ही प्रवृत्त नहीं होते, किन्तु विचार-विनिमय के नये साधनों की उपस्थिति के कारण संसार की विचारधारा से कोई भी अपने को अछूता नहीं रख सकता। इस सचेतनता के परिणाम में हमें अपनी सुरुचि की ओर प्रत्यावर्तन करना चाहिए क्योंकि हमारे मौलिक ज्ञान-प्रतीक दुर्बल नहीं हैं।

हिन्दी में आलोचना कला के नाम से आरम्भ होती है। और साधारणत: हेगेल के मतानुसार मूर्त और अमूर्त विभागों के द्वारा कलाओं में लघुत्व और महत्त्व समझा जाता है। इस विभाग में सुगमता अवश्य है, किन्तु इसका ऐतिहासिक और वैज्ञानिक विवेचन होने की सम्भावना जैसी पाश्चात्य साहित्य में है, वैसी भारतीय साहित्य में नहीं। उनके पास अरस्तू से लेकर वर्तमान काल तक की सौन्दर्यानुभूति सम्बन्धिनी विचारधारा का क्रम-विकास और प्रतीकों के साथ-साथ उनका इतिहास तो है ही, सबसे अच्छा साधन उनकी अविच्छिन्न सांस्कृतिक एकता भी है। हमारी भाषा के साहित्य में वैसा सामंजस्य नहीं है। बीच-बीच में इतने अभाव या अन्धकार-काल हैं कि उनमें कितनी ही विरुद्ध संस्कृतियाँ भारतीय रंगस्थल पर अवतीर्ण और लुप्त होती दिखाई देती हैं, जिन्होंने हमारी सौन्दर्यानुभूति के प्रतीकों को अनेक प्रकार से विकृत करने का ही उद्योग किया है।

यों तो पाश्चात्य वर्गीकरण में भी मतभेद दिखलाई पड़ता है। प्राचीन काल में ग्रीस का दार्शनिक प्लेटो कविता का संगीत के अन्तर्गत वर्णन करता है, किन्तु वर्तमान विचारधारा मूर्त और अमूर्त कलाओं का भेद करते हुए भी कविता को अमूर्त संगीत-कला से ऊँचा स्थान देती है। कला के इस तरह विभाग करनेवालों का कहना है कि मानव-सौन्दर्य-बोध की सत्ता का निदर्शन तारतम्य के द्वारा दो भागों में किया जा सकता है : एक स्थूल और बाह्य तथा भौतिक पदार्थों के आधार पर ग्रथित होने के कारण निम्न कोटि की मूर्त होती है। जिसका चाक्षुष प्रत्यक्ष हो सके, वह मूर्त है। गृह-निर्माण-विद्या, मूर्तिकला और चित्रकारी—ये कला के मूर्त विभाग हैं और क्रमशः अपनी कोटि में ही सूक्ष्म होते-होते अपना श्रेणी-विभाग करती हैं।

संगीत-कला और कविता अमूर्त कलाएँ हैं। संगीत-कला नादात्मक है और कविता उससे उच्च कोटि की अमूर्त कला है। काव्य-कला को अमूर्त मानने में जो मनोवृत्ति दिखलाई देती है, वह महत्त्व उसकी परम्परा के कारण है। यों तो

साहित्य-कला उन्हीं तर्कों के आधार पर मूर्त भी मानी जा सकती है; क्योंकि साहित्य-कला अपनी वर्णमालाओं के द्वारा प्रत्यक्ष मूर्तिमती है। वर्णमातृका की विशद कल्पना तंत्र-शास्त्रों में बहुत विस्तृत रूप से की गई है। 'अ' से प्रारम्भ होकर 'ह' तक के ज्ञान का ही प्रतीक अहं है। ये जितनी अनुभूतियाँ हैं, जितने ज्ञान हैं, अहं के—आत्मा के हैं। वे सब वर्णमाला के भीतर से ही प्रकट होते हैं। वर्णमालाओं के सम्बन्ध में अनेक प्राचीन देशों की आरम्भिक लिपियों से यह प्रमाणित है कि वह वास्तव में चित्र-लिपि है। तब तो यह कहना भ्रम होगा कि चित्रकला और वाङ्मय भिन्न-भिन्न वर्ग की वस्तुएँ हैं। इसलिए अन्य सूक्ष्मताओं और विशेषताओं का निदर्शन न करके केवल मूर्त और अमूर्त के भेद से साहित्य-कला की महत्ता स्थापित नहीं की जा सकती।

सम्भव है कि इसी अमूर्त सम्बन्धिनी महत्ता से प्रेरित होकर प्लेटो ने प्राचीन काल में कविता को संगीत के अन्तर्गत माना हो! उनकी विचार-पद्धति में कविता की आवश्यकता संगीत के लिए है। सम्भवत: अमूर्त संगीत आभ्यन्तर और मूर्त शरीर बाह्य, इन्हीं दोनों आधारों पर कला की नींव ग्रीस के विचारकों ने रखी; सो भी बिलकुल भौतिक दृष्टि से—अध्यात्म का उसमें सम्पर्क नहीं। इसीलिए प्लेटो का शिष्य अरस्तू कला को अनुकरण (Imitation) मानता है। लोकोत्तर आनन्द की सत्ता का विचार ही नहीं किया गया। उसे तो शुद्ध दर्शन के लिए सुरक्षित रखा गया।

कौटिल्य की तरह लोकोपयोगी राजशास्त्र को प्रधान मानते हुए व्यक्तिगत जीवन के स्वास्थ्य के लिए प्लेटो संगीत और व्यायाम को मुख्य उपादेय विद्या की तरह ग्रहण करता है। संगीत का मन से और व्यायाम का शरीर से सीधा सम्बन्ध जोड़कर वह लोक-यात्रा की उपयोगी वस्तुओं का संकलन करता है।

वर्तमान-काल में सौन्दर्य-बोध की दृष्टि से यह वर्गीकरण अपना अलग विचार-विस्तार करने लगा है। इसके आविर्भावक हेगेल के मतानुसार कला के ऊपर धर्मशास्त्र का और उससे भी ऊपर दर्शन का स्थान है। इस विचारधारा का सिद्धान्त है कि मानव सौन्दर्य-बोध के द्वारा ईश्वर की सत्ता का अनुभव करता है। फिर धर्मशास्त्र के द्वारा उसकी अभिव्यक्ति-लाभ करता है। फिर शुद्ध तर्क-ज्ञान से उससे एकीभूत होता है।

यह भी विचार का एक कोटिक्रम हो सकता है; परन्तु भारतीय विचारधारा इस सम्बन्ध में—जो अपना मत रखती है, वह विलक्षण और अभूतपूर्व है। काव्य के सम्बन्ध में यहाँ की प्रारम्भिक और मौलिक मान्यता कुछ दूसरी थी। उपनिषद् में कहा है : 'तदेतत सत्यम् मंत्रेषु कर्माणि कवयो यान्यपश्यंस्तानि त्रेतायाम् बहुधा सन्ततानि।' कवि और ऋषि इस प्रकार पर्यायवाची शब्द प्राचीन काल में माने जाते थे। 'ऋषयो मंत्रद्रष्टार:'—ऋषि लोग या मंत्रों के कवि उन्हें देखते थे। यही 'देखना' या दर्शन कवि की महत्ता थी।

इतना विराट वाङ्मय और प्रवचनों का वर्णमाला में स्थायी रूप रखते हुए भी कविता शुद्ध अमूर्त नहीं कही जा सकती। मूर्त और अमूर्त के सम्बन्ध में उपनिषद् में कहा है : 'द्वेवाव ब्रह्मणो रूपे मूर्तं चैवामूर्तं च मर्त्यं चामृतं च' —(बृहदारण्यक-2, अ.-3, ब्रा. 1)

मूर्त, नश्वर और अमूर्त, अविनश्वर, दोनों ही ब्रह्म के रूप हैं। वायु और आकाश अमूर्त, अविनश्वर हैं; इनसे इतर मूर्त और नश्वर (परिवर्तनशील) हैं। इस तरह मूर्त और अमूर्त का भौतिक भेद मानते हुए भी रूप दोनों में ही माना गया है। तब यह विश्वास होता है कि हमारे यहाँ रूप की साधारण परिभाषा से विलक्षण कल्पना है। क्योंकि बृहदारण्यक में लिखा है :

'स आदित्यः कस्मिन् प्रतिष्ठित इति चक्षुषीति कस्मिन्नु चक्षुः प्रतिष्ठितमिति रूपेष्विति चक्षुषा हि रूपाणि पश्यति कस्मिन्नु रूपाणि प्रतिष्ठितानीति हृदय इति होवाच हृदयेन हि रूपाणि जानाति हृदये ह्येव रूपाणि प्रतिष्ठितानि'—(उप., 3 अ. 9, ब्रा. 20)।

वह आदित्य आलोक-पुंज आँखों में प्रतिष्ठित है। आँखों की प्रतिष्ठा रूप में और रूप-ग्रहण का सामर्थ्य, उसकी स्थिति, हृदय में है। यह निर्वचन मूर्त और अमूर्त, दोनों में रूपत्व का आरोप करता है; क्योंकि चाक्षुष प्रत्यक्ष से इतर जो वायु और अन्तरिक्ष अमूर्त रूप हैं, उनका भी रूपानुभव हृदय ही करता है। इस दृष्टि से देखने से मूर्त और अमूर्त की सौन्दर्य-बोध-सम्बन्धी दो धारणाएँ अधिक महत्त्व नहीं रखतीं। सीधी बात तो यह है कि सौन्दर्य-बोध बिना रूप के हो ही नहीं सकता। सौन्दर्य की अनुभूति के साथ-ही-साथ हम अपने संवेदन को आकार देने के लिए, उनका प्रतीक बनाने के लिए बाध्य हैं। इसलिए अमूर्त सौन्दर्य-बोध कहने का कोई अर्थ ही नहीं रह जाता।

ग्रीक लोगों से सौन्दर्य-बोध में जो एक क्रम विकास दिखलाई पड़ता है, उसका परिपाक सम्भवतः पश्चिम में इस विचार-प्रणाली पर हुआ है कि मानव-स्वभाव सौन्दर्यानुभूति के द्वारा क्रम-विकास करता है और स्थूल से परिचित होते-होते सूक्ष्म की ओर जाता है। इसमें स्वर्ग और नरक का, जगत की जटिलता से परे एक पवित्रता और महत्त्व की स्थापना का मानसिक उद्योग दिखलाई देता है। और इसमें ईसाई धार्मिक संस्कृति ओत-प्रोत है। कलुषित और मूर्त संसार निम्नकोटि में, अमूर्त और पवित्र ईश्वर का स्वर्ग इससे परे और उच्च कोटि में भारतीय उपनिषदों का प्राचीन ब्रह्मवाद इस मूर्त को ब्रह्म से अलग निकृष्ट स्थिति में नहीं मानता। यह विश्व को ब्रह्म का स्वरूप बनाता है :

*ब्रह्म वेदममृतं पुरस्तात ब्रह्म पश्चाद्दक्षिणश्चोत्तरेण।*
*अधश्चोर्ध्वं च प्रसृतं ब्रह्मवेदं विश्वमिदं वरिष्ठम्॥* [मुण्डकोप. 2]

आगमों में भी शिव को शक्ति-विग्रही मानते हैं। और यही पक्की अद्वैत-भावना कही गई है, अर्थात्—पुरुष का शरीर प्रकृति है। कदाचित अर्द्धनारीश्वर की संश्लिष्ट-कल्पना का मूल भी यही दार्शनिक विवेचन है। सम्भवत: पिछले काल में मनुष्य की सत्ता को पूर्ण मानने की प्रेरणा की भारतीय अवतारवाद की जननी है। कला के ईसाई आलोचक हेगेल ने सम्भवत: इसीलिए कहा कि—'The Hindu draws no distinction between what is sacred and profane.'

पूर्व, भारत के पश्चिम का यह मौलिक मतभेद है। यही कारण है कि पश्चिम स्वर्गीय साम्राज्य की घोषणा करते हुए भी अधिकतर भौतिक या Materialistic बना हुआ है और भारत मूर्ति-पूजा और पंच-महायज्ञों के क्रिया-कांड में भी अध्यात्म-भाव से अनुप्राणित है।

यही कारण है कि ग्रीस द्वारा प्रचलित पश्चिमी सौन्दर्यानुभूति ब्राह्मा को, मूर्त को, विशेषता देकर उसकी सीमा में ही उसे पूर्ण बनाने की चेष्टा करती है और भारतीय विचारधारा ज्ञानात्मक होने के कारण मूर्त और अमूर्त का भेद हटाते हुए बाह्य और आभ्यन्तर का एकीकरण करने का प्रयत्न करती है।

ऊपर कहा जा चुका है कि सौन्दर्य-बोध में पाश्चात्य विवेचकों के मतानुसार मूर्त और अमूर्त भेद-सम्बन्धी कल्पना विवेचन की रीढ़ बन रही है। जब यह अमूर्त के साथ सौन्दर्यशास्त्र का सम्बन्ध ठहराती है, तो दुर्बलता में ग्रस्त होने के कारण अपने को स्पष्ट नहीं कर पाती। इसका कारण यही है कि वे सद्भावात्मक ज्ञानमय प्रतीकों को अमूर्त सौन्दर्य कहकर घोषित करते हैं, जो सौन्दर्य के द्वारा ही विवेचन किये जाने पर केवल प्रेय तक पहुँच पाते हैं। श्रेय, आत्म-कल्याण-कल्पना अधूरी रह जाती है।

सत्य की उपलब्धि के लिए ज्ञान की साधना आरम्भ होती है। स्वाध्याय बुद्धि का यज्ञ है। कहा भी है—सत्यं च स्वाध्याय प्रवचने च—स्वाध्याय प्रवचन में सत्य का अन्वेषण करो। स्वाध्याय के द्वारा मानव सत को प्राप्त होता है। हमारे सब बौद्धिक व्यापारों का सत्य की प्राप्ति के लिए सतत उद्योग होता रहता है। वह सत्य प्राकृतिक विभूतियों में जो परिवर्तनशील होने के कारण अनृत नाम से पुकारी जाती हैं, ओत-प्रोत है। कुछ लोग कह सकते हैं कि कवि से हम सत्य की आशा न करके केवल सहृदयता ही पा सकते हैं, किन्तु सत्य केवल 1-2 प्रतिशत में ही नहीं सीमित है। अनृत को प्राय: बढ़ाकर देखने से सत लघु कर दिया गया है, किन्तु सत्य विराट है। उसे सहृदयता द्वारा ही हम सर्वत्र ओत-प्रोत देख सकते हैं। उस सत्य के दो लक्षण बताए गए हैं—श्रेय और प्रेय। इसलिए सत्य की अभिव्यक्ति हमारे वाङ्मय में दो प्रकार से मानी गई है—काव्य और शास्त्र। शास्त्र में श्रेय का आज्ञात्मक ऐहिक और आमुष्मिक विवेचन होता है और काव्य में श्रेय और प्रेय, दोनों का सामंजस्य होता है। शास्त्र मानव-समाज में

व्यवहृत सिद्धान्तों के संकलन है। उपयोगिता उनकी सीमा है। काव्य या साहित्य आत्मा की अनुभूतियों का नित्य नया-नया रहस्य खोलने में प्रयत्नशील है, क्योंकि आत्मा को मनोमय, वाङ्मय और प्राणमय माना गया है। 'अयमात्मा वाङ्मय, प्राणमय:।' (बृहदारण्यक) उपविज्ञात प्राणवाणी विज्ञान और विजिज्ञास्य मन है।

इसीलिए कवित्व को आत्मा की अनुभूति कहते हैं। मनन-शक्ति और मनन से उत्पन्न हुई अथवा ग्रहण की गई निर्वचन करने की वाक्-शक्ति और उनके सामंजस्य को स्थिर करनेवाली सजीवता, अविज्ञात, प्राणशक्ति—ये तीनों आत्मा की मौलिक क्रियाएँ हैं।

मन संकल्प और विकल्पात्मक है। विकल्प विचार की परीक्षा करता है। तर्क-वितर्क कर लेने पर भी किसी संकल्पात्मक प्रेरणा के ही द्वारा जो सिद्धान्त बनता है, वही शास्त्रीय व्यापार है। अनुभूतियों की परीक्षा करने के कारण और इसके द्वारा विश्लेषणात्मक होते-होते उसमें चारुत्व की, प्रेय की कमी हो जाती है। शास्त्र-सम्बन्धी ज्ञान को इसीलिए विज्ञान मान सकते हैं कि उसके मूल में परीक्षात्मक तर्कों की प्रेरणा है और उनका कोटि-क्रम स्पष्ट रहता है।

काव्य आत्मा की संकल्पात्मक अनुभूति है, जिसका सम्बन्ध विश्लेषण, विकल्प या विज्ञान से नहीं है। वह एक श्रेयमयी प्रेय रचनात्मक ज्ञानधारा है। विश्लेषणात्मक तर्कों से ही विकल्प के आरोप से मिलन न होने के कारण आत्मा की मनन-क्रिया जो वाङ्मय रूप में अभिव्यक्त होती है, यह नि:सन्देह प्राणमयी और सत्य के उभय लक्षण प्रेय और श्रेय, दोनों से परिपूर्ण होती है।

इसी कारण हमारे साहित्य का आरम्भ काव्यमय है। वह एक द्रष्टा कवि का सुन्दर दर्शन है। संकल्पात्मक मूल अनुभूति कहने से मेरा जो तात्पर्य है, उसे भी समझ लेना होगा। आत्मा की मनन-शक्ति की वह असाधारण अवस्था, जो श्रेय सत्य को उसके मूल चारुत्व में सहसा ग्रहण कर लेती है, काव्य में संकल्पात्मक मूल अनुभूति कही जा सकती है। कोई भी यह प्रश्न कर सकता है कि संकल्पात्मक मन की सब अनुभूतियाँ श्रेय और प्रेय दोनों ही से पूर्ण होती हैं, इसमें क्या प्रमाण है? किन्तु इसीलिए साथ-ही-साथ असाधारण अवस्था का भी उल्लेख किया गया है। असाधारण अवस्था युगों की समष्टि अनुभूतियों में अन्तर्निहित रहती है, क्योंकि सत्य अथवा श्रेय ज्ञान कोई व्यक्तिगत सत्ता नहीं, वह एक शाश्वत चेतनता है, या चिन्मयी ज्ञानधारा है, जो व्यक्तिगत स्थानीय केन्द्रों के नष्ट हो जाने पर भी निर्विशेष रूप से विद्यमान रहती है। प्रकाश की किरणों के समान भिन्न-भिन्न संस्कृतियों के दर्पण के प्रतिफलित होकर वह आलोक को सुन्दर और ऊर्जस्वित बनाती है।

ज्ञान की जिस मनन-धारा का विकास पिछले काल में परम्परागत तर्कों के द्वारा एक दूसरे के रूप में दिखाई देता है, उसे हेतु विद्या कहते हैं। किन्तु वैदिक

साहित्य के स्वरूप में उषा-सूक्त और नासदीय-सूक्त इत्यादि यथा उपनिषदों में अधिकांश संकल्पात्मक प्रेरणाओं की अभिव्यक्ति है, इसीलिए कहा है : 'तन्मे मन: शिव-संकल्पमस्तु'।

कला को भारतीय दृष्टि में उपविद्या मानने का जो प्रसंग आता है, उससे यह प्रकट होता है कि यह विज्ञान से अधिक सम्बन्ध रखती है। उसकी रेखाएँ निश्चित सिद्धान्त तक पहुँचा देती हैं। सम्भवत: इसीलिए काव्य-समस्या-पूरण इत्यादि भी छन्दशास्त्र और पिंगल के नियमों के द्वारा बनने के कारण उपविद्या-कला के अन्तर्गत माना गया है। छन्दशास्त्र काव्योपजीवी कला का शास्त्र है इसलिए यह भी विज्ञान का शास्त्रीय विषय है। वास्तुनिर्माण, मूर्ति और चित्र शास्त्रीय दृष्टि से शिल्प कहे जाते हैं और इन सबकी विशेषता भिन्न-भिन्न होने पर भी ये सब एक ही वर्ग की वस्तुएँ हैं।

*भवन्ति शिल्पिनो लोके चतुर्धा स्व स्व कर्मभि:।*
*स्थपित: सूत्रग्राही चा वर्धकिस्तक्षकस्तथा॥* ['मयमतम्' अध्याय 5]

चित्र के सम्बन्ध में भी :

*चित्राभासमिति ख्यातं पूर्वै: शिल्पविशारदै:।* ['शिल्परत्न', अध्याय 16]

इस तरह वास्तुनिर्माण, मूर्ति और चित्र शिल्पशास्त्र के अन्तर्गत हैं।

काव्य के प्राचीन आलोचक दंडी ने कला के सम्बन्ध में लिखा है : 'नृत्यगीत प्रभृतय: कलाकामार्थसंश्रया:' (3-162)। नृत्य-गीत आदि कलाएँ कामाश्रय कलाएँ हैं। और इन कलाओं की संख्या भी वे चौंसठ बताते हैं, जैसाकि कामशास्त्र या तंत्रों में कहा गया है : 'इत्थं कला चतु:षष्ठिं विरोध: साधु नीयताम्' (3-171)। काव्यादर्श में दंडी ने कलाशास्त्र के माने हुए सिद्धान्तों में प्रमाद न करने के लिए कहा है, अर्थात्-काव्य में यदि इन कलाओं का कोई उल्लेख हो तो उसी कला के मतानुसार। इससे प्रकट हो जाता है कि काव्य और कला भिन्न वर्ग की वस्तु है। 'न तज्ज्ञानं न तच्छिल्पं न सा विद्या न सा कला' (1-17, 'भरत नाट्यम्') की व्याख्या करते हुए अभिनवगुप्त कहते हैं : 'कला गीत-वाद्यादिका।' इसी से गाने-बजानेवालों को अब भी कलावन्त कहते हैं।

भामह ने भी कहाँ काव्य का विषय-सम्बन्धी विभाग किया है। वहाँ वस्तु के चार भेद मानते हैं—देव चरित शंसि, उत्पाद्य, कलाश्रय और शास्त्रश्रय। यहाँ भामह का तात्पर्य है कि कला-सम्बन्धी विषयों को लेकर भी काव्य का विस्तार होता है। काव्य का एक विषय कला भी है। इस प्रकार हम देखते हैं कि कला का वर्गीकरण हमारे यहाँ भिन्न रूप से हुआ है।

कलाओं में संगीत को लोग उत्तम मानते हैं क्योंकि इसमें आनन्दांश वा

तल्लीनता की मात्रा अधिक है, किन्तु है यह ध्वन्यात्मक। अनुभूति का ही वाङ्मय अस्फुट रूप है। इसलिए इसका उपयोग काव्य के वाहनरूप में किया जाता है, जो काव्य की दृष्टि से उपयोगी और आकर्षक है।

संगीत के द्वारा मनोभावों की अभिव्यक्ति केवल ध्वन्यात्मक होती है। वाणी का सम्भवत: वह आरम्भिक स्वरूप है। वाणी के चार भेद प्राचीन ऋषियों ने माने हैं। चत्वारि वाक्परिभिता पदानि तानि विदुब्राह्मणा ये मनीषिण:। गुहात्रीणि निहिता-नेङगयन्ति, तुरीया वाचं मनुष्या वदन्ति (ऋग्वेद)। वाणी के वे चार भेद आगे चलकर स्पष्ट कर दिये गए हैं, और क्रमश: इनका नाम परा, पश्यन्ती, मध्यमा और वैखरी आगम शास्त्रों में मिलता है। परा, पश्यन्ती और मध्यमा गुहा निहित है। वैखरी वाणी मनुष्य बोलते हैं, शास्त्रों में परावाणी को नाद-रूपा शुद्ध अहं परामर्शमयी शक्ति माना है। पश्यन्ती वाच्य और वाचक के अस्फुट विभाग, चैतन्य-प्रधान द्रष्टा रूपवाली है। मध्यमा वाच्य और वाचक का विभाग होने पर भी बुद्धि-प्रधान दर्शन-स्वरूप द्रष्टा और दृश्य के अन्तराल में रहती है। वैखरी स्थान, करण और प्रयत्न के बल से स्पष्ट होकर वर्ण की उच्चारण-शैली को ग्रहण करनेवाली दृश्य-प्रधान होती है।

वृहदारण्यक में कहा है : यत्किञ्चाविज्ञातं प्राणस्य तद्रूपं प्राणों ह्यविज्ञात: प्राण एनं तदभूत्वाऽदति'। प्राण-शक्ति अज्ञात वस्तु को अधिकृत करती है। यह अविज्ञात रहस्य है। इसीलिए उसका नित्य नूतन रूप दिखाई पड़ता है फिर 'यत किञ्च विज्ञातं वाचस्तद्रूपं वाग्धि विज्ञाता वागेंन तद्भूत्वाऽवति', जो कुछ जाना जा सका, वही वाणी है। वाणी उसका स्वरूप धारण करके उस ज्ञान की रक्षा करती है।

ज्ञान-सम्बन्धी करणों का विवेचन करने में भारतीय पद्धति ने परीक्षात्मक प्रयोग किया है। स्वप्रमितिक के ज्ञान के लिए पाँच इन्द्रियाँ प्रत्यक्ष हैं। उन्हीं के द्वारा संवेदन होता है, उनमें तन्मात्रा के क्रम से बाह्य पदार्थों के भी पाँच विभाग माने गए हैं। 'आकाशाद् वायु:' वाले सिद्धान्त के अनुसार आकाश का गुण शब्द ही इधर ज्ञान के आरम्भ में है। जो कुछ हम अनुभव करते हैं, वाणी उसका रूप है। यह वाणी का विकास वर्णों में पूर्ण होता है और वर्णों के लिए आभ्यन्तर और बाह्य, दो प्रत्यत्न माने गए हैं। आभ्यन्तर प्रयत्न उसे कहते हैं जो वर्णों की उत्पत्ति से प्राग्भावी है, वायु-व्यापार है और वर्णोत्पत्तिकालिक व्यापार को बाह्य प्रयत्न कहा जाता है। यह वाङ्मय अभिव्यक्ति, मनन की प्राणमयी क्रिया, आत्मानुभूति की प्रकट होने की चेष्टा है। इसीलिए उपनिषदों में कहा गया है : 'य एको वर्णो बहुधा शक्तियोगात वर्णानिकान्निहितार्थो दधाति विचैति चान्ते विश्वमादी से देव: स नो बुद्ध्या संयुनक्तु।' भावों को व्यक्त करने का मौलिक साधन वाणी है। इसीलिए वही प्रकृत है।

आर्य-साहित्य में उन वर्णों के संगठन के तीन रूप माने गए हैं—ऋक्=पद्यात्मक, यजु=गद्यात्मक और साम=संगीतात्मक। 'वैदिकाश्च द्विविधा: प्रगीता अप्रगीताश्च। तत्र प्रगीता: सामानि, अप्रगीताश्च द्विविधा: छन्दोबद्धास्तद्विलक्षणाश्च। तत्र प्रथमा ऋच: द्वितीया यजूंषि' (सर्वदर्शन संग्रह)। यही आर्य-वाणी की आरम्भिक उच्चारण शैली है, जो दूसरों के आस्वाद के लिए श्रव्य कही जाती है।

काव्य को इन आरम्भिक तीन भागों में विभक्त कर लेने पर उसकी आध्यात्मिक या मौलिक सत्ता का हम स्पष्ट आभास पा जाते हैं, और यही वाणी—जैसाकि हम ऊपर कह आए हैं—आत्मानुभूति की मौलिक अभिव्यक्ति है।

वाणी के द्वारा अनुभूतियों को व्यक्त करने के बाद एक अन्य प्रकार का भी प्रयत्न आरम्भ होता है। दूर रहनेवाले, चाहे यह देश-काल के कारण से ही हो, केवल व्यष्टि का आश्रय लेनेवाली उच्चारणात्मक वाणी का आनन्द नहीं ले सकते। इसलिए वह व्यक्ति द्वारा प्रकट हुई आत्मानुभूति सामूहिक या समष्टि-भाव से विस्तार करने का प्रयत्न करती है। और तब चित्र, लक्षण इत्यादि सम्बन्धी अपनी बाह्य सत्ता को बनाती है।

ऊपर कहा जा चुका है कि कला को भारतीय दृष्टि में उपविद्या माना गया है। आगमों के अनुशीलन से, कला को अन्य रूप से भी बताया जा सकता है। शैवागमों में छत्तीस तत्त्व माने गए हैं, उनमें कला भी एक तत्त्व है। ईश्वर की कर्तृत्व, सर्वज्ञत्व, पूर्णस्व, नित्यत्व और व्यापकत्व शक्ति के स्वरूप कला, विद्या, राग, नियति और काल माने जाते हैं। शक्ति-संकोच के कारण जो इन्द्रिय-द्वार से शक्ति का प्रसार एवं आकुंचन होता है, इन व्यापक शक्तियों का वही संकुचित रूप-बोध के लिए है। कला संकुचित कर्तव्य शक्ति कही जाती है। भोजराज ने भी अपने तत्वप्रकाश में कहा है : 'व्यञ्जयति कर्तृ शक्तिं कलेति तेनेह कथिता सा।'

'शिव-सूत्र-विमर्शिनी' में क्षेमराज ने कला के सम्बन्ध में अपना विचार यों व्यक्त किया है :

'कलयति स्वस्वरूपावेशेन तत्तद् वस्तु परिच्छिनत्तीति कलाव्यापार:।' इस पर टिप्पणी है :

'कलयति, स्वरूपं आवेशयति, वस्तुनि वा तत्र-तत्र प्रमातरि कलनमेव कला' अर्थात् नव-नव स्वरूप-प्रथोल्लेख-शालिनी संवित वस्तुओं में या प्रमाता में स्व को, आत्मा को परिमित रूप में प्रकट करती हैं, इसी क्रम का नाम कला है।

'स्व' को कलन करने का उपयोग—आत्म-अनुभूति की व्यंजना में—प्रतिभा के द्वारा तीन प्रकार से किया जाता है : अनुकूल, प्रतिकूल और अद्भुत। ये तीन प्रकार के प्रतीक-विधान काव्य-जगत में दिखाई पड़ते हैं। अनुकूल, अर्थात् ऐसा हो—यह आत्मा के विज्ञात अंश का गुणनफल है। प्रतिकूल अर्थात् ऐसा नहीं, यह आत्मा के अविज्ञात अंश की सत्ता का ज्ञान न होने के कारण हृदय के

समीप नहीं। अद्‌भुत—आत्मा का विजिज्ञास्य रूप, जिसे हम पूरी तरह समझ नहीं सके हैं कि वह अनुकूल है या प्रतिकूल। इन तीन प्रकार के प्रतीक विधानों में आदर्शवाद, यथातथ्यवाद और व्यक्तिवाद इत्यादि साहित्यिक वादों के मूल सन्निहित हैं जिनकी विस्तृत आलोचना की यहाँ आवश्यकता नहीं। कला को तो शास्त्रों में उपविद्या माना है। फिर उसका साहित्य में या आत्मानुभूति में कैसा विशेष अस्तित्व है, इस प्रश्न पर विचार करने के समय यह बात ध्यान में रखनी होगी कि कला की आत्मानुभूति के साथ विशिष्ट भिन्न सत्ता नहीं। अनुभूति के लिए शब्द-विन्यास-कौशल तथा छन्द आदि भी अत्यन्त आवश्यक नहीं।

व्यंजना वस्तुत: अनुभूतमयी प्रतिभा का स्वयं परिणाम है क्योंकि सुन्दर अनुभूति का विकास सौन्दर्यपूर्ण होगा ही। कवि की अनुभूति को उसके परिणाम में हम अभिव्यक्त देखते हैं और अभिव्यक्ति के अन्तरालवर्ती सम्बन्ध को जोड़ने के लिए हम चाहें तो कला का नाम ले सकते हैं, और कला के प्रति अधिक पक्षपातपूर्ण विचार करने पर यह कोई कह सकता है कि अलंकार, वक्रोक्ति और रीति और कथानक इत्यादि में कला की सत्ता मान लेनी चाहिए, किन्तु मेरा मत है कि यह सब समय-समय की मान्यता और धारणाएँ हैं। प्रतिभा का किसी कौशल-विशेष पर कभी अधिक झुकाव हुआ होगा। इसी अभिव्यक्ति के बाह्य रूप को कला के नाम से काव्य में पकड़ रखने की साहित्य में प्रथा-सी चल पड़ी है।

हाँ, फिर एक प्रश्न स्वयं खड़ा होता है कि काव्य में शुद्ध आत्मानुभूति की प्रधानता है या कौशलमय आकारों या प्रयोगों की?

काव्य में जो आत्मा की मौलिक अनुभूति की प्रेरणा है, वही सौन्दर्यमयी और संकल्पात्मक होने के कारण अपनी श्रेयस्थिति में रमणीय आकार में प्रकट होती है। वह आकार वर्णात्मक रचना-विन्यास में कौशलपूर्ण होने के कारण प्रेय भी होता है। रूप के आवरण में जो वस्तु सन्निहित है, वही तो प्रधान होगी। इसका एक उदाहरण दिया जा सकता है। कहा जाता है कि वात्सल्य की अभिव्यक्ति में तुलसीदास सूरदास से पिछड़ गए हैं। तो क्या यह मान लेना पड़ेगा कि तुलसीदास के पास वह कौशल या शब्द-विन्यास-पटुता नहीं थी, जिसके अभाव के कारण ही वे वात्सल्य की सम्पूर्ण अभिव्यक्ति नहीं कर सके?

किन्तु यह बात तो नहीं है। सोलह मात्रा के छन्द में अन्तर्भावों को प्रकट करने की जो विदग्धता उन्होंने दिखाई है, वह कविता-संसार में विरल है। फिर क्या कारण है कि रामचन्द्र के वात्सल्य-रस की अभिव्यंजना उतनी प्रभावशालिनी नहीं हुई, जितनी सूरदास के श्याम की? मैं तो कहूँगा कि यही प्रमाण है आत्मानुभूति की प्रधानता का। सूरदास के वात्सल्य में संकल्पात्मक मौलिक अनुभूति की तीव्रता है, उस विषय की प्रधानता के कारण। श्रीकृष्ण की महाभारत के युद्धकाल की प्रेरणा सूरदास के उतने समीप न थी, जितनी शिशु गोपाल की वृन्दावन की

लीलाएँ। रामचन्द्र के वात्सल्य-रस का उपयोग प्रबन्ध-काव्य में तुलसीदास को करना था, उस कथानक की क्रम-परम्परा बनाने के लिए। तुलसीदास के हृदय में वास्तविक अनुभूति तो रामचन्द्र की भक्ति-रक्षण समर्थ दयालुता है, न्यायपूर्ण ईश्वरता है, जीव की शुद्धावस्था में पाप-पुण्य-निर्लिप्त कृष्णचन्द्र की शिशु-मूर्ति का शुद्धाद्वैतवाद नहीं।

दोनों कवियों के शब्द-विन्यास-कौशल पर विचार करने से यह स्पष्ट प्रतीत होगा कि जहाँ आत्मानुभूति की प्रधानता है—वहीं अभिव्यक्ति अपने क्षेत्र में पूर्ण हो सकी है—वहीं कौशल या विशिष्ट पद-रचना-युक्त काव्य-शरीर सुन्दर हो सका है।

इसीलिए, अभिव्यक्ति सहृदयों के लिए अपनी वैसी व्यापक सत्ता नहीं रखती, जितनी कि अनुभूति। श्रोता, पाठक और दर्शकों के हृदय में कविकृत मानसी प्रतिमा की जो अनुभूति होती है, उसे सहृदयों में अभिव्यक्त नहीं कर सकते। वह भावसाम्य का कारण होने से लौटकर अपने कवि की अनुभूतिवाली मौलिक वस्तु की सहानुभूतिमात्र ही रह जाती है। इसलिए व्यापकता आत्मा की संकल्पात्मक मूल अनुभूति की है।

# रस

जब काव्यमय श्रुतियों का काल समाप्त हो गया और धर्म ने अपना स्वरूप अर्थात् शास्त्र और स्मृति बनाने का उपक्रम किया—जो केवल तर्क पर प्रतिष्ठित था—तब मनु को भी कहना पड़ा : 'यस्तर्केणानुसंधत्ते स धर्मं वेदनेतरः'।

परन्तु आत्मा की संकल्पात्मक अनुभूति, जो मानव-ज्ञान की अकृत्रिम धारा थी, प्रवाहित रही। काव्य की धारा लोकपक्ष से मिलकर अपनी आनन्द-साधना में लगी रही। यद्यपि शास्त्रों की परम्परा ने आध्यात्मिक विचार का महत्त्व उससे छीन लेने का प्रयत्न किया, फिर भी अपने निषेधों की भयानकता के कारण, हृदय के समीप न होकर वह अपने शासन का रूप ही प्रकट कर सकी। अनुभूतियाँ काव्य-परम्परा में अभिव्यक्त होती रहीं। 'जागृह पाठ्यम् ऋग्वेदात्' (भरत) से यह स्पष्ट होता है कि सर्वसाधारण के लिए वेदों के आधार पर काव्यों का पंचम वेद की तरह प्रचार हुआ। भारतीय वाङ्मय में नाटकों को ही सबसे पहले काव्य कहा गया।

*काव्यं तावन्मुख्यतो दशरूपात्मकमेव* [अभिनवगुप्त]

शैवागमों के 'क्रीड़ात्वेनाखिलम् जगत्' वाले सिद्धान्त का नाट्यशास्त्र में व्यावहारिक प्रयोग है।

इन्हीं नाट्योपयोगी काव्यों में आत्मा की अनुभूति रस के रूप में प्रतिष्ठित हुई। अभिनवगुप्त ने कहा है : 'आस्वादनात्माऽनुभवो रसः काव्यार्थमुच्यते'। नाटकों में भरत के मत से चार ही मूल रस हैं : 'शृंगार, रौद्र, वीर और बीभत्स।' इनसे अन्य चार रसों की उत्पत्ति मानी गई। शृंगार से हास्य, वीर से अद्‌भुत, रौद्र से करुण और बीभत्स से भयानक। इन चित्तवृत्तियों में आत्मानुभूति का विलास आरम्भिक विवेचकों को रमणीय और उत्कर्षमय मालूम हुआ। नाट्यों में वाणी के छन्द, गद्य और संगीत—इन तीनों प्रकारों का समावेश था। इस तरह आभ्यन्तर और बाह्य, दोनों में नाट्य-संघटना पूर्ण हुई। रसात्मक अनुभूति आनन्द मात्रा से सम्पन्न थी और तब नाटकों में रस का आवश्यक प्रयोग माना गया; किन्तु रस-सम्बन्धी भरत मुनि के सूत्र ने भावी आलोचकों के लिए अद्‌भुत सामग्री उपस्थित की। 'विभावानुभावव्यभिचारिसंयोगाद्रसनिष्पत्तिः' की विभिन्न व्याख्याएँ होने लगीं। स्वयं

भरत ने लिखा है : 'तथा विभावानुभावव्यभिचारिपरिवृत: स्थायीभावो रसनाम लभते' ('नाट्यशास्त्र', अ 7) अर्थात् प्रमुख स्थायी मनोवृत्तियाँ विभाव, अनुभाव, व्यभिचारियों के संयोग से रसत्व को प्राप्त होती हैं। आनन्द के अनुयायियों ने धार्मिक बुद्धिवादियों से अलग सर्वसाधारण में आनन्द के प्रचार करने के लिए नाट्य-रसों की उद्‌भावना की थी। हाँ, भारत में नाट्य-प्रयोग केवल कुतूहल-शान्ति के लिए ही नहीं था। 'अभिनव भारती' में कहा है :

'तदनेन पारमार्थिकम् प्रयोजनमुक्तमिति व्याख्यानम् सहृदयदर्पणे प्रत्यग्रहीत यदाह-नमस्त्रैलोक्यनिर्माणकवये शंभवे यत:। प्रतिक्षणम् जगन्नाट्यप्रयोगरसिको जन:! इति एवं नाट्यशास्त्रप्रवचनप्रयोजनम्।' 'नाट्यशास्त्र' का प्रयोजन नटराज शंकर के जगन्नाटक का अनुकरण करने के लिए पारमार्थिक दृष्टि से किया गया था। स्वयं भरत मुनि ने भी नाट्य-प्रयोग को एक यज्ञ के स्वरूप में ही माना था।

*इज्यया चानया नित्यं प्रीयंतां देवता इति* [अध्याय 4]

इधर विवेक या बुद्धिवादियों की वाङ्मयी धारा, दर्शनों और कर्म-पद्धतियों तथा धर्मशास्त्रों का प्रचार करके भी जनता के समीप न हो रही थी। उन्होंने पौराणिक कथानकों के द्वारा वर्णनात्मक उपदेश करना आरम्भ किया। उनके लिए भी साहित्यिक व्याख्या की आवश्यकता हुई। उन्हें केवल अपनी अलंकारमयी सूक्तियों पर ही गर्व था; इसलिए प्राचीन रसवाद के विरोध में उन्होंने अलंकार मत खड़ा किया, जिसमें रीति और वक्रोक्ति इत्यादि का समावेश था।

इन लोगों के पास रस-जैसी कोई आभ्यन्तरिक वस्तु न थी। अपनी साधारण धार्मिक कथाओं में वे काव्य का रंग चढ़ाकर सूक्ति, वाग्विकल्प और वक्रोक्ति के द्वारा जनता को आकृष्ट करने में लगे रहे। शिलालिन, कृशाश्व और भरत आदि के ग्रन्थ अपनी आलोचना और निर्माण-शैली की व्याख्या के द्वारा रस के आधार थे। अलंकार की आलोचना और विवेचन के लिए भी उसी तरह के प्रयत्न हुए। भामह ने पहले काव्य-शरीर का निर्देश किया और अर्थालंकार तथा शब्दालंकार का विवेचन किया। इनके अनुयायी दंडी ने रीति को प्रधानता दी। सौन्दर्य-ग्रहण की पद्धति समझने के लिए वाग्विकल्पों के चारुत्व का अनुशीलन होने लगा। अलंकार का महत्त्व बढ़ा; क्योंकि वे काव्य की शोभा मान लिये गए थे। पिछले काल में तो वे कनककुंडल की तरह आभूषण ही समझ लिये गए। काव्यालंकार सूत्रों में ये आलोचक कुछ और गहरे उतरे और उन्होंने अलंकारों की व्याख्या सौन्दर्य-बोध के आधार पर करने का प्रयत्न किया।

'काव्यम् ग्राह्यमलंकरात्, सौन्दर्यमलंकार:', इत्यादि से सौन्दर्य की प्रतिष्ठा अलंकार में हुई। काव्य के सौन्दर्य-बोध का आधार शब्दविन्यास-कौशल ही रहा। इसी को वे रीति कहते थे। 'विशिष्ट-पद-रचना रीति:' से यह स्पष्ट है।

रीति, अलंकार तथा वक्रोक्ति श्रव्य काव्यों के सम्बन्ध में विचार करनेवालों के निर्माण थे, इसलिए आरम्भ में इन लोगों ने रस को भी एक तरह का अलंकार ही माना और उसे रसवद् अलंकार कहते थे। अलंकार मत के रीति-ग्रन्थों के जितने लेखक हुए, उन्होंने शब्दों को ही प्रधान मानकर अपने काव्य-लक्षण बनाए। 'वाक्यं रसात्मकं काव्यम्', 'रमणीयार्थप्रतिपादक: शब्द: काव्यम्' इत्यादि।

इन परिभाषाओं में शब्द और वाक्य ही काव्य-रूप माने गए हैं। पंडितराज ने तो 'तद्दोषों शब्दा़र्थौ' में से अर्थ का बहिष्कार करने का भी आग्रह किया है। शब्द-मात्र ही काव्य है, शब्द और अर्थ, दोनों नहीं। भले ही उसमें से रमणीयार्थ निकलना आवश्यक हो, पर काव्य है शब्द ही। इन शब्द-विन्यास-कौशल का समर्थन करनेवालों को भी रस की आवश्यकता प्रतीत हुई; क्योंकि रस-जैसी वस्तु इनके काव्य-शरीर की आत्मा बन सकती थी। 'श्रृंगारतिलक' में स्वीकार किया गया है कि :

*प्रायो नाट्यं प्रति प्रोक्ता भरताद्यै: रसस्थिति:*
*यथामति मयाप्येषा काव्ये प्रतिनिगद्यते।*

आलंकारिकों के काव्य-शरीर या बाह्य-वस्तु से साहित्यिक आलोचना पूर्ण नहीं हो सकती थी। कहा जाता है कि अभिव्यंजनावाद अनुभूति या प्रभाव का विचार छोड़कर वाक्‌वैचित्र्य को पकड़कर चला; पर वाक्वैचित्र्य दृश्य गम्भीर वृत्तियों से कोई सम्बन्ध नहीं, वह केवल कुतूहल उत्पन्न करता है। तब तो यह मानना पड़ेगा कि विशिष्ट पद-रचना-रीति और वक्रोक्ति को प्रधानता देनेवाले अलंकारवादी भामह, दंडी, वामन और उद्‌भट आदि अभिव्यंजनावादी ही थे।

साहित्य में विकल्पात्मक मनन-धारा का प्रभाव इन्हीं अलंकारवादियों ने उत्पन्न किया तथा अपनी तर्क-प्रणाली-शास्त्र की स्थापना की; किन्तु संकल्पात्मक अनुभूति की वस्तु रस का प्रलोभन, कदाचित् उन्हें अभिनवगुप्त की ओर से ही मिला। उन्होंने रस के सम्बन्ध में ध्वन्यालोक की टीका में लिखा है :

'काव्येऽपि लोकनाट्यधर्मिस्थानीये स्वभावोक्तिवक्रोक्तिप्रकारद्वयेनालौकिक प्रसन्नमधुरौजस्विशब्द समर्प्यमाण विभावादियोगादियमेव रसवार्त्ता। अस्तु वा नाट्याद्विचित्ररूपा रसप्रतीति:।'

रस को अपनाकर भी इन बुद्धिवादी तार्किकों ने अपने पांडित्य के बल पर उसके सम्बन्ध में नये-नये वाद खड़े किये। रस किसे कहते हैं, उसकी व्यापार-सीमा कहाँ तक है, वह व्यंग्य है कि वाच्य, इस तरह के बहुत-से मतभेद उपस्थित हुए। दार्शनिक युक्तियाँ लगाई गईं। रस कार्य हैं कि अनुमेय, भोज्य हैं कि ज्ञाप्त—इन प्रश्नों पर रस का, काव्य और नाटक दोनों में समन्वय करने की दृष्टि से विचार होने लगा; क्योंकि इस काल में काव्य से स्पष्टत: श्रव्य

काव्य का और नाटक से दृश्य का अर्थ किया जाने लगा था। किन्तु सामाजिकों या अभिनेताओं में आस्वाद्य वस्तु रस के लिए भरत की व्यवस्था के अनुसार सात्त्विक, आंगिक, वाचिक और आहार्य—इन चारों क्रियाओं की आवश्यकता थी। अलंकारवादियों के पास केवल वाचिक का ही बल था। फिर तो रस को श्रव्य काव्योपयोगी बनाने के लिए कई उपाय किये गए। उन्हीं में से एक उपाय आक्षेप भी है। आक्षेप के द्वारा विभाव, अनुभाव या संचारी में से एक भी अन्य दोनों को ग्रहण करने में समर्थ हो जाता है। रस के सम्बन्ध में विकल्पवादियों के ये आरोपित तर्क थे। आनन्द परम्परा वाले शैवागमों की भावना में प्रकृत रस की सृष्टि सजीव थी। रस की अभेद और आनन्दवाली व्याख्या हुई। भट्टनायक ने साधारणीकरण का सिद्धान्त प्रचारित किया, जिसके द्वारा नट, सामाजिक तथा नायक की विशेषता नष्ट होकर, लोक-सामान्य प्रकाश-आनन्दमय, आत्मचैतन्य की प्रतिष्ठा रस में हुई।

रस और अलंकार, दोनों सिद्धान्तों में समझौता कराने के लिए ध्वनि की व्याख्या अलंकारसरणि-व्यवस्थापक आनन्दवर्द्धन ने इस तरह से की कि ध्वनि के भीतर ही रस और अलंकार, दोनों आ गए। इन दोनों से भी जो साहित्यिक अभिव्यक्ति बची, उसे वस्तु कहकर ध्वनि के अन्तर्गत माना गया। काव्य की आत्मा ध्वनि को मानकर रस, अलंकार और वस्तु—इन तीनों को ध्वनि का ही भेद समझने का उपक्रम हुआ। फिर भी आनन्दवर्द्धन ने यह स्वीकार किया कि वस्तु और अलंकार से प्रधान रस ध्वनि ही है—प्रतीयमानस्य चान्यप्रभेददर्शनेपि रसभावमुखेनैवोपलक्षणम् प्राधान्यात। आनन्दवर्द्धन ने रस-ध्वनि को प्रधान माना; परन्तु अभिनवगुप्त 'ध्वन्यालोक' की ही टीका में अपनी पांडित्यपूर्ण विवेचन-शैली से यह सिद्ध किया कि काव्य की आत्मा रस ही है।—तेन रसमेव वस्तुत: आत्मा वस्त्वलंकारध्वनिस्तु सर्वथा रसं प्रतिपर्यवस्यते ('लोचन')।

यहाँ पर यह स्मरण रखना होगा कि अलंकार-व्यवस्थापक आनन्दवर्द्धन ने श्रव्य काव्यों में भी रसों का उपयोग मान लिया था; परन्तु आत्मा के रूप में ध्वनि की ही प्रधानता रस विचार से रखी कि 'अलंकारमत में रस-जैसी नाट्यवस्तु सबसे अधिक प्रमुख न हो जाए। यह सिद्धान्तों की लड़ाई थी। आनन्दवर्द्धन ने रस की दृष्टि से विवेचना करते हुए महाभारत को शान्त-रस-प्रधान और रामायण को करुण-रस का प्रबन्ध माना; किन्तु मुक्तकों में रस की निष्पत्ति कठिन देखकर उन्होंने यह भी कहा कि श्रव्य के अन्तर्गत मुक्तक काव्यों में रस की निबन्धना अधिक प्रयत्न करने पर ही कदाचित् सम्भव हो सकेगी।

*प्रबन्धे मुक्तके वापि रसादीन् बद्धुमिच्छता।*
*यत्न: कार्य: सुमतिना परिहारे विरोधिनां॥*
*अन्यथात्वस्य रसमयश्लोक एकोपि सम्यङ्‌ न सम्पद्यते।*

आनन्दवर्द्धन भी काश्मीर के थे और उन्होंने वहाँ के आगमानुयायी आनन्द सिद्धान्त के रस को तार्किक अलंकार मत से सम्बद्ध किया। किन्तु माहेश्वराचार्य अभिनवगुप्त ने इन्हीं की व्याख्या करते हुए अभेदमय आनन्द पथवाले शैवाद्वैतवाद के अनुसार साहित्य में रस की व्याख्या की। नाटकों के स्वरूप तो उनके सिद्धान्त और दार्शनिक पक्ष के अनुकूल ही थे। अभिनवगुप्त ने अपनी 'लोचन' नाम की टीका में स्पष्ट ही लिखा है :

*तदुत्तीर्णत्वे तु सर्वम् परमेश्वराद्वयम् ब्रह्मेत्यच्छास्त्रानुसरणेन*
*विदितम् तंत्रालोकग्रन्थे विचारयेत्यास्ताम्।*

अभिनवगुप्त ने रस की व्याख्या में आनन्द सिद्धान्त की अभिनेय काव्यवाली परम्परा का पूर्ण उपयोग किया। शिवसूत्रों में लिखा है—नर्तक आत्मा, प्रेक्षकाणीन्द्रियाणि। इन सूत्रों में अभिनय को दार्शनिक उपमा के रूप में ग्रहण किया गया है। शैवाद्वैतवादियों ने श्रुतियों के आनन्दवाद को नाट्य-गोष्ठियों में प्रचलित रखा था; इसलिए उनके यहाँ रस का साम्प्रदायिक प्रयोग होता था। विगलित-भेदसंस्कारमानन्दरसप्रवाहमयमेव पश्यति ('क्षेमराज')। इस रस का पूर्ण चमत्कार समरसता में होता है। अभिनवगुप्त ने नाट्य-रसों की व्याख्या में उसी अभेदमय आनन्द-रस को पल्लवित किया। भट्टनायक ने साधारणीकरण से जिस सिद्धान्त की पुष्टि की थी, अभिनवगुप्त ने उसे अधिक स्पष्ट किया। उन्होंने कहा कि वासनात्मक रूप से स्थित रति आदि वृत्तियाँ साधारणीकरण-द्वारा भेद-विगलित हो जाने पर आनन्द-स्वरूप हो जाती हैं। उनका आस्वाद ब्रह्मास्वाद के तुल्य होता है। (परब्रह्मास्वाद सब्रह्मचारित्वम् वास्त्वस्य रसस्य—'लोचन') वासनात्मक रूप से स्थित रति आदि वृत्तियों में ब्रह्मास्वाद की कल्पना साहित्य में महान् परिवर्तन लेकर उपस्थित हुई। रति आदि कई वृत्तियाँ स्थायी मानी जा चुकी थीं; किन्तु आलोचक एक आत्मा की खोज में थे। रस को अपनाकर वे कुछ द्विविधा में पड़ गए थे। आनन्दवादियों की यह व्याख्या उन सब शंकाओं का समाधान कर देती थी। उनके यहाँ कहा गया है : 'लोकानन्दः समाधिसुखं' ('शिवसूत्र' 1/18)। क्षेमराज उसकी टीका में कहते हैं : 'प्रमातृपदविश्रान्ति अवधानान्तश्चमत्कारमयो य आनन्द एतदेव अस्य समाधि सुखम्'। इस प्रमातृपद-विश्रान्ति में जिस चमत्कार या आनन्द का लोकसंस्थ आनन्द के नाम से संकेत किया गया है, वही रस के साधारणीकरण में प्रकाशानन्दमय संविद् विश्रांति के रूप में नियोजित था। इन आलोचकों का यह सिद्धान्त स्थिर हुआ कि चित्तवृत्तियों की आत्मानन्द में तल्लीनता समाधि-सुख ही है। साहित्य में भी इस दार्शनिक परिभाषा को मान लेने से चित्त की स्थायी वृत्तियों की बहुसंख्या का कोई विशेष अर्थ नहीं रह गया। सब वृत्तियों का प्रमातृपद—अहम में विश्रान्त होना ही पर्याप्त था। अभिनव

के आगमाचार्य गुरु उत्पल ने कहा है कि—'प्रकाशस्यात्मविश्रान्तिरहंभावो हि कीर्तित:'।

प्रकाश का यहाँ तात्पर्य है चैतन्य। यह चेतना जब आत्मा में ही विश्रान्ति पा जाए, वही पूर्ण अहंभाव है। साधारणीकरण द्वारा आत्म-चैतन्य का रसानुभूति में, पूर्ण अहंपद में विश्रान्त हो जाना आगमों की ही दार्शनिक सीमा है। साहित्य-दर्पणकार की रस-व्याख्या में उन्हीं लोगों की शब्दावली भी है—स्वत्वोद्रेकादखंडस्व प्रकाशानन्दचिन्मय:, इत्यादि।

यह रस बुद्धिवादियों के पास गया, तो धीरे-धीरे स्पष्ट हो गया कि रस के मूल में चैतन्य की भिन्नता को अभेदमय करने का तत्त्व है। फिर तो चमत्कारा-परपर्याय अनुभवसाक्षिक रस को पंडितराज जगन्नाथ ने आगमवादियों की ही तरह 'रसो वै स:, रसं ह्येव लब्ध्वाऽनन्दीभवति' के प्रकाश में आनन्द ब्रह्म ही मान लिया।

सम्भवत: इसीलिए दु:खान्त प्रबन्धों का निषेध भी किया गया। क्योंकि विरह तो उनके लिए प्रत्यभिज्ञान का साधन, मिलन का द्वार था। चिर-विरह की कल्पना आनन्द में नहीं की जा सकती। शैवागमों के अनुयायी नाट्यों में इसी कल्पित विरह या आवरण का हटना ही प्राय: दिखलाया जाता रहा। 'अभिज्ञान शाकुन्तल' इसका सबसे बड़ा उदाहरण है। बुद्धिवाद के अनन्य समर्थक व्यास की कृति महाभारत शान्त रस के अनुकूल होने पर भी दु:खान्त है। रामायण भी दु:खान्त ही है।

शैवागम के आनन्द-सम्प्रदाय के अनुयायी रसवादी, रस की दोनों सीमाओं—शृंगार और शान्त को स्पर्श करते थे। भरत ने कहा :

*भावा विकारा रत्याद्य: शान्तस्तु प्रकृतिर्मत:*
*विकार: प्रकृतेर्जात: पुनस्तत्रैव लीयते।*

यह शान्त रस निस्तरंग महोदधिकल्प समरसता ही है। किन्तु बुद्धि द्वारा सुख की खोज करनेवाले सम्प्रदाय ने रसों में शृंगार को महत्त्व दिया और आगे चलकर शैवागमों के प्रकाश में साहित्य की रस व्याख्या से सन्तुष्ट न होकर, उन्होंने शृंगार का नाम मधुर रख लिया। कहना न होगा कि उज्ज्वल नीलमणि का सम्प्रदाय बहुत कुछ विरहोन्मुख ही रहा, और भक्ति-प्रधान भी। उन्होंने कहा है :

*मुख्यरसेषु पुरा य: संक्षेपनोदितोरहस्यत्वात,*
*पृथगेव भक्तिरसराट सविस्तरेणोच्यते मधुर:।*

कदाचित् प्राचीन रसवादी रस की पूर्णता भक्ति में इसीलिए नहीं मानते थे कि उसमें द्वैत का भाव रहता था। उसमें रसाभास की ही कल्पना होती थी। आगमों में तो भक्ति भी अद्वैतमूला थी। उनके यहाँ द्वैत-प्रथा 'तद्ज्ञानतुच्छत्वात बन्धमुच्यते'

के अनुसार द्वैत बन्धन था। इस मधुर-सम्प्रदाय में जिस भक्ति का परिपाक रस के रूप में हुआ। उसमें परकीय-प्रेम का महत्त्व इसीलिए बढ़ा कि वे लोग दार्शनिक दृष्टि से तत्त्व को 'स्व' से 'पर' गानते थे। उज्ज्वल नीलमणिकार का कहना है :

*रागेणोल्लंघयन् धर्मम् परकीया बलार्थिना*
*तदीय प्रेम वसति बुधैरुपपतिस्मृत:*
*अत्रैव परमोत्कर्ष: शृङ्गारस्य प्रतिष्ठित:।*

शृंगार का परम उत्कर्ष परकीया में मानने का यही दार्शनिक कारण है—जीव और ईश की भिन्नता। हाँ, इस लक्षण में धर्म का उल्लंघन करने का भी संकेत है। विवेकवादी भागवत धर्म ने जब आगमों के अनुकरण में आनन्द की योजना अपने सम्प्रदाय में की, तो उसमें इस प्रेमा-भक्ति के कारण श्रुति-परम्परा के धार्मिक बन्धनों को तोड़ने का भी प्रयोग आरम्भ हुआ। उनके लिए परमतत्त्व की प्राप्ति सांसारिक परम्परा को छोड़ने से ही हो सकती थी। भागवत का वह प्रसिद्ध श्लोक इसके लिए प्रकाश-स्तम्भ बना :

*आसामहो चरणरेणुजुषामहं स्याम्*
*वृंदावने किमपि गुल्मलतौषधीनाम्।*
*या दुस्त्यजं स्वजनमार्यपथं च हित्वा*
*भेजुर्मुकुंपदवीं श्रुतिभिर्विमृग्याम्।*

यह आर्यपथ छोड़ने की भावना स्पष्ट ही श्रुति-विरोध में थी। आनन्द की योजना करने जाकर विवेकवाद के लिए दूसरा न तो उपाय था और न दार्शनिक समर्थन ही था। उन्होंने स्वीकार किया कि संसार में प्रचलित आर्य-सिद्धान्त सामान्य लोक-आनन्द तत्त्व से परे, वह परम वस्तु है, जिसके लिए गोलोक में लास्य-लीला की योजना की गई; किन्तु समग्र विश्व के साथ तादात्म्य वाली समरसता और आगमों के स्पन्दशास्त्र के तांडवपूर्ण विश्व-नृत्य का पूर्ण भाव उसमें न था। इन लोगों के द्वारा जब रसों की दार्शनिक व्याख्या हुई, तब उसे प्रेममूलक रहस्य में ही परिणत किया गया और यह रहस्य गोप्य भी माना गया। 'उज्ज्वल नीलमणि' की टीका में एक जगह स्पष्ट कहा गया है : 'अयमुज्ज्वल नीलमणिरेतन्मूल्यमजानद्भ्योऽनादर-शंकया गोप्य एवेति'।

भारतेन्दु जी ने अपनी चन्द्रावली नाटिका में इसका संकेत किया है। इस रागात्मिका भक्ति के विकास में हास्य, करुण, बीभत्स इत्यादि प्राचीन रस गौण हो गए और दास्य, सख्य और वात्सल्य आदि नये रसों की सृष्टि हुई। माधुर्य के नेतृत्व में द्वैत-भावना से परिपुष्ट दास्य आदि रस प्रमुख बने। आनन्द की भावना इन आधुनिक रसों में विशृंखल ही रही। हिन्दी के आरम्भ में श्रव्य काव्यों की

प्रचुरता थी। उनमें भी रस की धारा अपने मूल उद्गम आनन्द से अलग होकर चिरविरहोन्मुख प्रेम के स्रोत में बही। यह बाढ़ वेगवती रही, किन्तु उसमें रस की पूर्णता नहीं थी। तात्त्विक और व्यावहारिक, दोनों दृष्टियों से आत्मा की रस-अनुभूति एकांगी-सी बन गई।

मनोभावों या चित्तवृत्तियों का और उनके सब स्वरूपों का नाट्य-रसों में आगमानुकूल व्याख्या से समन्वय हो गया था। अहम की सब भावों में, सब अनुभूतियों में पूर्णता मान ली गई थी। वह बात पिछले काल के रस-विवेचकों के द्वारा विशृंखल हो गई। हाँ, इतना हुआ कि सिद्धान्त-रूप से ध्वनि, रीति, वक्रोक्ति और अलंकार आदि सब मतों पर रस की सत्ता स्थापित हो गई। वास्तव में भारतीय दर्शन और साहित्य, दोनों का समन्वय रस में हुआ था और यह साहित्यिक रस दार्शनिक रहस्यवाद में अनुप्राणित है।

फिर भी रस अपने स्वरूप में नाट्यों की अपनी वस्तु थी, और उसी में आत्म की मूल अनुभूति (संकल्पात्मक) पूर्णता को प्राप्त हुई थी। इसीलिए स्वीकार किया गया : 'काव्येषु नाटकं रम्यम्'।

# रंगमंच

भरत के 'नाट्यशास्त्र' में रंगशाला के निर्माण के सम्बन्ध में विस्तृत रूप से बताया गया है। जिस ढंग से नाट्य-मन्दिरों का उल्लेख प्राचीन अभिलेखों में मिलता है, उससे जान पड़ता है कि पर्वतों की गुफाओं में खोदकर बनाए जानेवाले मन्दिरों के ढंग पर ही नगर रंगशालाएँ बनती थीं।

'कार्य: शैलगुहाकारो द्विभूमिर्नाट्यमंडप:' से यह कहा जा सकता है कि नाट्य-मन्दिर दो खंड के बनते थे, और वे प्राय: इस तरह के बनाए जाते थे, जिससे उनका प्रदर्शन विमान का-सा हो। शिल्प-सम्बन्धी शास्त्रों में प्राय: द्विभूमिक, दो-खंडे या तीन-खंडे प्रासादों को, जो कि स्तभों के आधार पर अनेक आकारों के बनते थे, विमान कहते हैं। यहाँ 'द्विभूमि:' से ऐसा भी अर्थ लगाया जा सकता है कि एक भाग दर्शकों के लिए और दूसरा भाग अभिनय के लिए आता था। किन्तु खुले हुए स्थानों में अभिनय करने के लिए जो काठ के रंगमंच रामलीला में विमान के नाम से व्यवहार में ले आए जाते हैं, उनका संकेत करना मैं आवश्यक समझता हूँ। रंगशाला में शिल्प का या वास्तु-निर्माण का प्रयोग किस तरह होता था, यह बताना सरल नहीं, तो भी नाट्य-मंडप तीन तरह के होते थे—विकृष्टं, चतुरस्त्र और व्यस्य। विकृष्ट नाट्य-मंडप की चौड़ाई से लम्बाई दूनी होती थी। उस भूमि के दो भाग किये जाते थे। पिछले आधे के फिर दो भाग होते थे। आधे में रगशीर्ष और रंगपीठ और आधे में पीछे नेपथ्यगृह बनाया जाता था।

*पृष्ठतो यो भवेत भागो द्विधा भूतो भवेत च स:*
*तस्यार्धेन विभागेन रंगशीर्षम् प्रयोजयेत।*
*पश्चिमे तु पुनर्भागे नेपथ्यगृहमादिशेत।* ['नाट्यशास्त्र' 2 अ.]

आगे के बड़े आधे भाग में बैठने के लिए, जिससे दर्शनों को रंगशाला का अभिनय अच्छी तरह दिखलाई पड़े, ऐसा—सोपान की आकृति का—बैठक बनाया जाता था। कदाचित् वह आज की 'गैलरी' की तरह होता था।

*स्तम्भानाम् बाह्यात: स्थाप्यम् सोपानाकृतिपीठकम्।*
*इष्टका दारुभि: कार्यम् प्रेक्षकाणाम् निवेशनम्॥*

ईंटों और लकड़ियों से ये सीढ़ियाँ एक हाथ ऊँची बनाई जाती थीं। इसी प्रसंग में मत्तवारणी का भी उल्लेख है। अभिवनगुप्त के समय में भी मत्तवारणी का स्थान निर्दिष्ट करने में सन्देह और मतभेद हो गया था। 'नाट्यशास्त्र' में लिखा है :

*रंगपीठस्य पार्श्वे तु कर्त्तव्या मत्तवारणी।*
*पचु:स्तम्भसमायुक्ता रंगपीठप्रमाणत:॥*
*अध्यर्षहस्तोत्स्येचे न कर्त्तव्या मत्तवारणी।*

मत्तवारणी के कई तरह के अर्थ लगाए गए हैं। अभिनव-भारती में मत्तवारणी सम्बन्ध में किसी का यह मत भी संग्रह किया गया है कि वह देवमन्दिर को प्रदक्षिणा की तरह रंगशाला के चारों ओर बनाई जाती थी। 'मत्तवारणी बहिर्निर्गमनप्रमाणेन सर्वतो द्वितीय-भित्तिनिवेशेन देवप्रासाट्टालिका प्रदक्षिणासदृशी द्वितीया भूमिरित्यन्ये, उपरि मंडपान्तर-निवेशानादित्यपरे', किन्तु मेरी समझ में यह मत्तवारणी रंगपीठ के बराबर केवल एक ही ओर चार खम्भों में रुकावट के लिए बनाई जाती थी। मत्तवारणी शब्द से भी यही अर्थ निकलता है कि वह मतवालों को वारण करे। यह डेढ़ हाथ ऊँची रंगपीठ के अगले भाग में लगा दी जाती थी।

रंगमंच में भी दो भाग होते थे। पिछले भाग को रंग-शीर्ष कहते थे और सबसे आगे का भाग रंगपीठ कहा जाता था। इन दोनों के बीच में जवनिका रहती थी। अभिनवगुप्त कहते हैं : 'यत्र जवनिका रंगपीठतच्छिरसोर्मध्ये।' रंगमंच की इस योजना से जान पड़ता है कि अपटी, तिरस्करिणी और प्रतिसीरा आदि जो पटों के भेद हैं, वे जवनिका के भीतर के होते थे। तिरस्कीरिणी प्रतिसीरा आदि जो पटों के भेद हैं, वे जवनिका के भीतर के होते थे। रंगीशीर्ष में नेपथ्य के भीतर के दो द्वार होते थे। रंगशीर्ष यंत्र-जाल, गवाक्ष, शालभंजिका आदि काठ की बनी नाना प्रकार की आकृतियों से सुक्षोभित होता था, जो दृश्योपयोगी होते थे। सम्भवत: यही मुख्य अभिनय का स्थान होता था।

पिंडीबंध आदि नृत्य-अभिनय के साधारण अंश चेटी आदि के द्वारा प्रवेशक की सूचना, प्रस्तावना आदि जवनिका के बाहर ही रंगपीठ पर होते थे। रंगपूजा रंगशीर्ष पर जवनिका के भीतर होती थी। सरगुजा के गुहा-मन्दिर की नाट्यशाला दो हजार वर्ष की मानी जाती है। कहा जाता है कि भोज ने भी कोई ऐसी रंगशाला बनवाई थी, जिसमें पत्थरों पर सम्पूर्ण शाकुंतल-नाटक उत्कीर्ण था। आधुनिक रामलीला के अभिनयों में प्रचलित विमान यह प्रमाणित करते हैं कि भारत में दोनों तरह के रंगमंच होते थे। एक तो वे, जिनके बड़े-बड़े नाट्य-मन्दिर बने थे और दूसरे चलते हुए रंगमंच, जो काठ के विमानों से बनाए जाते थे और चतुष्पथ तथा अन्य प्रशस्त खुले स्थानों में आवश्यकतानुसार घुमा-फिराकर अभियोपयोगी कर लिये जाते थे।

नाट्य-मन्दिरों के भीतर स्त्रियों और पुरुषों के सुन्दर चित्र भीत पर लिखे जाते थे और उनमें स्थान-स्थान पर वातायनों का भी समावेश रहता था। नाट्य-मंडप में कक्षाएँ बनाई जाती थीं, जिनमें अभिनय के दर्शनीय गृह, नगर, उद्यान, ग्राम, जंगल, पर्वत और समुद्र का दृश्य बनाया जाता था। आधुनिक काल के रंगमंचों से कुछ भिन्न उनकी योजना अवश्य होती थी किन्तु :

*कक्ष्याविभागे ज्ञेयानि गृहाणि नगराणि च*
*उद्यानारामसहितो देशो ग्रामोऽटवी तथा।* ['नाट्यशास्त्र' 14 अ.]

इत्यादि से यह मालूम होता है कि दृश्यों का विभाग करके नाट्य-मंडप के भीतर उनकी इस तरह से योजना की जाती थी कि उनमें इस तरह के स्थानों का दृश्य दिखलाया जा सकता था, और जिस स्थान की वार्ता होती थी, उनका दृश्य भिन्न कक्ष्या में दिखाने का प्रबन्ध किया जाता था। स्थान की दूरी इत्यादि का भी संकेत कक्ष्याओं में उनकी पूरी से किया जाता था।

*बाह्मम् वा मध्यमम् वापि तथैवाभ्यन्तरम् पुनः*
*दूरम् वा सन्निकृष्टम् वा देशाश्च परिकल्पयेत।*
*यत्र वार्त्ता प्रवर्त्तेत तत्र कक्ष्याम् प्रवर्त्तते*

रंगमंच में आकाशगामी सिद्ध विद्याघरों के विमानों के भी दृश्य दिखलाए जाते थे। यदि 'मृच्छकटिक' और 'शाकुन्तल' तथा 'विक्रमोर्वशी' नाटक खेलने ही के लिए बने थे, जैसाकि उनकी प्रस्तावनाओं से प्रतीत होता है, तो यह मानना पड़ेगा कि रंगमंच इतना पूर्ण और विस्तृत होता था कि उसमें बैलों से जुते हुए रथ और घोड़ों के रथ तथा हेमकूट पर चढ़ती हुई अप्सराएँ दिखलाई जा सकती थीं। इन दृश्यों के दिखलाने में मोम, मिट्टी, तृण, लाख, अभ्रक, काठ, चमड़ा, वस्त्र और बाँस के फट्ठों से काम लिया जाता था।

*प्रतिपादे प्रतिशिरः प्रतिहस्तौ प्रतित्वचम्*
*तृणजैः कीलजैर्माण्डैः सरूपाणीह कारयेत।*
*यद्यस्य यादृशं रूपं सारूप्यगुणसम्भवम्*
*मृण्मयं मात्रकृत्तं तु नामं रूपांस्तु करयेतू।*
*भाण्डवस्त्रमधूच्छिष्टैः लाक्षयाभ्रदलेन च*
*नगास्तु विविधा कार्याः चर्मवर्मध्वजास्तथा।* ['नाट्यशास्त्र', 24 अ.]

ऊपर के उद्धरणों से जान पड़ता है कि सरूप अर्थात् मुखौटों का भी प्रयोग दैत्य-दानवों के अंगों की विचित्रता के लिए होता था। कृत्रिम हाथ और पैर तथा मुखौटे मिट्टी, फूस, मोम, लाख और अभ्रक के पत्रों से बनाये जाते थे।

कुछ लोगों का कहना है कि भारतवर्ष में 'यवनिका' यवनों अर्थात् ग्रीकों से नाटकों में ही गई है, किन्तु मुझे यह शब्द शुद्ध रूप से व्यवहृत 'जवनिका' भी मिला। अमरकोष में—प्रतिसीरा जवनिका स्यात तिरस्करिणी च सा; तथा हलायुध में—अपटी कांडपट: स्यात प्रतिसीरा जवनिका तिरस्करिणी इसमें 'य' से नहीं किन्तु 'ज' से ही जवनिका का उल्लेख है।

जवनिका से शीघ्रता का द्योतन है। जव का अर्थ वेग और त्वरा से है तब जवनिका उस पट को कहते हैं, जो शीघ्रता से उठाया या गिराया जा सके। कांड पट भी एक इसी तरह का अर्थ ध्वनित करता है, जिसमें पट अर्थात् वस्त्र के साथ कांड अर्थात् डंडे का संयोग हो। प्रतिसीरा और तिरस्करिणी भी साभिप्राय शब्द मालूम होते हैं। प्रतिसीरा तो नहीं, किन्तु तिरस्करिणी का प्रयोग 'विक्रमोर्वशी' में एक जगह आता है। द्वितीय अंक में जब राजा प्रमोद-वन में आते हैं, तो वहीं पर आकाश मार्ग से उर्वशी और चित्रलेखा का भी आगमन होता है। उर्वशी चित्रलेखा से कहती है—'प्रतिच्छन्ना पार्श्ववर्त्तिनी भूत्वा श्रोष्ये तावत्'। और फिर आगे चलकर उसी अंक में—'तिरस्करिणीम् अपनीय'—तिरस्करिणी को हटाकर प्रकट होती है। प्रतिसीरा का भी प्रयोग सम्भव है, खोजने से मिल जाए, किन्तु अपटी शब्द अत्यन्त सन्देहजनक है। 'मृच्छकटिक', 'विक्रमोर्वशी' के आदि में 'तत: प्रतिशत्यपटीक्षेपेण' कई स्थानों पर मिलता है। विक्रमोर्वशी के टीकाकार रंगनाथ ने कहा है—'यत: नासूचितस्य पात्रस्य, प्रवेशो नाटके मत: इति नाटकसमयप्रसिद्धे-र्यत्रासूचितपात्रप्रवेशास्तस्त्राकस्मिक-प्रवेशेऽपटीक्षेपेणेति वचनं युक्तम् अत्र तु प्रस्तावनान्ते सूचितानामेवाप्सरसां प्रवेश इति। केचित्पुन:—न पटीक्षेपोऽपटीक्षेपे इति विग्रहं विधाय पटीक्षेपं विनैव प्रतिशंतीति समर्थयन्ते तदप्यापाद्य कुचोद्यमात्रमित्यास्तां तावत्।' ('विक्रमोर्वशी'—प्रथम अंक)

इससे जान पड़ता है कि प्रवेशक की सूचना अत्यन्त आवश्यक होती थी और यह कार्य अंकों के आरम्भ में चेटी, दासी या अन्य ऐसे ही पात्रों के द्वारा सूचित किया जाता था। उसके बाद अभिनय के वास्तविक पात्र रंगमंच पर प्रवेश करते हैं। 'विक्रमोर्वशी' में प्रस्तावना में ही अप्सराओं की पुकार सुनाई पड़ती है और सूत्रधार रंगमंच से प्रस्थान कर जाता है और अप्सराएँ प्रवेश करती हैं। किन्तु ऐसा प्रतीत होता है कि पटी अभी तक उठी नहीं है और अप्सराओं का प्रवेश हो गया है। रंगमंच के उसी अगले भाग पर वे आ गई हैं, जहाँ कि सूत्रधार ने प्रस्तावना की है। इसके बाद अपटी-क्षेप होता है अर्थात् पर्दा उठता है तब पुरूरवा का प्रवेश होता है और सामने हेमकूट का भी दृश्य दिखाई पड़ता है, इसलिए कुछ, विशेष ढंग से परदे का नाम अपटी जान पड़ता है। सम्भवत: अपटीक्षेप उन स्थानों पर किया जाता था, जहाँ सहसा पात्र उपस्थित होता था। उसी अंक से अन्य पात्रों के द्वारा कथावस्तु के अन्य विभाग का अभिनय करने वे अपटीक्षेप का प्रयोग

होता था। वह निश्चय है कि कालिदास और शूद्रक इत्यादि प्राचीन नाटककार रंगमंच के पटीक्षेप से परिचित थे और दृश्यान्तर (ट्रांसफर सीन) उपस्थित करने में उनका प्रयोग भी करते थे। यद्यपि वे प्राचीन रंगमंच आधुनिक ढंग से पूर्ण रूप से विकसित नहीं थे, फिर भी रंगमंचों के अनुकूल कक्ष्याविभाग और उनमें दृश्यों के लिए शैल, विमान और यान तथा कृत्रिम प्रासाद-यंत्र और पंटों का उपयोग होता था।

नाट्य-मन्दिर में नर्तकियों का विशेष प्रबन्ध रहता था। जान पड़ता है कि रेचक, अंगहार, करण और चारियों के साथ पिंडीबन्ध अथवा सामूहिक नृत्य का भी आयोजन रंगमंच में होता था। अति प्राचीन काल में भारतवर्ष के रंगमंच में स्त्रियाँ नाटकों को सफल बनाने के लिए आवश्यक समझी गईं। केवल पुरुषों के द्वारा अभिनय असफल होने लगे, तब रंगोपजीवना अप्सराएँ रंगमंच पर आईं। कहा गया है :

*कौशिकीश्लक्ष्णनेपथ्या शृङ्गाररससम्भवा*
*अशक्याः पुरुषैसातु प्रयोक्तुम् स्त्रीजनदृते।*
*अत्तोऽसृजन्महातेजा मनसाप्सरसो विभुः।*

रंगमंच पर काम करनेवाली स्त्रियों को अप्सरा, रंगोपजीवना इत्यादि कहते थे। 'मालविकाग्निमित्र' में स्त्रियों को अभिनय की शिक्षा देनेवाले आचार्यों का भी उल्लेख है। उनका मत है कि पुरुष और स्त्री के स्वभावानुसार अभिनय उचित है, क्योंकि 'स्त्रीणां स्वभावमधुरः कण्ठो नृणां बलत्वं च'—स्त्रियों का कंठ, स्वभाव से ही मधुर होता है, पुरुष में बल है, इसलिए रंगमंच पर गान स्त्रियाँ करें, पुरुष का गाना रंगमंच पर उतना शोभन नहीं माना जाता था। 'एवं स्वभावसिद्धं स्त्रीणां गानं नृणां च पाठ्यविधिः।'

सामूहिक पिंडीबन्ध आदि चित्रनृत्यों का रंगमंच पर अच्छा प्रयोग होता था। पिंडीबन्ध चार तरह का होता था—पिंडी, शृंखलिका, तलाबन्ध और भेद्यक। कई नर्तकियों के द्वारा नृत्य में अंगहारों के साथ परस्पर विचित्र बाहुबन्ध और सम्बन्ध करके अनेक आकार बनाए जाते थे। अभिनय में रंगमंच पर उनकी भी आवश्यकता होती थी। और पुरुषों की तरह स्त्रियों को भी रंगमंचशाला की उच्च कोटि की शिक्षा मिलती थी। नाटकोपयोगी दृश्यों के निर्माण-वस्त्र तथा आयुधों के साथ कृत्रिम केशमुकुटों और दाढ़ी इत्यादि का भी उल्लेख 'नाट्यशास्त्र' में मिलता है। केश-मुकुट भिन्न-भिन्न पात्रों के लिए कई तरह से बनते थे।

*रक्षो दानवदैत्यानां पिकक्केशकृतानि तु*
*हरिश्मश्रूणि च तथा मुखशीर्षाणि कारयेत।* ['नाट्यशास्त्र' 23-143]

कोयल के पंखों से दैत्य-दानवों की दाढ़ी और मूँछ भी बनाई जाती थी। मुकुट अभिनय के लिए भारी न हों, इसलिए अभ्रक और ताम्र के पतले पत्रों से हलके बनाए जाते थे। कंचुक इत्यादि वस्त्रों का भी 'नाट्यशास्त्र' में विस्तृत वर्णन है। इन वस्तुओं के उपयोग में इस बात का भी विचार किया जाता था कि नाटक के अभिनय में सुविधा हो। नाटक के अभिनय में दो विधान मानवीय थे, और उन्हें लोकधर्मी और नाट्यधर्मी कहते थे। भरत के समय में ही रंगमंचों में स्वाभाविकता पर ध्यान दिया जाने लगा था। रंगमंच पर ऐसे अभिनय को लोकधर्मी कहते थे। इस लोकधर्मी अभिनय में रंगमंच पर कृत्रिम उपकरणों का उपयोग बहुत कम होता था 'स्वाभावो लोकधर्मी तु नाट्यधर्मी विकारत:' ('नाट्यशास्त्र' 13-193)।

स्वाभाविकता का अधिक ध्यान केवल उपकरणों में ही नहीं, किन्तु आंगिक अभिनय में भी अभीष्ट था। उसमें बहुत अंग-लीला वर्जित थी।

अतिसत्त्व क्रियाएँ, असाधारण कर्म, अतिभाषित लोकप्रसिद्ध द्रव्यों का उपयोग अर्थात् शैल, यान और विमान आदि का प्रदर्शन और ललित अंगहार जिसमें प्रयुक्त होते थे—रंगमंच के ऐसे नाटकों को नाट्यधर्मी कहते थे। स्वगत, आकाशभाषित इत्यादि को तब भी अस्वाभाविक माना जाता था, और उनका प्रयोग नाट्यधर्मी अभिनय में ही रंगमंच पर किया जाता था।

*आसन्नोक्तं च यद् वाक्यम् न श्रृण्वन्ति परस्परम्*
*अनुक्तं श्रूयते वाक्यम् नाट्यधर्मी तु सा स्मृता।*

प्राचीन रंगमंच में स्वगत की योजना, जिसमें कि समीप का उपस्थित व्यक्ति सुनी बात की अनसुनी कर जाता है, नाट्यधर्मी अभिनय के ही अनुकूल होता था, और 'भाण' में आकाशभाषित का प्रयोग भी नाट्यधर्मी के ही अनुकूल है। व्यंजना-प्रधान अभिनय का भी विकास प्राचीन रंगमंच पर हो गया था। भावपूर्ण अभिनय में पर्याप्त उन्नति हो चुकी थी। 'नाट्यशास्त्र' के छब्बीसवें अध्याय में इसका विस्तृत वर्णन है। पक्षियों का रेचक से, सिंह आदि पशुओं का गति-प्रचार से, भूत-पिशाच और राक्षसों का अंगहार से अभिनय किया जाता था। इस भावाभिनय का पूर्ण स्वरूप अभी भी दक्षिण के कथकलि नृत्य में वर्तमान है।

रंगमंच में नटों के गति-प्रचार (मूवमेंट), वस्तु-निवेदन (डिलीवरी), सम्भाषण (स्पीच) इत्यादि पर भी अधिक सूक्ष्मता से ध्यान दिया जाता था। और इन पर 'नाट्यशास्त्र' में अलग-अलग अध्याय ही लिखे गए हैं। रंगमंच पर जिस कथा का अवतरण किया जाता था, उसका विभाग भी समय के अनुसार और अभिनय की सुव्यवस्था का ध्यान रखते हुए किया जाता था।

*ज्ञात्वा दिवसांस्तान्क्षणयाममुहूर्त्तलक्षणोपेतान्।*
*विभजेत सर्वमशेषम् पृथक्, पृथक् काव्यमंकेषु॥*

प्राय: एक दिन का कार्य अंक एक पूरा हो जाना चाहिए और यदि न हो सके, तो प्रवेशक और अंकावतार के द्वारा उसकी पूर्ति होनी चाहिए। एक वर्ष से अधिक का समय तो एक अंक में आना नहीं चाहिए। प्रवेशक, अंकावतार और अपटीक्षेप का प्रयोग आजकल की तरह दृश्य या स्थान को प्रधानता देकर नहीं किया जाता था, किन्तु वे कथावस्तु के विभाजन-स्वरूप ही होते थे। पाँच अंक के नाटक रंगमंच के अनुकूल इसलिए माने जाते थे कि उनमें कथावस्तु की पाँचों सन्धियों का विकास होता था। और कभी-कभी हीन सन्धि नाटक भी रंगमंच पर अभिनीत होते थे, यद्यपि वे नियम-विरुद्ध माने जाते थे। दूसरी, तीसरी, चौथी सन्धियों का अर्थात् बिन्दु, पताका और प्रकरी का लोप हो सकता था, किन्तु पहली और पाँचवीं सन्धि का अर्थात् बीज और कार्य का रहना आवश्यक माना गया है। आरम्भ और फलयोग का प्रदर्शन रंगमंच पर आवश्यक माना गया है।

रंगमंच की बाध्य-बाधकता का जब हम विचार करते हैं, तो उसके इतिहास से यह प्रकट होता है कि काव्यों के अनुसार प्राचीन रंगमंच विकसित हुए और रंगमंचों की नियमानुकूलता मानने के लिए काव्य बाधित नहीं हुए, अर्थात् रंगमंचों को ही काव्य के अनुसार अपना विस्तार करना पड़ा और यह प्रत्येक काल में माना जाएगा कि काव्यों के अथवा नाटकों के लिए ही रंगमंच होते हैं। काव्यों की सुविधा जुटाना रंगमंच का काम है। क्योंकि रसानुभूति के अनन्त प्रकार नियमबद्ध उपायों से नहीं प्रदर्शित किये जा सकते और रंगमंच ने सुविधानुसार काव्यों के अनुकूल समय-समय पर अपना स्वरूप परिवर्तन किया है।

मध्यकालीन भारत में जिस आतंक और अस्थिरता का साम्राज्य था, उसने यहाँ की सर्वसाधारण प्राचीन रंगशालाओं को तोड़-फोड़ दिया। धर्मान्ध आक्रमणों ने जब भारतीय रंगमंच के शिल्प का विनाश कर दिया तो देवालयों से संलग्न मंडपों में छोटे-मोटे अभिनय सर्वसाधारण के लिए सुलभ रह गए। उत्तरी भारत में तो औरंगजेब के समय में ही साधारण संगीत का भी 'जनाजा' निकाला जा चुका था, किन्तु रंगमंच से विहीन कुछ अभिनय बच गए, जिन्हें हम पारसी स्टेजों के आने के पहले भी देखते रहे हैं। इनमें मुख्यत: नौटंकी (नाटकी?) और भाँड़ ही थे। रामलीला और यात्राओं का भी नाम लिया जा सकता है। सार्वजनिक रंगमंचों के विनष्ट हो जाने पर यह खुले मैदानों में तथा उत्सवों के अवसर पर खेले जाते थे। रामलीला और यात्रा तो देवता-विषयक अभिनय थे, किन्तु नाटकी और भाँड़ों में शुद्ध मानव-सम्बन्धी अभिनय होते थे। मेरा निश्चित विचार है कि भाँड़ों की परिहास की अधिकता संस्कृत-भाण मुकुन्दानन्द और रससदन आदि की परम्परा में है, और नाटकी या नौटंकी प्राचीन रागकाव्य अथवा गीति-नाट्य की स्मृतियाँ हैं। जैसे रामलीला पाठ्य-काव्य रामायण के आधार पर वैसी ही होती है, जैसे प्राचीन महाभारत और वाल्मीकि के पाठ्यक्रमों के साथ अभिनय होता

था। दक्खिन में अब भी कथकलि अभिनय उस प्रथा को सजीव किये है। प्रवृत्ति वही पुरानी है; परन्तु उत्तरीय भारत में बाह्य प्रभाव की अधिकता के कारण इनमें परिवर्तन हो गया है। और अभिनय की वह बात नहीं रही। हाँ, एक बात अवश्य इन लोगों ने की है और वह है चलते-फिरते रंगमंचों की या विमानों की रक्षा।

वर्तमान रंगमंच अन्य प्रभावों से अछूता न रह सका, क्योंकि विप्लव और आतंक के कारण प्राचीन विशेषताएँ नष्ट हो चुकी थीं। मुगल-दरबारों में जो थोड़ी-सी संगीत-पद्धति तानसेन की परम्परा से बच रही थी, उसमें भी बाह्य प्रभाव का मिश्रण होने लगा था। अभिनयों में केवल भाण ही मुगल-दरबार में स्वीकृत हुआ था; वह भी केवल मनोरंजन के लिए।

पारसी व्यवसायियों ने पहले-पहल नये रंगमंच की आयोजना की। भाषा मिश्रित थी—इन्द्र-सभा, चित्रा-बकावली, चन्द्रावली, हरिश्चन्द्र आदि के अभिनय होते थे, अनुकरण था रंगमंच में 'शेक्सपीरियन स्टेज' का; क्योंकि वहाँ भी 'विक्टोरियन युग' की प्रेरणा ने रंगमंच में विशेष परिवर्तन कर लिया था। 19वीं शताब्दी के मध्य में कीन की सहायता से अंग्रेजी रंगमंच में पुरावृत्त की खोजों के आधार पर शेक्सपियर के नाटकों के अभिनय की नई योजना हुई, और तभी हेनरी, इविंग-सदृश चतुर नट भी आए। किन्तु साथ ही सूक्ष्म तथा गम्भीर प्रभाव डालनेवाली इब्सन की प्रेरणा भी पश्चिम में स्थान बना रही थी, जो नाटकीय यथार्थवाद का मूल है।

भारतीय रंगमंच पर इस पिछली धारा का प्रभाव पहले-पहल बंगाल पर हुआ। किन्तु इन दोनों प्रभावों के बीच में दक्षिण में भारतीय रंगमंच निजी स्वरूप में अपना अस्तित्व रख सका। कथकलि-नृत्य मन्दिरों की विशाल संख्याओं में मर नहीं गया था। भावाभिनय अभी होते रहते थे। कदाचित् संस्कृत-नाटकों का अभिनय भी चल रहा था, बहुत दबे-दबे। आन्ध्र ने आचार्यों के द्वारा जिस धार्मिक संस्कृति का पुनरावर्तन किया था, उसके परिणाम में संस्कृत-साहित्य का भी पुनरुद्धार और तत्सम्बन्धी किया था, उसके परिणाम में संस्कृत-साहित्य का भी पुनरुद्धार और तत्सम्बन्धी साहित्य और कला की भी पुनरावृत्ति हुई थी। संस्कृत के नाटकों का अभिनय भी उसी का फल था। दक्षिण में वे सब कलाएँ सजीव थीं; उनका उपयोग भी हो रहा था। हाँ, बाली और जावा इत्यादि के मन्दिरों में इसी प्रकार के अभिनय अधिक सजीवता से सुरक्षित थे। तीस बरस पहले जब काशी में पारसी रंगमंच की प्रबलता थी, तब भी मैंने किसी दक्षिणी नाटक-मंडली द्वारा संस्कृत मृच्छकटिक का अभिनय देखा था। उसकी भारतीय विशेषता अभी मुझे भूली नहीं है। कदाचित् उसका नाम 'ललित-कलादर्श-मंडली' था।[1]

दृश्यान्तर और चित्रपटों की अधिकता के साथ ही पारसी-स्टेज ने पश्चिमी 'ट्यूनों' का भी मिश्रण भारतीय संगीत में किया। उसके इस काम में बंगाल ने

भी साथ दिया; किन्तु उतने भद्दे ढंग से नहीं। बंगाल ने जितना पश्चिमी ढंग का मिश्रण किया, वह सुरुचि से बहुत आगे बढ़ा। चित्रपटों में सरलता उसने रखी; किन्तु पारसी स्टेज ने अपना भयानक ढंग बन्द नहीं किया। पारसी स्टेज में दृश्यों और परिस्थितियों के संकलन की प्रधानता है। वस्तु-विन्यास चाहे कितना ही शिथिल हो; किन्तु अमुक परदे के पीछे वह दूसरा प्रभावोत्पादक परदा आना ही चाहिए—कुछ नहीं तो एक असम्बद्ध फूहड़ भँड़ैती से ही काम चल जाएगा।

हिन्दी के कुछ अकाल-पक्व आलोचक, जिनका पारसी स्टेज से पिंड नहीं छूटा है, सोचते हैं स्टेज में यथार्थवाद! अभी वे इतने भी सहनशील नहीं कि फूहड़ परिहास के बदले—जिससे वह दर्शकों को उलझा लेता है—तीन-चार मिनट के लिए काला परदा खींचकर दृश्यान्तर बना लेने का अवसर रंगमंच को दे। हिन्दी का कोई अपना रंगमंच नहीं है। जब उसके पनपने का अवसर था, तभी सस्ती भावुकता लेकर वर्तमान सिनेमा में बोलनेवाले चित्रपटों का अभ्युदय हो गया, और फलत: अभिनयों का रंगमंच नहीं-सा हो गया। साहित्यिक सुरुचि पर सिनेमा ने ऐसा धावा बोल दिया है कि कुरुचि को नेतृत्व करने का सम्पूर्ण अवसर मिल गया है। उन पर भी पारसी स्टेज की गहरी छाप है। हाँ, पारसी स्टेज के आरम्भिक विनय-सूत्रों में एक यह भी था कि वे लोग प्राचीन इंग्लैंड के रंगमंचों की तरह स्त्रियों का सहयोग नहीं पसन्द करते थे। 18वीं शताब्दी में धीरे-धीरे स्त्रियाँ रंगमंच पर इंग्लैंड में आईं; किन्तु सिनेमा ने स्त्रियों को रंगमंच पर अबाध अधिकार दिया। बालकों को स्त्री-पात्र के अभिनय की अवांछनीय प्रणाली से छुटकारा मिला; किन्तु रंगमंचों की असफलता का प्रधान कारण है स्त्रियों का उनमें अभाव; विशेषत: हिन्दी रंगमंच के लिए। बहुत-से नाटक-मंडलियों द्वारा इसलिए नहीं खेले जाते कि उनके पास स्त्री-पात्र नहीं हैं, रंगमंच की तो अकाल मृत्यु हिन्दी में दिखाई पड़ रही है। कुछ मंडलियाँ कभी-कभी साल में एकाध बार वार्षिकोत्सव मनाने के अवसर पर कोई अभिनय कर लेती हैं। पुकार होती है आलोचकों की हिन्दी में नाटकों के अभाव की। रंगमंच नहीं है, ऐसा समझने का कोई साहस नहीं करता क्योंकि दोषदर्शन सहज है। उसके लिए वैसा प्रयत्न करना कठिन है, जैसा कीन ने किया था। युग के पीछे हम चलने का स्वाँग भरते हैं, हिन्दी में नाटकों का यथार्थ अभिनीत देखना चाहते हैं और यह नहीं देखते कि पश्चिम में अब भी प्राचीन नाटकों के सवाक्-चित्र बनाने के लिए प्रयत्न होता रहता है। ऐतिहासिक नाटकों के सवाक्-चित्र बनाने के लिए उन ऐतिहासिक व्यक्तियों की स्वरूपता के लिए टनों मेकअप का मसाला एक-एक पात्र पर लग जाता है। युग की मिथ्या धारणा से अभिभूत नवीनतम की खोज में इब्सनिज्म का भूत वास्तविकता का भ्रम दिखाता है। समय का दीर्घ अतिक्रमण करके जैसा पश्चिम ने नाट्यकला में अपनी सब वस्तुओं को स्थान दिया है, वैसा क्रम-विकास कैसे किया जा सकता

है, यदि हम पश्चिम के 'आज' को ही सब जगह खोजते रहेंगे? और यह भी विचारणीय है कि क्या हम लोगों का सोचने का, निरीक्षण का दृष्टिकोण सत्य और वास्तविक है? अनुकरण में फैशन की तरह बदलते रहना साहित्य में ठोस अपनी वस्तु का नियंत्रण नहीं करता। वर्तमान और प्रतिक्षण का वर्तमान सदैव दूषित रहता है, भविष्य के सुन्दर निर्माण के लिए। कलाओं का अकेले प्रतिनिधित्व करनेवाले नाटक के लिए तो ऐसी 'जल्दबाजी' बहुत ही अवांछनीय है। यह रस की भावना से अस्पृष्ट व्यक्ति-वैचित्र्य की यथार्थवादिता ही का आकर्षण है, जो नाटक के सम्बन्ध में विचार करनेवालों को उद्विग्न कर रहा है। प्रगतिशील विश्व है; किन्तु अधिक उछलने में पदस्खलन का भी भय है। साहित्य में युग की प्रेरणा भी आदरणीय है, किन्तु इतना ही अलम नहीं। जब हम यह समझ लेते हैं कि कला को प्रगतिशील बनाये रखने के लिए हमको वर्तमान सभ्यता का—जो सर्वोत्तम है—अनुसरण करना चाहिए तो हमारा दृष्टिकोण भ्रमपूर्ण हो जाता है। अतीत और वर्तमान को देखकर भविष्य का निर्माण होता है; इसलिए हमको साहित्य में एकांगी लक्ष्य नहीं रखना चाहिए। जिस तरह हम वास्तविक या प्राचीन शब्दों में लोकधर्मी अभिनय की आवश्यकता समझते हैं, ठीक उसी प्रकार से नाट्यधर्मी अभिनय को भी देश, काल, पात्र के अनुसार रंगमंच में संगृहीत रहना चाहिए। पश्चिम ने भी अपना सबकुछ छोड़कर 'नये' को नहीं पाया है।

श्री भारतेन्दु ने रंगमंच की अव्यवस्थाओं को देखकर जिस हिन्दी रंगमंच की स्वतंत्र स्थापना की थी, उसमें इन सबका समन्वय था। उस पर सत्य हरिश्चन्द्र, मुद्राराक्षस, नीलदेवी, चन्द्रावली, भारत-दुर्दशा, प्रेमयोगिनी सबका सहयोग था। हिन्दी-रंगमंच की इस स्वतंत्र चेतना को सजीव रखकर रंगमंच की रक्षा करनी चाहिए। केवल नई पश्चिमीय प्रेरणाएँ हमारी पथ-प्रदर्शिका न बन जाएँ। हाँ, उन सब साधनों से जो वर्तमान विज्ञान द्वारा उपलब्ध हैं, हमको वंचित भी न होना चाहिए। आलोचकों का कहना है कि 'वर्तमान युग की रंगमंच की प्रवृत्ति के अनुसार भाषा सरल हो और वास्तविकता भी हो।' वास्तविकता का प्रच्छन्न अर्थ इब्सेनिज्म के आधार पर कुछ और भी है। वे छिपकर कहते हैं—हमको अपराधियों से घृणा नहीं, सहानुभूति रखनी चाहिए, इसका उपयोग चरित्र-चित्रण में व्यक्ति-वैचित्र्य के समर्थन में भी किया जाता है। रंगमंच पर ऐसे वस्तु-विन्यास समस्या बनकर रह जाएँगे। प्रभाव का असम्बद्ध स्पष्टीकरण भाषा की क्लिष्टता से भी भयानक है। रेडियो ड्रामा के संवाद भी लिखे जाने लगे हैं, जिनमें दृश्यों का सम्पूर्ण लोप है। दृश्य वस्तु श्रव्य बनकर संवाद में आती है; किन्तु साहित्य में एक प्रकार के एकांकी नाटक भी लिखने का प्रयास हो रहा है। वे यही समझकर तो लिखे जाते हैं कि उनका अभिनय सुगम है। किन्तु उनका अभिनय होता कहाँ है? यह पाठ्य छोटी कहानियों का ही प्रतिरूप नाट्य है। दृश्यों की योजना साधारण

होने पर भी खिड़की के टूटे हुए काँच, फटा परदा और कमरे के कोने में मकड़ी का जाला दृश्यों में प्रमुख होते हैं—वास्तविकता के समर्थन में!

भाषा की सरलता की पुकार भी कुछ ऐसी ही है। ऐसे दर्शकों और सामाजिकों का अभाव नहीं; किन्तु प्रचुरता है, जो पारसी स्टेज पर गायी गई गजलों के शब्दार्थों से अपरिचित रहने पर भी तीन बार तालियाँ पीटते हैं। क्या हम नहीं देखते कि बिना भाषा के अबोल-चित्रपटों के अभिनय में भाव सहज ही समझ में आते हैं और कथकलि के भावाभिनय भी शब्दों की व्याख्या ही है? अभिनय तो सुरुचिपूर्ण शब्दों को समझाने का काम रंगमंच से अच्छी तरह करता है। एक मत यह भी है कि भाषा स्वाभाविकता के अनुसार पात्रों की अपनी होनी चाहिए और इस तरह कुछ देहाती पात्रों से उनकी अपनी भाषा का प्रयोग कराया जाता है। मध्यकालीन भारत में जिस प्राकृत का संस्कृत से सम्मेलन रंगमंच पर कराया गया था, वह बहुत कुछ परिमार्जित और कृत्रिम-सी थी। सीता इत्यादि भी संस्कृत बोलने में असमर्थ समझी जाती थीं। वर्तमान युग की भाषा-सम्बन्धी प्रेरणा भी कुछ-कुछ वैसी ही है। किन्तु आज यदि कोई मुगलकालीन नाटक में लखनवी उर्दू मुगलों से बुलवाता है, तो वह भी स्वाभाविक या वास्तविक नहीं है। फिर राजपूतों की राजस्थानी भाषा भी आनी चाहिए। यदि अन्य असभ्य पात्र हैं, तो उनकी जंगली भाषा भी रहनी चाहिए। और इतने पर भी क्या वह नाटक हिन्दी का ही रह जाएगा? यह विपत्ति कदाचित् हिन्दी नाटकों के लिए ही है।

मैं तो कहूँगा कि सरलता और क्लिष्टता पात्रों के भावों और विचारों के अनुसार भाषा में होगी ही और पात्रों के भावों और विचारों के ही आधार पर भाषा का प्रयोग नाटकों में होना चाहिए; किन्तु इसके लिए भाषा की एकतंत्रता नष्ट करके कई तरह की खिचड़ी भाषाओं का प्रयोग हिन्दी नाटकों के लिए ठीक नहीं। पात्रों की संस्कृति के अनुसार उनके भावों और विचारों में तारतम्य होना भाषाओं के परिवर्तन से अधिक उपयुक्त होगा। देश और काल के अनुसार भी सांस्कृतिक दृष्टि से भाषा में पूर्ण अभिव्यक्ति होनी चाहिए।

रंगमंच के सम्बन्ध में यह भारी भ्रम है कि रंगमंच नाटक के लिए लिखे जाएँ। प्रयत्न तो यह होना चाहिए कि नाटक के लिए रंगमंच हों, जो व्यावहारिक है। हाँ, रंगमंच पर सुशिक्षित और कुशल अभिनेता तथा मर्मज्ञ सूत्रधार के सहयोग की आवश्यकता है। देश-काल की प्रवृत्तियों का समुचित अध्ययन भी आवश्यक है। फिर तो पात्र रंगमंच पर अपना कार्य सुचारु रूप से कर सकेंगे। इन सबके सहयोग से ही हिन्दी रंगमंच का अभ्युत्थान सम्भव है।

# साहित्य

# कवि और कविता

कवियों को लोगों ने सृष्टिकर्ता माना है, क्योंकि वे मनुष्य को जबकि यह कविता का अनुशीलन करने लगता है, तब एक अभिनव सृष्टि का दर्शन कराता है। वह संसार के साँचे में नहीं ढलता, किन्तु संसार को अपने साँचे में ढालना चाहता है। मनुष्य के हृदय के लिए वह बड़ी सुन्दर सृष्टि रचता है, जिसमें प्रवेश करने से कविता-पाठक एक प्रकार से बाह्य-ज्ञान-शून्य होकर वसन्तमय कनक-कमल-मकरन्द-पुर-कानन में आनन्दमय समय व्यतीत करता है।

लोकोक्ति है कि 'रोना और गाना किसे नहीं आता', उसी तरह से कविता में भी कल्पना की जो लीलाएँ हैं, उन्हीं का अनुकरण करते हुए प्राय: सब मनुष्य कल्पना करते हैं, अपने विचारों को सोचते हैं, प्रकट करते हैं; पर कवि की तरह अपने विचार कौन प्रगट कर सकता है? उसके हरित सघनकुंज जिनके पत्र मरकत को भी लजाते हैं, जिन पर धूल के कणों का स्पर्श भी नहीं है, कौन निर्मित कर सकता है? उसके ऐसे आनन्दमय राज्य में जहाँ पाप, कलह, द्वेष, भय का लेश नहीं है, कौन राज्य कर सकता है? वहाँ कवि सान्त्वनामयी राजाज्ञा का प्रचार करता है, वह फूलों को भी चिरस्थायी बनाता है, इसी से कहना पड़ता है कि उसकी सृष्टि विलक्षण चमत्कारिणी है, और सच्चा कवि अमरजीवन लाभ करता है।

सौन्दर्य की आलोचना आप कर सकते हैं, उसे अपने चित्त में स्थान दे सकते हैं, उसकी सुन्दरता का वर्णन कर सकते हैं; पर क्या कभी इतना कहने का साहस भी कर सकते हैं—'गिरा अनयन नयन बिनु बानी'? अस्तु, इतना कहने का अधिकारी वही है।

कवि मानव-स्वभाव के परिज्ञान के समान ही प्रकृतिज्ञान का भी उद्योग करता है, और वह उसके अनुशीलन में उसी तरह लगा रहता है। महाकवि वाल्मीकि के लिए कोई बड़ा भारी पुस्तकालय नहीं था। उन्होंने अपना महाकाव्य लिखने के लिए जो सुन्दर जाह्नवी तट पर कुसुमित कानन निर्धारित किया था, वह क्यों? वे प्रकृति का बाह्य तथा आन्तरिक चक्षु से अन्वेषण करते थे, तब उनकी प्रतिभा ऋतु-वर्णन में इतनी देखी जाती है प्रकृति के एक-एक क्षुद्र अंश, यहाँ तक कि महान वृक्ष की डालियों में की छोटी-छोटी पत्तियों की नसें भी उनसे बातें करती

थीं। कवियों से जैसा प्राभातिक पवन खेलता है, किसी देव-शिशु को भी वैसी क्रीड़ा नहीं आती।

राका की मधुरता जैसा उसके नेत्रों को सुन्दर दृश्य दिखाती है, विहग का कलरव जैसा उसके कर्ण में सुन्दर सुनाई पड़ता है, वैसा किसी को नहीं। हाँ, जब वह अपनी अभिनव सृष्टि में इनका समावेश करता है, तब उसके प्रेमी उसको देखते हैं तथा सुनते हैं।

कवि में क्लीव को तलवार ग्रहण करा देने की शक्ति है, वह चिर दुखी को सुखमय कर सकता है, पर तब जब वह सच्चा कवि हो। महादुर्द्धर्ष औरंगजेब का प्रतिपक्षी बनना शिवाजी ऐसे सामान्य भूस्वामी का कार्य नहीं था, यह उस उत्तेजनामयी 'त्यों मलेच्छ वंश पर शेर शिवराज है।' कवि (भूषण की) वाणी का ही प्रताप था।

देखिए, महावीर विक्रमादित्य का केवल एक दुर्गद्वार, जोकि भग्नप्राय है, शेष चिह्न रूप है; किन्तु कालिदास की 'शकुन्तला' अभी भी सद्य:प्रस्फुटित वकुल-मुकुल की तरह अपने सौरभ से दिगन्त को व्याप्त कर रही है। उसकी एक मात्रा का भी ह्रास नहीं है। दिन-दिन उसकी सुगन्ध से मनुष्य का मस्तिष्क शीतल होता है, और हुआ करेगा। इस कारण से कवि अमरजीवन लाभ करता है।

इसी तरह सच्चे कवि की कविता भी अलौकिक आनन्द दान करती है, क्योंकि यह उसकी सृष्टि है। महान् कवि की कविता का बल, बुद्धि और आनन्द के जलयंत्र से तुलना कर सकते हैं। वह मनुष्य-जीवन में अलौकिक बल प्रदान करती है। उसकी प्रतिभा अपना मधुर प्रकाश जब मनुष्य-हृदय पर डालती है तब उसका अन्धकारमय हृदय भी उज्ज्वल आलोक से पूर्ण हो जाता है। यदि अनुकूल कविता कहीं मिल जाती है, तो चित्त की शंका भी दूर हो जाती है। कविता प्रथम में प्राय: सब भाषाओं में पद्यमय देखी जाती है, यहाँ तक कि हम लोगों का महामान्य वेद भी छन्दमय है। इसका कारण लोग बताते हैं कि—जब लिखने-पढ़ने की परिपाटी नहीं थी, तब लोग कंठस्थ करने के लिए वर्णक्रम से पद्योजना करके उसको कंठस्थ करते थे, किन्तु ध्यान से देखा जाए, तो इसका एक यही कारण नहीं था। पद्यमय रचना एक और भी उपयोग करती है, जैसे किसी कवि ने कहा है : 'पूर्व काल में मंत्र थे कड़खे रनके।' यदि विचार किया जाए तो यह सरलतया समझ में आ जाएगा कि कविता जहाँ ओज दान करती है, वहाँ पद्य ही है, क्योंकि प्राय: संक्षिप्त और प्रभावमयी तथा चिरस्थायिनी जितनी पद्यमय रचना होती है, उतनी गद्य रचना नहीं। इसी स्थान में हम संगीत की योजना कर सकते हैं। सद्य:प्रभावोत्पादक जैसा संगीत पद्यमय होता है, वैसी गद्य-रचना नहीं। चित्रकारी तथा कविता से लोग मिलान करते हैं, पर कविता एक अचिन्त्य पूर्व सुन्दर चित्र खींच देती है जोकि बोल भी सकता है, पर चित्र वैसा नहीं कर

सकता, यद्यपि कविता और चित्रकारी का कार्य एक ही है, पर यह मलयज पवन का भी चित्र खींच सकता है, उसको बुला सकता है, और उसके साथ खेल सकता है, इससे कविता एक जीवन्त चित्र प्रस्तुत कर सकती है। उसी प्रकार संगीत केवल स्वर ही प्रकट कर सकता है। यदि उसमें कुछ कविता न हो तो केवल वह गूँगे का चिल्लाना ही प्रतीत होगा। यदि उसमें कविता का अंश मिला होगा तो कर्ण के साथ ही हृदय को भी आनन्द देगा।

कविता जो भावपूर्ण होती है, वह बड़ी हृदयग्राहिणी होती है। चित्त की वृत्तियाँ जो मानव-हृदय में उदय हुआ करती हैं, उन्हें भाव कहते हैं। यद्यपि प्राचीन साहित्य में इनको रस के अन्तर्गत 'संचारी' तथा 'स्थायी' के नाम से स्थान मिला है, पर वे भाव उतने ही में पूरे नहीं हो सकते, वे केवल उसके स्थूल तथा प्रधान भेद हैं, और बहुत-से चित्त के विकास अच्छे और बुरे जो सूक्ष्म रूप से हैं, समयानुकूल या कार्यवश उत्पन्न हुआ करते हैं। उनमें जो अच्छे हैं, उन्हें उत्कर्ष देना तथा दुर्वृत्तियों को दमन करना भावमयी कविता का मुख्यतम कार्य है। यद्यपि ये प्राचीन साहित्य में किसी-न-किसी रूप में विद्यमान हैं, पर श्रृंगारी कवियों की कृपा से उनकी श्रृंगारी नायिकाओं में ही उन भावों को आश्रय मिला है।

'उन्माद' जो एक संचारी भाव है, यदि नायिका-विरही नायक को छोड़कर किसी कुकर्मी के सन्तापमय चित्त में वह भाव अर्जित किया जाए, तो कैसा प्रभावशाली होगा? इसका अनुभव जिन्होंने अंग्रेजी 'मैकबेथ' नाटक में 'मैकबेथ पत्नी' का पार्ट पढ़ा होगा या देखा होगा, वे ही कर सकते हैं। इसी तरह उन भावों का दुरुपयोग होने से भावमयी कविता मनोनीत नहीं मिलती। भावमयी कविता प्राय: दो प्रकार की दिखाई देती है, जैसेकि 'कथामूलक भाव' और 'भावमूलक कविता'। कथामूलक भावों का प्राय: ऐतिहासिक वा पौराणिक काव्यों में समयानुकूल या आवश्यकतानुसार समावेश दिखाई पड़ता है। जैसे 'उत्तर रामचरित' में जब लक्ष्मण श्रीरामचन्द्र को चित्र दिखाते हैं, तो उन वन-भूमियों के चित्र को देखकर उनके हृदय में पूर्वस्मृति जागरूक होती है, तब वह जानकी जी से कहते हैं :

*अलसललितमुग्धान्यध्वसम्पातखेदाद-*
*शिथिलपरिरम्भैर्दत्त सम्वाहनानि॥*
*परिमृदितमृणाली दुर्बलान्न्यंगकानि-*
*त्वमुरसि मम कृत्वा यत्र निद्रामवासा।*
*किमपि किमपि मन्दं मन्दमासक्तियोगा-*
*दविरलितकपोलं जल्पतोरक्रमेण।*
*अशिथिल परिरम्भव्यापृतैककदोष्णो-*
*रविदित गतयामा रात्रिरेवं व्यरंसीत।*

'शकुन्तला' में कण्वमहर्षि का भी कन्या की ओर जो प्राकृतिक प्रेम था; उसी का निदर्शन कराते हुए महाकवि कालिदास लिखते हैं :

*यास्यत्यद्य शकुन्तलेति हृदयं संस्पृष्टमुत्कण्ठया*
*अन्तर्वाष्पभरापरोधिगदितं चिन्ताजड़ं दर्शनम्।*
*वैक्लव्यं मम तावदीदृशमपि स्नेहादरण्यौकस:*
*पीड्यन्ते गृहिण: कथं न तनया विश्लेषु दु:खैर्नवै:?*

और तुलसीकृत 'रामचरितमानस' में धनुष भंग के समय, जानकी के हृदय में भी एक अपूर्व शङ्कामय भाव उत्पन्न हुआ था :

*सो धनुराज कुँवर कह देहीं।*
*बाल मराल कि मन्दर लेहीं॥*

दूसरी भावमूलक कविता, जिसमें भाव को प्रधान मानकर कविता की जाती है, वह एक तो भाव के अनुकूल तथा बनाकर लिखी जाती है, जैसे 'वेणीसंहार-नाटक'; इसमें द्रौपदी का स्त्रीजन-सुलभ प्रतिहिंसामयी उत्तेजना से भीम का दु:शासन के हृदय का रक्तपान करना।

हिन्दी में भी श्रीधर पाठक का 'ऊजड़ ग्राम' इसी विभाग में आवेगा, जो कवि ने बहुत दिन पर उस गाँव को देखकर उसकी शोचनीय अवस्था का चित्र खींचा है, जन्मभूमि-प्रेमीमात्र में उस भाव का होना सम्भव है।

प्राय: भावमयी कविता स्फुट भी मिलती है, यथा :

*जा थल कीन्हे बिहार अनेकिन,*
*ता थल काँकरी बैठि चुन्यो करैं*
*जा रसना ते करी बहुत बातन,*
*ता रसना ते चरित्र गुन्यो करैं*
*'आलम' जौन ते कुञ्जन में*
*करी केलि, तहाँ अब सीस धुन्यो करैं*
*नैनन में जो सदा बसते, तिनकी*
*अब कान कहानी सुन्यो करैं॥*

या मैथिलीशरण गुप्त की बनाई हुई 'कृष्णा के केशों की कथा' इत्यादि।

कुटिल, उदार, दुष्ट, क्रूर, दयावान्, तथा चिन्ताशील हृदय आदि के भावों को दिखानेवाली कविता, संसार के व्यवहार की भावमयी कविताएँ, अपना प्रभाव मनुष्य के चरित्र पर डालती हैं, जिससे वह सुधरता है।

हिन्दी में प्राय: शृंगार रस की कविता के सामने ऐसी कविताओं का अभाव है। यद्यपि अब कुछ-कुछ इस ओर लोगों की रुचि फिरी है, पर कहाँ तक फिरेगी

जबकि उनके सामने केवल श्रृंगार रस से भरे हुए 'नायिका भेद' की क्रिया, विदग्धा में अपनी क्रीड़ा दिखाया करेगी।

यहाँ हम कुछ श्रृंगार रस के भी विषय में लिखना चाहते हैं। हिन्दी साहित्य में प्राय: वैष्णव कवि-विशेष हुए हैं, और उन्हीं की कविता ब्रजभाषा की मूल है। सूर, केशव, तुलसी आदि सब वैष्णव कवि हैं और उनके बाद के भी प्राय: ब्रजभाषा के कवि, जैसे तोषनिधि आदि, वैष्णव हुए। इन लोगों को अपने उपास्य देवता में श्रृंगार भाया। जब प्रधान उपासकों की यह दशा थी, तो अनुयायी कवि लोग भी उसी रंग में रँगे जाने लगे। श्रीयुत अम्बिकादत्त जी भी उसको नहीं छोड़ सके। स्फुट कविताएँ तो क्या, 'दृश्य ललिता नाटिका' भी इसी तरह के श्रृंगार-वर्णन में लिखी गई है। दृश्य काव्य में रसस्थापन आदि तथा सामाजिक विषयों की बहुत ही विवेचना की जाती है, तो भी 'ललिता' को श्रृंगार रस की नायिका बनाया है।

यद्यपि साहित्य के बहुत-से आचार्यों ने गणिका में रसाभास माना है, तो भी लोगों ने 'वैशिक' नायक तथा परकीया 'गणिका' आदि नायिकाओं में श्रृंगार रस का विशेष वर्णन किया है, जिससे उसकी अश्लीला बढ़ गई है। देखिए, 'शकुन्तला' को शुद्ध श्रृंगार रस-प्रधान नाटक मानते हैं, पर उसमें तो कहीं भी रति वा ऐसे अश्लील श्रृंगार का विवरण नहीं है, तो भी उसे लोग बहुत आदरणीय दृष्टि से देखते हैं। इसका कारण यह है कि उसमें श्रृंगार रस का वर्णन ऐसी पवित्रता के साथ किया गया है कि जिसे पढ़कर चित्त पुलकित हो जाता है। ऋषि-कन्या शकुन्तला को देखकर दुष्यन्त के हृदय में जो आसक्ति उत्पन्न हुई, उसे भी समाज बन्धन में ले आने के लिए कवि कुलगुरु कालिदास कैसा अच्छा लिखते हैं :

*असंशयं क्षत्रपरिग्रहक्षमा*
*यदार्यमस्यामभिलाषि मे मन:।*
*सतां हि सन्देहपदेषु वस्तुषु*
*प्रमाणमन्त: करणप्रवृत्तय:॥*

अस्तु, श्रृंगार रस दूषित नहीं है, पर उसकी वर्णन-शैली जो हिन्दी में प्रचलित है, बहुत दूषित हो गई। प्राय: इसके प्रथम लेखक जयदेव जी हैं। उन्होंने ही इस श्रृंगार का प्रथम ग्रन्थ 'गीत-गोविन्द' बनाया है, पर हिन्दी में तो श्रृंगार रस के लक्षण भी विलक्षण बना डाले गए हैं। कवि तोषनिधि जी लिखते हैं :

*दम्पति जहँ लौं सुख लहैं,*
*काम कला के फन्द।*
*सो श्रृंगार में प्रेम है,*
*थाई आनन्द कन्द॥*

अब कहिए, इसका लक्षण विप्रलम्भ शृंगार में भी ठीक हो सकता है? अस्तु, इन्हीं महात्माओं की कृपा से हिन्दी साहित्य-प्रेमियों को शृंगार रस का नाम सुनते ही घृणा उत्पन्न होती है। और इसी कारण से प्राय: लोगों की अरुचि छन्दो ग्रन्थ पढ़ने में हो रही है।

'सरस्वती' हिन्दी में एक बहुमूल्य पत्रिका है, और उसका आदर भी है, पर क्या उसके सब अंश सबके मनोनीत होते हैं? कोई उसके गद्य लेखों पर प्रसन्न हैं, तो कोई चित्रों पर; कोई उसके रूप पर प्रसन्न हैं, तो कोई उसकी छपाई पर। अधिकांश महाशय ऐसे हैं जो चित्र और गल्प तक ही रह जाते हैं, उसकी कविता का मर्म समझने की बात तो दूर है, उस पर ध्यान भी नहीं देते। यह क्यों छन्द विषयक अरुचि है? इसका कारण यह है कि सामयिक पाश्चात्य शिक्षा का अनुकरण करके जो समाज के भाव बदल रहे हैं, उनके अनुकूल कविताएँ नहीं मिलतीं और पुरानी कविता को पढ़ना तो मानो महादोष-सा प्रतीत होता है, क्योंकि उस ढंग की कविता बहुतायत से हो गई है।

पर नहीं, उनसे घबड़ाना नहीं चाहिए। उनके समय के वही भाव उज्ज्वल गिने जाते थे, और अब भी पुरातत्त्व की दृष्टि से उन काव्यों को पढ़ने में अलौकिक आनन्द मिलता है। अस्तु, पाठकों के अरुचि दिखलाने से कविता का बड़ा ह्रास हो सकता है। हमने प्राय: सुना है कि वह 'भटई' कविता है, किन्तु पाठको! ध्यान से देखो, यदि भट्टीय काव्यों की जैसलमेर में स्थिति न होती, तो टाडसाहब आज दिन इतना बड़ा राजस्थान बनाने में न समर्थ होते।

हिन्दी में वसन्त-कानन की मधुर शोभा है, पर गम्भीर तरंगमय अनन्त महासागर की कल्लोल मालाएँ दृष्टिगोचर नहीं होती हैं। हम मानते हैं कि देव और तुलसी की कविता में आप मधुरता विशेष पाते हैं, पर उन्मादकारिणी तथा आपे से बाहर कर देनेवाली कविता आपको कहीं नहीं दिखाई देती। किन्तु ठहरो, देखो, जब मनुष्य की आन्तरिक शक्ति का ह्रास होता है, तब वह नशा इत्यादि से अपने हृदय को वेगवान् बनाना चाहता है। 'शृंगार रस' की मधुरता पान करते-करते आपकी मनोवृत्तियाँ शिथिल तथा अकुला गई हैं; इस कारण अब आपको भावमयी, उत्तेजनामयी, अपने को भुला देनेवाली कविताओं की आवश्यकता है। अस्तु, धीरे-धीरे जातीय संगीतमयी, वृत्ति स्फुरणकारिणी, आलस्य को भंग करनेवाली, आनन्द बरसानेवाली, धीर-गम्भीर पद विक्षेपकारिणी, शान्तिमयी कविता की ओर हम लोगों को अग्रसर होना चाहिए। वह समय अब दूर नहीं है, सरस्वती अपनी मलिनता को त्याग कर रही हैं, और नवल रूप धारण करके प्राभातिक उषा को भी लजावेंगी, एक बार वीणाधारिणी अपनी वीणा को पंचम स्वर में फिर ललकारेंगी, भारत की भारती फिर भी भारत ही की होगी।

*['इन्दु' : 'श्रावण' 1967]*

# आरम्भिक पाठ्य काव्य

नाट्य से अतिरिक्त जो काव्य है, उसे रीति-ग्रन्थों में श्रव्य कहते हैं। कारण कि प्राचीन काल में ये सब सुने या सुनाए जाते थे; इसलिए श्रुति-अनुश्रुति इत्यादि धर्म-ग्रन्थों के लिए भी व्यवहृत थे। किन्तु आजकल तो छपाई की सुविधा के कारण उन्हें पाठ्य कहना अधिक सुसंगत होगा। वर्णनात्मक होने के कारण वे काव्य, जो अभिनय के योग्य नहीं, पाठ्य ही हैं।

प्लेटो के अनुसार काव्य वर्णनात्मक और अभिनयात्मक, दोनों ही है। जहाँ कवि स्वयं अपने शब्दों में वर्णन करता है, वह वर्णनात्मक और जहाँ कथोपकथन उपन्यस्त करता है, वहाँ अभिनयात्मक। ठीक इसी तरह का एक और पश्चिमीय सिद्धान्त है, जो कहता है कि नाटक संगीतात्मक और महाकाव्य है। परन्तु पाठ्य-विभेद नाट्य-काव्य के भीतर तो वर्तमान रहता है; हाँ, नाट्य-भेद का वर्णनात्मक में अभाव है। पाठ्य में एक द्रष्टा की वस्तु की बाह्य वर्णना की प्रधानता है; यद्यपि वह भी अनुभूति से सम्बद्ध ही है। यह कहा जा सकता है कि वह परोक्ष अनुभूति है, नाट्य की तरह अपरोक्ष अनुभूति नहीं। जहाँ कवि अपरोक्ष अनुभूतिमय (Subjective) हो जाता है, वहाँ यह वर्णनात्मक अनुभूति रस की कोटि तक पहुँच जाती है। यह आत्मा की अनुभूति विशुद्ध रूप में 'अहम' की अभिव्यक्ति का कारण बन जाती है। साधारणत: सिद्धान्त में यह रहस्यवाद का ही अंश है।

इसी तरह बाह्य वर्णनात्मक अर्थात् 'इदम्' का परामर्श भी आत्मा के विस्तार की ही आलोचना और अनुभूति है, जीवन की विभिन्न परिस्थितियों को समझने की क्रिया है, 'इदम्' को 'अहम' के समीप लाने का उपाय है। वर्णनों से भरे हुए महाकाव्य में जीवन और उसके विस्तारों का प्रभावशाली वर्णन आता है। उसके सुख-दु:ख, हर्ष-क्रोध, राग-द्वेष का वैचित्र्यपूर्ण आलेख मिलता है। जब हम देखते हैं कि वेद और वाल्मीकि, दोनों ही आरम्भ में गाये गए हैं, तब यह धारणा हो जाती है कि वे जीवन-तत्त्व को समझने के उत्साह हैं।

आरम्भ में बड़े-बड़े प्रभावशाली कर्मों का वर्णन कवियों ने अपनी रचना में किया। मानव के हर्ष-शोक की गाथाएँ गायी गईं। कहीं उन्हें महत्ता की ओर

प्रेरित करने के लिए, कहीं अपनी दु:ख की, अभाव की गाथा गाकर जी हलका करने के लिए। वैदिक से लेकर लौकिक तक ऐसे श्रव्य-काव्यों का आधार होता था—इतिहास। जहाँ नाट्य में आभ्यन्तर की प्रधानता होती है, वहाँ श्रव्य में बाह्य वर्णन ही मुख्यत: अपेक्षित है। वह बुद्धिवाद से अधिक सम्पर्क रखनेवाली वस्तु बनती है, क्योंकि आनन्द से अधिक उसमें दु:खानुभूति की व्यापकता होती है और वह सुनाया जाता था जनवर्ग को, अधिकाधिक कष्टसहिष्णु, जीवन-संघर्ष में पटु तथा दु:ख के प्रभाव से परिचित होने के लिए। नाटकों की तरह उसमें रसात्मक अनुभूति, आनन्द का साधारणीकरण न था। घटनात्मक विवेचनाओं की प्रभावशालिनी परम्परा में उत्थान और पतन की कड़ियाँ जोड़कर महाकाव्यों की सृष्टि हुई थी—विवेकवाद को पुष्ट करने के लिए।

ये वर्णनाएँ दोनों तरह की प्रचलित थीं। काल्पनिक अर्थात् आदर्शवादी, वस्तुस्थिति अर्थात् यथार्थवादी। पहले ढंग से लेखकों ने जीवन को कल्पनामय आदर्शों से पूर्ण करने का प्रयत्न किया। समुद्र पाटना, स्वर्ग विजय करना, यहाँ तक कि असफल होने पर शीतल मृत्यु से आलिंगन करने के लिए महाप्रस्थान करना, इसके वर्णन के विषय बन गए। इन लोगों ने काव्य-न्याय की प्रतिष्ठा के साथ काल्पनिक अपराधों की भी सृष्टि की—केवल आदर्श को उज्ज्वल, विवेकबुद्धि को महत्त्वपूर्ण बनाने के लिए। भारतीय साहित्य में रामायण तथा उसके अनुयायी बहुत-से काव्य प्राय: आदर्श और चारित्र्य के आधार पर ग्रथित हुए हैं। सब जगह 'कोन्वस्मिन् साम्प्रतं लोके गुणवान् कश्च वीर्यवान्, धर्मज्ञश्च कृतज्ञश्च' की पुकार है। चारित्र्य की प्रधानता उसको विजय से अंकित की जाती है। रामायण काल का शोक श्लोक में जिस तरह परिणत हो गया, वह तो विदित ही है; परन्तु चरित्र में आदर्श की कल्पना पराकाष्ठा तक पहुँच गई है।

महाभारत में भी करुण रस की कमी नहीं है; परन्तु वह आदर्शवादी न होकर यथार्थवाद-सा हो गया है। और तब उसमें व्यक्ति-वैचित्र्य का पूरा समावेश हो गया है। उसके भीष्म, द्रोण, कर्ण, दुर्योधन, युधिष्ठिर अपनी चरित्रगत विशिष्टता में ही महान् हैं। आदर्श का पता नहीं; परन्तु ये महती आत्माएँ मानो निन्दनीय सामाजिकता की भूमि पर उत्पन्न होकर भी पुरुषार्थ के बल पर दैव, भाग्य, विधानों और रूढ़ियों का तिरस्कार करती हैं। वीर कर्ण कहता है :

*सूतो वा सूतपुत्रो वा यो वा को वा भवाम्यहम्*
*दैवायत्तं कुले जन्म ममायत्तं हि पौरुषम्।*

उसके बाद आता है पौराणिक प्राचीन गाथाओं का साम्प्रदायिक उपयोगिता के आधार पर संग्रह। चारों ओर से मिलाकर देखने पर यह भी बुद्धिवाद का, मनुष्य की स्व-निर्भरता का, उसके गर्व का प्रदर्शन ही रह जाता है।

मानव के सुख-दुःख की गाथाएँ गायी गईं। उनका केन्द्र होता था धीरोदात्त विख्यात लोकविश्रुत नायक। महाकाव्यों में महत्ता की अत्यन्त आवश्यकता है। महत्ता ही महाकाव्य का प्राण है।

नाटक में, जिसमें कि आनन्द-पथ का, साधारणीकरण का सिद्धान्त था, लघुतम के लिए भी स्थान था। प्रकरण इत्यादि में जनसाधारण का अवतरण कराया जा सकता था परन्तु विवेक-परम्परा के महाकाव्यों में महानों की चर्चा आवश्यक थी।

लौकिक संस्कृत का यह पौराणिक या आरम्भिक काल पूर्ण रूप से पश्चिम के 'क्लासिक' के समकक्ष था। भारत में इसके बहुत दिनों के बाद छोटे-छोटे महाकाव्यों की सृष्टि हुई। इसे हम तुलना की दृष्टि से भारतीय साहित्य का 'रोमांटिक' काल कह सकते हैं, जिसमें गुप्त और शुंग-काल के सम्राटों की छत्रच्छाया में, जब बाहरी आक्रमण से जाति हीनवीर्य हो रही थी, अतीत को देखने की लालसा और बल ग्रहण करने की पिपासा जगने पर पूर्वकाल के अतीत से प्रेरित, तब भारत की यथार्थवाद वाली धारा में कथा-सरित्सागर और दशकुमारचरित का विकास, विरहगीत, महायुद्धों के वर्णन संकलित हुए। कालिदास, अश्वघोष, दंडी, भवभूति और भारवि का काव्यकाल इसी तरह का है।

हिन्दी में संकलनात्मक महाकाव्यों का आरम्भ भी युगवाणी के अनुसार वीरगाथा से आरम्भ होता है। रासो और आल्हा, ये दोनों ही पौराणिक काव्य के ढंग के—महाभारत की परम्परा में हैं। वाल्मीकि का अवतार तो पीछे हुआ, रामायण की विभूति तो तुलसी के दलों में छिपी थी। यद्यपि रहस्यवादी सन्त आत्म-अनुभूति के गीत गाते ही रहे, फिर भी बुद्धिवाद की साहित्यिक धारा राष्ट्र-सम्बन्धी कविताओं, धार्मिक सम्प्रदायों के प्रतीकों को विकसित करने में लगी रही। कुछ सन्त लोग बीच-बीच में अपने आनन्द-मार्ग का जयघोष सुना देते थे। हजारों बरस तक हिन्दी में बुद्धिवाद की ही तूती बोलती रही—चाहे पश्चिमी बुद्धिवाद के अनुयायी उसे भारतीय पतन-काल की मूर्खता ही समझकर अपने को सुखी बना लें। बाहरी आक्रमणों से भयभीत, अपने आनन्द को भूली हुई जनता साहित्य के आनन्द की साधना कहाँ से कर पाती? सार्वजनिक उत्सव-प्रमोद बन्द थे। नाट्यशालाएँ उजड़ चुकी थीं। मौखिक कहा-सुनी, मन्दिरों के कीर्तनों और छोटे-मोटे साम्प्रदायिक व्याख्यानों के उपयोगी पद्यों का सृजन हो रहा था। भिन्नता बतानेवाली बुद्धि साहित्य के निर्माण में, सम्प्रदायों का अवलम्बन लेकर, द्वैत-प्रथा की ही व्यंजना करने में लगी रही। हाँ, प्रेम-विरह-समर्पण के लिए पिछले काल के संस्कृत रीति-ग्रन्थों के आधार पर वात्सल्य आदि नये रसों की काव्यगत अधूरी सृष्टि भी हो चली थी। यही श्रव्य या पाठ्य-काव्यों की सम्पत्ति थी। 'नाट्यशास्त्र' में उपयोगी पाठ्य का विमर्श किया गया था। यह काव्यगत पाठ्य का ही साहित्यिक विस्तार है, जिसमें रस, भाव, छन्द, अलंकार, नायिका-

भेद, गुण-वृत्ति और प्रवृत्तियों का समावेश है। जिनको लेकर श्रव्य-काव्य का विस्तार किया गया है, वे दस अंग नाट्याश्रयभूत हैं। अलंकार के मूल चार हैं—उपमा, रूपक, दीपक और यमक। इन्हीं आरम्भिक अलंकारों को लेकर आलंकारिकों ने सैकड़ों अलंकार बनाए। काव्यगुण, समता, समाधि, ओज, माधुर्य आदि की भी उद्भावना इन्हीं लोगों ने की थी। नायिकाएँ जिनसे पिछले काल का साहित्य भरा पड़ा है, नाटकोपयोगी वस्तु हैं। वृत्तियाँ कौशिकी, भारती आदि भी नाट्यानुकूल भाषा-शैली के विश्लेषण हैं। और भी सूक्ष्म, देश-सम्बन्धी भारत की मानवीय प्रवृत्तियों की आवन्तिकी, दाक्षिणात्य, पांचाली और मागधी की भी नाट्यों में आवश्यकता बताई गई है। इस तरह प्राचीन नाट्य-साहित्य में उन सब साहित्य-अंगों का मूल है, जिनके आधार पर आलंकारिक साहित्य की आलोचना विस्तार करती है।

प्राचीन अद्वैत भावापन्न नाट्य-रसों को भी अपने अनुकूल बनाने का प्रयत्न इसी काल में हुआ। जीवन की एकांगी दृष्टि अधिक सचेष्ट थी। सन्तों को साहित्य में स्थान नहीं मिला। वे लाल बुझक्कड़ समाज के लिए अनुपयोगी सिद्ध हुए। नाचने, गाने-बजाने वाले, कुशीलवों से उनका रस छीनकर भाँड़ों और मुक्तक के कवियों ने विवेकवाद की विजय का डंका बजाया। कबीर ने कुछ रहस्यवाद का लोकोपयोगी अनुकरण आरम्भ किया था कि विवेक हुंकार कर उठा।

महाकवि तुलसीदास ने आदर्श, विवेक और अधिकारी-भेद के आधार पर युगवाणी रामायण की रचना की। उनका प्रश्न और उत्तर एक सन्देश के रूप में हुआ—'अस प्रभु अछत हृदय अधिकारी। सकल जीव जग दीन दुखारी॥'

कहना न होगा कि दुःखों की अनुभूति से, बुद्धिवाद ने एक त्राणकारी महान् शक्ति का अवतरण किया। सबके हृदयों में उसका अस्तित्व स्वीकार किया गया; परन्तु परिणाम वही हुआ, जो होना चाहिए।

कभी-कभी राम के ही दो भेद बनाकर द्वन्द्व खड़ा कर दिया जाता। कबीर के निर्गुण राम के विरुद्ध साकार, सक्रिय और समर्थ राम की अवतारणा तुलसीदास ने की। मर्यादा की सीमा राम और लीलापुरुषोत्तम कृष्ण का भी संघर्ष कम न रहा। ये दार्शनिक प्रतीक विवेकवादी ही थे, यद्यपि कृष्ण में प्रेम और आनन्द की मात्रा भी मिली थी।

बीच-बीच में जो उलझनें आनन्द और विवेक की साहित्य वाली धारा में पड़ीं, उनका क्रमोल्लेख न करके मैं यही कहना चाहता हूँ कि काव्यधारा 'मानव में राम हैं या लोकातीत परम शक्ति है'—इसी के विवेचन में लगी रही। मानव ईश्वर से भिन्न नहीं है, यह बोध, यह रसानुभूति विवृत नहीं हो सकी।

किसी सीमा तक राधा और कृष्ण की स्थापना में स्वात्मानन्द का ही विज्ञापन, द्वैत दार्शनिकता के कारण, परोक्ष अनुभूति के रूप में होता रहा। श्रीकृष्ण में

नर्तकभाव का भी समावेश था, मधुरता के साथ। प्रेम के पुट में तल्लीनता ही द्वैतदर्शन की सीमा बनी। भारत के कृष्ण में अट्ठारह अक्षौहिणी के विनाश-दृश्य के सूत्रधार होने की भी क्षमता थी और नर्तक होने की रसात्मकता भी थी। वैदिक इन्द्र की पूजा बन्द करके इन्द्र के आत्मवाद को पुन: प्रतिष्ठित करने का प्रयत्न श्रीकृष्ण ने किया था, किन्तु कृष्ण के आत्मवाद पर बुद्धिवाद का इतना रंग चढ़ाया गया कि आत्मवाद तो गौण हो गया, पूजा होने लगी श्रीकृष्ण की। फिर विवेकवाद की साहित्यिक धारा को उनमें पूर्ण आलम्बन मिला। उन्हीं के आधार पर अपनी सारी भावनाओं को कुछ-कुछ रहस्यात्मक रूप से व्यक्त करने का अवसर मिला। मीरा और सूर, देव और नन्ददास इसी विभूति से साहित्य को पूर्ण बनाते रहे। रस की प्रचुरता यद्यपि थी, क्योंकि भारतीय रीति ग्रन्थों ने उन्हें श्रव्य में भी बहुत पहले ही प्रयुक्त कर लिया था, फिर भी नाट्य-रसों का साधारणीकरण उनमें नहीं रहा।

एक बात इस श्रव्य-काव्य के सम्बन्ध में और भी कही जा सकती है। अवध में कबीर के समन्वयकारक, हिन्दू-मुसलमानों के सुधारक निर्गुण राम और तुलसीदास के पौराणिक राम के धार्मिक बुद्धिवाद का विरोध, भाषा और प्रान्त दोनों साधनों के साथ, ब्रजभाषा में हुआ। कृष्ण में प्रेम-विरह और संघर्ष वाले सिद्धान्त का प्रचार करके भागवत के अनुयायी श्री वल्लभस्वामी और चैतन्य ने उत्तरीय भारत में उसी कारण अधिक सफलता प्राप्त की। उनकी धार्मिकता में मानवीय वासनाओं का उल्लेख उपास्य के आधार पर होने लगा था। फलत: कविता का वह प्रवाह व्यापक हो उठा। सुधारवादी शुद्ध धार्मिक ही बने रहे। रामायण का धर्मग्रन्थ की तरह पाठ होने लगा, परन्तु साहित्य-दृष्टि से जनसाधारण ने कृष्ण-चरित्र को ही प्रधानता दी।

समय-समय पर आवरण में पड़ी हुई मानवता अपना प्रदर्शन करती ही है। मनुष्य अपने सुख-दु:ख का उल्लेख चाहता है। वर्तमान खड़ी बोली उसी आत्मानुभूति को, युग की आवश्यकता के अनुसार—वह राष्ट्रीयता की हो या वेदना की—सीधे-सीधे कहने में लगी। कहना न होगा कि सीतल इत्यादि ने खड़ी बोली की नींव पहले से रख दी थी। सहचरी शरण—कहीं-कहीं कबीर और श्री हरिश्चन्द्र ने भी इसको अपनाया था।

हिन्दी के इस पाठ्य या श्रव्य-काव्य में ठीक वही अव्यवस्था है, जैसी हमारे सामाजिक जीवन में विगत कई सौ वर्षों में होती रही है। रसात्मकता नहीं, किन्तु रसाभास ही होता रहा। यद्यपि भक्ति को भी इन्हीं लोगों ने मुख्य रस बना लिया था, किन्तु उसमें व्याज से वासना की बात कहने के कारण वह दृढ़ प्रभाव जमाने से असमर्थ थी। क्षणिक भावावेश हो सकता था। जगत और अन्तरात्मा की अभिन्नता की विवृत्ति उसमें नहीं मिलेगी। एक तरह से हिन्दी-काव्यों का यह

युग सन्दिग्ध और अनिश्चित-सा है। इसमें न तो पौराणिक काल की महत्ता है और न है काव्य-काल का सौन्दर्य। चेतना राष्ट्रीय पतन के कारण अव्यवस्थित थी। धर्म की आड़ में नये-नये आदर्शों की सृष्टि, भय से त्राण पाने की दुराशा ने इस युग के साहित्य में अवध वाली धारा से मिथ्या आदर्शवाद और ब्रज की धारा से मिथ्या रहस्यवाद का सृजन किया।

मिथ्या आदर्शवाद का उदाहरण :

*जानते न अधम उधारन तिहारो नाम,*
*और की न जाने पाप हम तो न करते!*

मिथ्या रहस्यवाद :

*ताहि अहीर की छोहरियाँ छछिया भर छाछ पै नाच नचावत।*

इसका प्रभाव इतना बढ़ा कि शुद्ध आदर्शवादी महाकवि तुलसीदास का रामायण काव्य न होकर धर्म-ग्रन्थ बन गया। सच्चे रहस्यवादी पुरानी चाल की छोटी-छोटी मंडलियों में लावनी गाने और चंग खड़काने लगे।

# हिन्दी में नाटक का स्थान

'काव्येषु नाटकं रम्यं' क्यों? इसलिए कि उसमें सब ललित सुकुमार कलाओं का समन्वय है? प्रचलित अर्थ में काव्य से नाटक में कुछ विशेषता है। फिर भी वह (नाटक) काव्य का एक अवान्तर भेद है।

काव्य एक कला है और ललित सुकुमार कलाओं में प्रधान कला है, तब यह मानना होगा कि नाटक का कला से सम्बन्ध ही नहीं परन्तु वह कला का विकसित रूप है। हृदय को अनुभूति कराने के लिए, कला के दो द्वार हैं : कान और आँख। इस काव्य की अनुभूति भी 'दृश्य और श्रव्य', दोनों प्रकार से होती है।

ऊपर कह आए हैं कि काव्य प्रधान कला है, वह क्यों? यद्यपि सब कलाएँ अपनी सीमा में, अपने अधिकार-क्षेत्र में पूर्ण होती हैं, किन्तु तुलनात्मक दृष्टि से देखने पर इनमें भी तारतम्य हो सकता है। जिस प्रकार से आँख और कान इन दो इन्द्रियों के द्वारा कला का उपभोग होता है, उसी प्रकार से कला के दो भेद भी होंगे : मूर्त और अमूर्त। इनमें एक भेद और भी है उसे शिल्प कहते हैं जिसे स्थापत्य और मूर्ति-निर्माण कला भी कह सकेंगे। यह मूर्त (शिल्प) कला का स्थूल रूप है जिसकी उपलब्धि आँखों से होती है। चित्रकला उसी का उच्च और सूक्ष्म रूप है। यद्यपि इनका विषय मानसिक भी है तब भी उनका प्रत्यक्ष सम्बन्ध मूर्त वा अधिभूत से है। किसी भावना की अभिव्यक्ति के लिए मूर्ति की अपेक्षा है। इसलिए कि उसमें अनन्त की उपलब्धि की आशा कम होती है। उनका क्षेत्र संकुचित है। संगीत केवल कान से सम्बन्ध रखता है और उसमें अनन्त का आनन्द भी मिलता है। किन्तु उसका सब काल में या कुछ विशेष समय तक उपभोग नहीं किया जा सकता। तानसेन की मनोहर तान अब कहीं सुनाई नहीं पड़ती। इधर काव्य-पुस्तकों के रूप में मूर्त भी है और हृदयंगम हो जाने पर अमूर्त भी। कालिदास की शकुन्तला अपनी पूर्णता से आज भी 'तदेव रूपं रमणीयताया:' का दर्शन कराती है, और आगे भी कराती रहेगी। अस्तु, काव्य, देश और काल के साथ ही अनन्त है। उसका क्षेत्र विस्तृत है। वह मानस और बाह्य प्रकृति के दोनों रूपों का स्वागत कर सकता है, और वस्तु सापेक्ष न

होकर अध्यात्म का भी अधिकारी है। समस्त कलाओं में काव्य-कला इसीलिए अधिक आदर की अधिकारिणी है।

अशिक्षित मानव स्वभाव, प्रकृति का 'कच्चा माल' है : जिसे वह समाज के उपयोग की वस्तु की तरह लगाव उत्पन्न करके, उपयोगी बनाती है। प्राणिमात्र का एक वर्ग है, उनमें अधिक उन्नत रूप मनुष्य का है। यहाँ भी अधूरापन है। इसी के लिए देवत्व की कल्पना है। इस उन्नत रूप का रहस्य मानसिक विकास है। प्रवृत्तियाँ प्राणिमात्र में हैं। मनोविकार के रूप में वे मानव हृदय में परिमार्जित होने पर भी अपूर्ण तथा असंस्कृत रहती हैं। उनकी पूर्णता के लिए सत्य के प्रकाश के लिए, देवत्व के आदर्श की सृष्टि है। कला का उद्देश्य है कि वह इसकी सहायक हो, सौन्दर्य से सत्य को प्रकटित करके विश्व का मंगल करे।

अब, जिस कला में मानसिक अवस्था का पूर्ण विकास हो, अच्छा विश्लेषण हो, उसे ही पूर्ण कहेंगे। नाटक में काव्य के तीनों भेद दृश्य और श्रव्य तथा कला की दृष्टि से मूर्त और अमूर्त रूपों का उपयोग है। एक बात और भी ध्यान देने योग्य है : बहुत-से विद्वान् कला की सफलता वहीं मानते हैं जहाँ मनुष्य अपने को भूल जाए और तल्लीन हो जाए, वह किसी आदर्श के लिए न हो—केवल अपने लिए अपनी स्थिति रखती हो। तब भी किसी अनुकरणीय वस्तु का ध्यान न होने दे, वह स्वयं इसी सिद्धान्त को सम्भवत: 'कला केवल कला के लिए है' कह सकते हैं। क्या यह हृदय वृत्ति को (Sentiment) उत्तेजित करके मोह लेना मात्र ही न होगा? क्या विवेक-शुद्ध, बुद्ध-सत्य (Reason) से उसका कुछ भी सम्बन्ध होगा? नहीं। किन्तु यही आज भी शिक्षा का आदर्श है। कला पक्ष केवल नाटक रूप में लोकोत्तर चमत्कार और आदर्श—दृश्य तथा श्रव्य, मूर्त और अमूर्त इत्यादि सब साधनों से वह मानसिक संसार को विकास देता है और उसके पास साधन भी प्रचुर परिमाण में हैं। शिल्प, संगीत, चित्र, कविता, आहार्य, भाव और अंगभंगी से अभिनय पूर्ण होता है। एक नाटक में इन सभी पर विलास है, विकास है। इसी से कहते हैं : 'काव्येषु नाटकं रम्यम्।'

जो नाटक मनोभाव का विश्लेषण करके चमत्कार के बल से मोहता हुआ, अन्त:करण में आदर्श सत्य को स्वयमेव विकसित कर देता है उसे 'प्लेटो के आदर्श प्रजातंत्र' को छोड़कर सभी सभ्य जातियों के साहित्य में सम्मान मिला है। दार्शनिक प्लेटो ने इसका केवल इसलिए बहिष्कार किया है कि 'चरित्रहीनों से संगठित दल' जगत में क्षणिक चारित्र्य का प्रचार करता है, किन्तु, यह बात न भुला देनी चाहिए कि प्लेटो के परम अभीष्ट आदर्श का प्रचार व्यक्तियों से ही संगठित जाति में होगा : तब भी वह व्यक्ति को कोई विशिष्ट पद नहीं देता है। इधर, मानव समाज अनुकरणशील है, बिना व्यक्तित्व का आदर्श मिले वह सत्य का अनुभव नहीं कर सकता और उसे हृदयंगम करने को बहुत कम प्रस्तुत

रहता है। प्रत्येक विज्ञान को आकार या विचार का नाम-रूप देना ही होगा, जिसे आदर्श कहेंगे। यही स्थूल रूप में व्यक्तित्व है। व्यक्तित्व स्वभाव से उत्पन्न चरित्रों का संकलन है। इसे ही बौद्ध शब्द में चेतसिक संसार कहेंगे। जो अहम का विषय है, उसे व्यक्ति कहेंगे। यह स्वभावपूर्ण है। उसका विश्लेषण करके सत्य को बतानेवाला दृश्य जड़ प्रकृति में कला के द्वारा चेतना की अनुभूति कराते हुए सौन्दर्य को विकसित करनेवाले वर्णनात्मक और भावात्मक साहित्य से पूर्ण 'नाटक' को हिन्दी में कौन-सा स्थान है या मिलेगा, यह विद्वानों के विचार की वस्तु होनी ही चाहिए।

हिन्दी और नाटक के सम्बन्ध में एक और विचित्र बात है कि इसके नवयुग का उत्थान नाटक से ही हुआ। श्री हरिश्चन्द्र ने जिस काल में अपनी प्रतिभा से और परिश्रम से हिन्दी की उन्नति की, उस काल का साहित्य नाटकों को अलग कर देने से बचता ही क्या है? महाकवि महात्मा तुलसीदास और सूरदास, कबीर और मीराँ, देव और बिहारी इत्यादि ने साहित्य कथानक महाकाव्य, गीतिकाव्य, भावात्मक और प्रेममयी कविताओं से पूर्ण कर दिया था, काव्य-कला विकसित हो चुकी थी। तब यह आवश्यक था कि जिसमें कलाओं की पूर्णता के साथ काव्य का सर्वांगीण परिपाक होता है। उस 'काव्येषु नाटकं रम्यम्' की ओर समाज का ध्यान जाए। इसी से नवयुग के उत्थान काल के साथ ही हिन्दी के नाटकों का विकास है। तब भी क्या यह नहीं कहा जा सकता है कि हिन्दी में नाटकों को अब उपयुक्त और उच्च स्थान मिलना चाहिए?

प्रचार की दृष्टि से भी भाषा को जितनी सहायता नाटकों से मिलती है, वह उपेक्षणीय कदापि नहीं। आज दिन साधारण जनता जिस परिमाण में उर्दू की गजलों को हृदयंगम कर रही है, वह (परिमाण) जिन्होंने लिपि रूप में उर्दू का स्वप्न भी नहीं देखा, उनकी मुख-गुफा से 'शेरों' को निकलते हुए देखकर समझा जा सकता है। कम-से-कम मेरा तो यही विश्वास है कि यह पारसी 'स्टेज' की कृपा है। हिन्दी के उत्तमोत्तम महाकवियों की वीणा इस विषय में अपना अधिकार खो रही है। यह रंगमंच से निकलनेवाली उर्दू की पुकार है जो शिक्षित और अशिक्षित सब जनता को अभिनय-भावभंगी द्वारा कठिन शब्दों का अर्थ बताकर आकर्षित कर रही है। और भी, उच्चकोटि के भावों के वाक्य-विन्यासों द्वारा प्रचारक भाषा को इससे सुलभ साधन नहीं है, तब भी यह कहने में संकोच होगा कि 'हिन्दी नाटकों के लिए एक सुरक्षित स्थान है और वह गौरवपूर्ण है।' कोई भी भाषा अपने विनय और शील तथा सदिच्छा की अभिव्यक्ति के लिए गौरव पा सकती है : और उस शिष्टाचार का प्रथम सोपान भावभंगी और कथोपकथन है जिससे नाटक का संगठन होता है। मानव इतिहास में भाषा का इतिहास जो सहायता देता है, वह कम मूल्य का नहीं है। समाज के कल्याण से यदि भाषा का अविच्छिन्न

सम्बन्ध है तो यह मानना होगा कि भाषा में शिष्टाचार का प्रचार करने में नाटक के कथोपकथन बहुत कुछ हाथ बँटाते हैं। कथोपकथन के विषय में एक बात और कहनी है जो हमारे प्रधान विषय से बहुत दूर नहीं है। संस्कृत नाटकों के अनुसार हिन्दी में भी पात्र-भेद से, भाषा-सृष्टि की प्रथा चल पड़ी थी। जैसे संस्कृत नाटकों में महारानी को भी संस्कृत बोलने का सम्मान नहीं प्राप्त था—केवल देवी या विरला-परिव्राजिका आदि ही इसकी अधिकारिणी थीं क्योंकि उस काल में राज्यभाषा यद्यपि संस्कृत थी, तब भी प्रान्त-भेद से मागधी, शौरसेनी और महाराष्ट्री आदि भाषाएँ व्यवहृत होती थीं। संस्कृत के नाटकों में एक यह भी समन्वय था। पर हिन्दी का लक्ष्य दूसरा है। उसका उद्‌देश्य ज्यों-ज्यों राष्ट्रीयता की ओर बढ़ रहा है, उसी प्रकार उसका क्षेत्र भी बढ़ रहा है, तब उसमें गँवार पात्रों के मुख से प्रान्तीय (बोलियों) भाषाओं को कहलाकर कथोपकथन के उस तात्पर्य को हानि पहुँचाना होगा जहाँ उसका सम्बन्ध व्यवहार और शिष्टाचार से है। इधर, नाटक अभिनय के लिए तो हैं ही, वे सुपाठ्य भी होते हैं अथवा वे श्रव्य काव्य का भी अभिनय कर लेते हैं। प्रसंगवश यदि किसी सीमाप्रान्त के मनुष्य का अभिनय करने में भाषा भी पश्तो रही, तो उसे हिन्दी का नाटक कौन कहेगा? ऐसे भेदों का प्रदर्शन हमारी दृष्टि में अभिनय ही है। उसमें भावभंगी के द्वारा व्यवहार-आचार के द्वारा भाषान्तर का काम अच्छे प्रकार से चल सकता है। इन कथोपकथनों से साहित्य के गूढ़ भावों का, शिष्टाचार की सभ्यता का अर्थ समझने में, भाषा को जो प्रौढ़ और पुष्ट कार्य नाटक करता है, वह कम महत्त्व का नहीं है। इस दृष्टि से भी नाटक हिन्दी में एक उच्च स्थान का अधिकारी है। तब भी हिन्दी का कोई अच्छा रंगमंच नहीं और उसको उत्तेजित करने के लिए हिन्दी-भाषी समाज की ओर से कोई संस्था नहीं और न तो उसके उद्‌देश्य की ओर ध्यान दिलानेवाला कोई पात्र ही है।

यदि साहित्य अपने काल की सभ्यता का ज्ञापक है तो यह कहना ही होगा कि सभ्यता को नाटक से बड़ी सहायता मिलती है। वेशभूषा, आचार का समर्थन, हुए आचारों का तिरस्कार और शील, विनय इत्यादि का वह स्वतंत्र कोश है। नाटक अपने अभिनय के द्वारा समाज की मनोवृत्तियों को साँचे का काम देता है। एक बार हम फिर कहेंगे, समाज में नैतिक साहस आदि गुणों की जागृति में नाटक प्रचुरता से सहायक हो सकता है। जब हम देखते हैं कि समाज का या प्रान्त का विभाग भाषा से बड़ी सरलता के साथ किया जा रहा है तब यह कहना असंगत होगा कि पशुओं की वृत्ति से कुछ ही परिमार्जित 'मानव स्वभाव' का नग्न रूप दिखाकर अन्त:जगत को विकसित करके हिन्दी भाषा-भाषी समाज का मंगल करनेवाले नाटक को हिन्दी में वैसा ही स्थान मिलना चाहिए, जैसा कि शरीर में मस्तिष्क को।

हिन्दी नाटकों के लिए स्थान और उपयुक्त एक स्थान देने के लिए हिन्दी-प्रेमियों से अनुरोध करते हुए यह भी कहना अनुचित न होगा कि इसे हृदय में भी स्थान दीजिए।

हिन्दी साहित्य सम्मेलन के कार्य-विवरण में इसका उल्लेख बताया गया है।

# यथार्थवाद और छायावाद

हिन्दी के वर्तमान युग की दो प्रधान प्रवृत्तियाँ हैं जिन्हें यथार्थवाद और छायावाद कहते हैं। साहित्य के पुनरुद्धार-काल में श्री हरिश्चन्द्र ने प्राचीन नाट्य-रसानुभूति का महत्त्व फिर से प्रतिष्ठित किया और साहित्य की भाव-धारा को वेदना तथा आनन्द में नये ढंग से प्रयुक्त किया। नाटकों में 'चन्द्रावली' में प्रेम-रहस्य की उज्ज्वल नीलमणिवाली रस-परम्परा स्पष्ट थी और साथ ही 'सत्य हरिश्चन्द्र' में प्राचीन फल-योग की आनन्दमयी पूर्णता थी, किन्तु 'नीलदेवी' और 'भारत-दुर्दशा' इत्यादि में राष्ट्रीय अभावमयी वेदना भी अभिव्यक्त हुई।

श्री हरिश्चन्द्र ने राष्ट्रीय वेदना के साथ ही जीवन के यथार्थ रूप का भी चित्रण आरम्भ किया था। 'प्रेम-योगिनी' हिन्दी में इस ढंग का पहला प्रयास है और 'देखी तुमरी कासी' वाली कविता को भी मैं इसी श्रेणी का समझता हूँ। प्रतीक-विधान चाहे दुर्बल रहा हो, परन्तु जीवन की अभिव्यक्ति का प्रयत्न हिन्दी में उसी समय प्रारम्भ हुआ था। वेदना और यथार्थवाद का स्वरूप धीरे-धीरे स्पष्ट होने लगा। अव्यवस्था वाले युग में देव-व्याज से मानवीय भाव का वर्णन करने की जो परम्परा थी, उससे भिन्न सीधे-सीधे मनुष्य के प्रभाव और उसकी परिस्थिति का चित्रण भी हिन्दी में उसी समय आरम्भ हुआ। 'राधिका कन्हाई सुमिरन को बहानो है' वाला सिद्धान्त कुछ निर्बल हो चला। इसी का फल है कि पिछले काल में सुधारक कृष्ण, राधा तथा रामचन्द्र का चित्रण वर्तमान युग के अनुकूल हुआ। यद्यपि हिन्दी में पैराणिक युग की भी पुनरावृत्ति हुई और साहित्य की समृद्धि के लिए उत्सुक लेखकों ने नवीन आदर्शों से भी उसे सजाना आरम्भ किया, किन्तु श्री हरिश्चन्द्र का आरम्भ किया हुआ यथार्थवाद भी पल्लवित होता रहा।

यथार्थवाद की विशेषताओं में प्रधान है लघुता की ओर साहित्यिक दृष्टिपात। उसमें स्वभावत: दु:ख की प्रधानता और वेदना की अनुभूति आवश्यक है। लघुता से मेरा तात्पर्य है कि साहित्य के माने हुए सिद्धान्त के अनुसार महत्ता के काल्पनिक चित्रण से अतिरिक्त व्यक्तिगत जीवन के दु:ख और अभावों का वास्तविक उल्लेख। भारत के तरुण आर्य-संघ में सांस्कृतिक नवीनता का आन्दोलन करने वाला दल उपस्थित हो गया था। वह पौराणिक युग के पुरुषों के

चरित्र को अपनी प्राचीन महत्ता का प्रदर्शन मात्र समझने लगा। दैवी शक्ति से तथा महत्त्व से हटकर अपनी क्षुद्रता तथा मानवता में विश्वास होना, संकीर्ण संस्कारों के प्रति द्वेष होना स्वाभाविक था। इस रुचि के प्रत्यावर्तन को श्री हरिश्चन्द्र की युगवाणी में प्रकट होने का अवसर मिला। इसका सूत्रपात उसी दिन हुआ जब गवर्नमेंट से प्रेरित राजा शिवप्रसाद ने सरकारी ढंग की भाषा का समर्थन किया और भारतेन्दु जी को उनका विरोध करना पड़ा। उन्हीं दिनों हिन्दी और बंगला के महाकवियों में परिचय भी हुआ। श्री हरिश्चन्द्र और श्री हेमचन्द्र ने हिन्दी और बंगला में आदान-प्रदान किया। हेमचन्द्र ने बहुत-सी हिन्दी की प्राचीन कविताओं का अनुवाद किया और हरिश्चन्द्र ने 'विद्या-सुन्दर' आदि का अनुवाद किया।

जाति में जो धार्मिक और साम्प्रदायिक परिवर्तनों के स्तर आवरण स्वरूप बन जाते हैं, उन्हें हटाकर अपनी प्राचीन वास्तविकता को खोजने की चेष्टा भी साहित्य में तथ्यवाद की सहायता करती है। फलत: आरम्भिक साहसपूर्ण और विचित्रता से भरी आख्यायिकाओं के स्थान पर—जिनकी घटनाएँ राजकुमारों से ही सम्बद्ध होती थीं—मनुष्य के वास्तविक जीवन का साधारण चित्रण आरम्भ होता है। भारत के लिए उस समय दोनों ही वास्तविक थे—यहाँ के दरिद्र जनसाधारण और महाशक्तिशाली नरपति। किन्तु जनसाधारण और उनकी लघुता के वास्तविक होने का एक रहस्य है। भारतीय नरेशों की उपस्थिति भारत के साम्राज्य को बचा नहीं सकी। फलत: उनकी वास्तविक सत्ता में अविश्वास होना सकारण था। धार्मिक प्रवचनों ने पतन में और विवेक-दम्भपूर्ण आडम्बरों ने अपराधों में कोई रुकावट नहीं डाली। तब राजसत्ता का कृत्रिम और धार्मिक महत्त्व व्यर्थ हो गया और साधारण मनुष्य जिसे पहले लोग अकिंचन समझते थे, वही क्षुद्रता में महान् दिखलाई पड़ने लगा। उस व्यापक दु:ख संवलित मानवता को स्पर्श करनेवाला साहित्य यथार्थवादी बन जाता है। इस यथार्थवादिता में अभाव, पतन और वेदना के अंश प्रचुरता से होते हैं।

आरम्भ में जिस आधार पर साहित्यिक न्याय की स्थापना होती है—जिसमें राम की तरह आचरण करने के लिए कहा जाता है, रावण की तरह नहीं—उसमें रावण की पराजय निश्चित है। साहित्य में ऐसे प्रतिद्वन्द्वी पात्र का पतन आदर्शवाद के स्तम्भ में किया जाता है, परन्तु यथार्थवादियों के यहाँ कदाचित् यह भी माना जाता है कि मनुष्य में दुर्बलताएँ होती ही हैं और, वास्तविक चित्रों में पतन का भी उल्लेख आवश्यक है। और फिर पतन के मुख्य कारण क्षुद्रता और निन्दनीयता भी—जो सामाजिक रूढ़ियों के द्वारा निर्धारित रहती हैं—अपनी सत्ता बनाकर दूसरे रूप में अवतरित होती हैं। वास्तव में कर्म, जिनके सम्बन्ध में देश, काल और पात्र के अनुसार यह कहा जा सकता है कि वे सम्पूर्ण रूप से न तो भले हैं और न बुरे हैं, कभी समाज के द्वारा ग्रहण किये जाते हैं, कभी त्याज्य होते

हैं। दुरुपयोग से मानवता के प्रतिकूल होने पर अपराध कहे जानेवाले कर्मों से जिस युग के लेखक समझौता कराने का प्रयत्न करते हैं, वे ऐसे कर्मों के प्रति सहानुभूति प्रकट करते हैं। व्यक्ति की दुर्बलता के कारण की खोज में व्यक्ति की मनोवैज्ञानिक अवस्था और सामाजिक रूढ़ियों को पकड़ा जाता है। और इस विषमता को ढूँढ़ने पर वेदना ही प्रमुख होकर सामने आती है। साहित्यिक न्याय की व्यावहारिकता में वह सन्दिग्ध होता है। तथ्यवादी पतन और स्खलन का भी मूल्य जानता है। और वह मूल्य है—स्त्री नारी है और पुरुष नर है—इनका परस्पर केवल यही सम्बन्ध है।

वेदना से प्रेरित होकर जनसाधारण के अभाव और उनकी वास्तविक स्थिति तक पहुँचने का प्रयत्न यथार्थवादी साहित्य करता है। इस दशा में प्राय: सिद्धान्त बन जाता है कि हमारे दु:ख और कष्टों के कारण प्रचलित नियम और प्राचीन सामाजिक रूढ़ियाँ हैं। फिर तो अपराधों के मनोवैज्ञानिक विवेचन के द्वारा यह भी सिद्ध करने का प्रयत्न होता है कि वे सब समाज के कृत्रिम पाप हैं। अपराधियों के प्रति सहानुभूति उत्पन्न कर सामाजिक परिवर्तन के सुधार का आरम्भ साहित्य में होने लगता है। इस प्रेरणा में आत्मनिरीक्षण और शुद्धि का प्रयत्न होने पर भी व्यक्ति के पीड़न, कष्ट और अपराधों से समाज को परिचित कराने का प्रयत्न भी होता है। और, यह सब व्यक्ति-वैचित्र्य से प्रभावित होकर पल्लवित होता है। स्त्रियों के सम्बन्ध में नारीत्व की दृष्टि ही प्रमुख होकर, मातृत्व से उत्पन्न हुए सब सम्बन्धों को तुच्छ कर देती है। वर्तमान युग की ऐसी प्रवृत्ति है। जब मानसिक विश्लेषण के इस नग्न रूप में मनुष्यता पहुँच जाती है, तब उन्हीं सामाजिक बन्धनों की बाधा घातक समझ पड़ती है और इन बन्धनों को कृत्रिम और अवास्तविक माना जाने लगता है। यथार्थवाद क्षुद्रों का ही नहीं, अपितु महानों का भी है। वस्तुत: यथार्थवाद का मूल भाव है—वेदना। जब सामूहिक चेतना छिन्न-भिन्न होकर पीड़ित होने लगती है, तब वेदना की विवृत्ति आवश्यक हो जाती है। कुछ लोग कहते हैं—साहित्यकार को आदर्शवादी होना ही चाहिए और सिद्धान्त से ही आदर्शवादी धार्मिक प्रवचनकर्ता बन जाता है। वह समाज को कैसा होना चाहिए, यही आदेश करता है। और, यथार्थवादी सिद्धान्त से ही इतिहासकार से अधिक कुछ नहीं ठहरता, क्योंकि यथार्थवाद इतिहास की सम्पत्ति है। वह चित्रित करता है कि समाज कैसा है या था, किन्तु साहित्यकार न तो इतिहासकर्ता है और न धर्मशास्त्र-प्रणेता। इन दोनों के कर्तव्य स्वतंत्र हैं। साहित्य इन दोनों की कमी को पूरा करने का काम करता है। साहित्य, समय की वास्तविक स्थिति क्या है, इसको दिखाते हुए भी उसमें आदर्शवाद का सामंजस्य स्थिर करता है। दु:ख-दग्ध जगत और आनन्दपूर्ण स्वर्ग का एकीकरण साहित्य है; इसीलिए असत्य अघटित घटना पर कल्पना को वाणी महत्त्वपूर्ण स्थान देती

है, जो निजी सौन्दर्य के कारण सत्य-पद पर प्रतिष्ठित होती है। उसमें विश्वमंगल की भावना ओत-प्रोत रहती है।

सांस्कृतिक केन्द्रों में जिस विकास का आभास दिखलाई पड़ता है, वह महत्त्व और लघुत्व दोनों सीमान्तों के बीच की वस्तु है। साहित्य की आत्मानुभूति यदि उस स्वात्म-अभिव्यक्ति, अभेद और साधारणीकरण का संकेत कर सके, तो वास्तविकता का स्वरूप प्रकट हो सकता है। हिन्दी में इस प्रवृत्ति का मुख्य वाहन गद्य-साहित्य ही बना।

कविता के क्षेत्र में पौराणिक युग की किसी घटना अथवा देश-विदेश की सुन्दरी के बाह्य वर्णन से भिन्न जब वेदना के आधार पर स्वानुभूतिमयी अभिव्यक्ति होने लगी, तब हिन्दी में उसे छायावाद के नाम से अभिहित किया गया। रीतिकालीन प्रचलित परम्परा से—जिसमें बाह्य वर्णन की प्रधानता थी—इस ढंग की कविताओं में भिन्न प्रकार के भावों की नये ढंग से अभिव्यक्ति हुई। ये नवीन भाव आन्तरिक स्पर्श से पुलकित थे। आभ्यन्तर सूक्ष्म भावों की प्रेरणा बाह्य स्थूल आकार में भी कुछ विचित्रता उत्पन्न करती है। सूक्ष्म आभ्यन्तर भावों के व्यवहार में प्रचलित पदयोजना असफल रही। उनके लिए नवीन शैली, नया वाक्य-विन्यास आवश्यक था। हिन्दी में नवीन शब्दों की भंगिमा स्पृहणीय आभ्यन्तर वर्णन के लिए प्रयुक्त होने लगी। शब्द-विन्यास में ऐसा पानी चढ़ा कि उसमें एक तड़प उत्पन्न करके सूक्ष्म अभिव्यक्ति का प्रयास किया गया। भवभूति के शब्दों के अनुसार :

*व्यतिषजति पदार्थानान्तर: कोपि हेतु:।*
*न खलु बहिरूपाधीन् प्रीतय: संश्रयन्ते॥*

बाह्य उपाधि से हटकर आन्तरहेतु की ओर कवि-कर्म प्रेरित हुआ। इस नये प्रकार की अभिव्यक्ति के लिए जिन शब्दों की योजना हुई, हिन्दी में पहले वे कम समझे जाते थे; किन्तु शब्दों में भिन्न प्रयोग से एक स्वतंत्र अर्थ उत्पन्न करने की शक्ति है। समीप के शब्द भी उस शब्द-विशेष का नवीन अर्थ द्योतन करने में सहायक होते हैं। भाषा के निर्माण में शब्दों के इस व्यवहार का बहुत हाथ होता है। अर्थ-बोध व्यवहार पर निर्भर करता है, शब्द-शास्त्र में पर्यायवाची तथा अनेकार्थवाची शब्द इसके प्रमाण हैं। इसी अर्थ-चमत्कार का माहात्म्य है कि कवि की वाणी में अभिधा से विलक्षण अर्थ साहित्य में मान्य हुए। ध्वनिकार ने इसी पर कहा है : 'प्रतीयमानं पुनरन्यदेव वस्त्वस्ति वाणीषु महाकवीनाम्।'

अभिव्यक्ति का यह निराला ढंग अपना स्वतंत्र लावण्य रखता है। इसके लिए प्राचीनों ने कहा :

*मुक्ताफलेषुच्छायास्तरलत्वमिवांतरा*
*प्रतिभाति यदंगेषु तल्लावण्यमिहोच्यते।*

मोती के भीतर छाया की जैसी तरलता होती है, वैसी ही कान्ति की तरलता अंग में लावण्य कही जाती है। इस लावण्य को संस्कृत-साहित्य में छाया और विच्छिति के द्वारा कुछ लोगों ने निरूपित किया था। कुन्तक ने 'वक्रोक्तिजीवित' में कहा है :

*प्रतिभा प्रथमोद्भेदसमये यत्र वक्रता*
*शब्दाभिधेययोरंत: स्फुरतीव विभाव्यते।*

शब्द और अर्थ की यह स्वाभाविक वक्रता विच्छिति, छाया और कान्ति का सृजन करती है। इस वैचित्र्य का सृजन करना विदग्ध कवि का ही काम है। वैदग्ध्यभंगी भणिति में शब्द की वक्रता और अर्थ की वक्रता लोकोत्तीर्ण रूप से अवस्थित होती है। '(शब्दस्य हि वक्रता अभिधेयस्य च वक्रता लोकोत्तीर्णेन रूपेणावस्थानम् —लोचन 208)।' कुन्तक के मत में ऐसी भणिति 'शास्त्रादिप्रसिद्ध-शब्दार्थोपनिबंधव्यतिरेकी' होती है। यह रम्यच्छायांतरस्पर्शी वक्रता वर्ण से लेकर प्रबन्ध तक में होती है। कुन्तक के शब्दों में यह 'उज्ज्वल छायातिशयरमणीयता' वक्रता की उद्‌भासिनी है।

*परस्परस्य शोभायै बहव: पतिता: क्वचित।*
*प्रकारा जनयन्त्येतां चित्रच्छायामनोहराम्॥34॥*

[वक्रोक्तिजीवित 2 उन्मेष]

कभी-कभी स्वानुभव संवेदनीय वस्तु की अभिव्यक्ति के लिए सर्वनामादिकों का सुन्दर प्रयोग इस छायामयी वक्रता का कारण होता है—'वे आँखें कुछ कहती हैं।' अथवा :

*निद्रानिमीलितदृशो मदमन्थराया*
*नाप्यर्थवन्ति न च यानि निरर्थकानि।*
*अद्यापि में वरतनोर्मधुराणि तस्या।*
*स्तान्यक्षराणि हृदये किमपि ध्वनन्ति॥*

किन्तु ध्वनिकार ने इसका प्रयोग ध्वनि के भीतर सुन्दरता से किया।

*यस्त्वलक्ष्यक्रमो व्यंग्यो ध्वनिवर्णपदादिषु।*
*वाक्ये संघटनायां च सप्रबन्धेपि दीप्यते॥*

[ध्वन्यालोक 63-2]

यह ध्वनि प्रबन्ध, वाक्य, पद और वर्ण में दीप्ति होती है। केवल अपनी भंगिमा के कारण वे आँखें में 'वे' एक विचित्र तड़प उत्पन्न कर सकता है। आनन्दवर्द्धन के शब्दों में :

*मुख्या महाकवि गिरामलंकृति भृतामपि*
*प्रतीयमानच्छायैषाभूषा लज्जेवयोषितां।*

[ध्वन्यालोक 3-37]

कवि की वाणी में यह प्रतीयमान छाया युवती के लज्जा-भूषण की तरह होती है। ध्यान रहे कि साधारण अलंकार जो पहन किया जाता है, वह नहीं है, किन्तु यौवन के भीतर रमणी-सुलभ श्री की बहिन ही है—घूँघटवाली लज्जा नहीं। संस्कृत-साहित्य में यह प्रतीयमान छाया अपने लिए अभिव्यक्ति के अनेक साधन उत्पन्न कर चुकी है। अभिनवगुप्त ने लोचन में एक स्थान पर लिखा है :

*परां दुर्लभां छायां आत्मपतां यान्ति।*

इस दुर्लभ छाया का संस्कृत के काव्योत्कर्ष-काल में अधिक महत्त्व था। आवश्यकता इसमें शाब्दिक प्रयोगों की भी थी, किन्तु अन्तर अर्थ-वैचित्र्य को प्रकट करना भी इसका प्रधान लक्ष्य था। इस तरह की अभिव्यक्ति के उदाहरण संस्कृत में प्रचुर है। उन्होंने उपमाओं में भी आन्तर सारूप्य खोजने का प्रयत्न किया था। 'निरहंकार मृगांक, पृथ्वी गतयौवना, संवेदनमिवाम्बर', मेघ के लिए 'जनपदबधूलोचनैः पीयमानः' या कामदेव के कुसुम-शर के लिए 'विश्वसनीयमायुध'—ये सब प्रयोग बाह्य सादृश्य से अधिक आन्तर सादृश्य को प्रकट करनेवाले हैं। और भी—'आर्द्र ज्वलति ज्योतिरहमस्मि, मधुनक्तमुतोषसि मधुमत पार्थिवं, रजः', इत्यादि श्रुतियों में इस प्रकार की अभिव्यंजनाएँ बहुत मिलती हैं। प्राचीनों ने भी प्रकृति की चिर-निःशब्दता का अनुभव किया था :

*शुचिशीतलचन्द्रिकाप्लुताश्चिरनिः शब्दमनोहरा दिशः।*
*प्रशमस्य मनोभवस्य वा हृदि तस्याप्यथ हेतुतां ययुः॥*

इन अभिव्यक्तियों में जो छाया की स्निग्धता है, तरलता है, वह विचित्र है अलंकार के भीतर आने पर भी ये उनसे कुछ अधिक हैं। कदाचित् ऐसे प्रयोगों के आधार पर जिन अलंकारों का निर्माण होता था, उन्हीं के लिए आनन्दवर्द्धन ने कहा है : 'तेऽलंकाराः परां छायां यान्ति ध्वन्येतां गताः।' (ध्वन्यालोक 2-28)

प्राचीन साहित्य में छायावाद अपना स्थान बना चुका है। हिन्दी जब इस तरह के प्रयोग आरम्भ हुए, तो कुछ लोग चौके सही, परन्तु विरोध करने पर भी अभिव्यक्ति के इस ढंग को ग्रहण करना पड़ा। कहना न होगा कि ये अनुभूतिमय आत्मस्पर्श काव्य-जगत के लिए अत्यन्त आवश्यक थे। काकु या श्लेष की तरह यह सीधी वक्रोक्ति भी न थी। बाह्य से हटकर काव्य की प्रवृत्ति आन्तर की ओर चल पड़ी थी।

जब 'वहति विकलं कायो न मुञ्चति चेतनाम्' की विवशता वेदना को चैतन्य के साथ चिरबन्धन में बाँध देती है, तब यह आत्मस्पर्श की अनुभूति सूक्ष्म आन्तर भाव को व्यक्त करने में समर्थ होती है। ऐसा छायावाद किसी भाषा के लिए शाप नहीं हो सकता। भाषा अपने सांस्कृतिक सुधारों के साथ इस पद की ओर अग्रसर होती है—उच्चतम साहित्य का स्वागत करने के लिए। हिन्दी ने आरम्भ के छायावाद में अपनी भारतीय साहित्यिकता का ही अनुसरण किया। कुन्तक के शब्दों में 'अतिक्रांत-प्रसिद्धव्यवहारसरणि' के कारण कुछ लोग इस छायावाद में अस्पष्टवाद का भी रंग देख पाते हैं। हो सकता है, जहाँ कवि ने अनुभूति से पूर्ण तादात्म्य नहीं कर पाया हो, वहाँ अभिव्यक्ति विशृंखल हो गई हो, शब्दों का चुनाव ठीक न हुआ हो, हृदय से उसका स्पर्श न होकर मस्तिष्क से ही मेल हो गया हो, परन्तु सिद्धान्त में ऐसा रूप छायावाद का ठीक नहीं कि जो कुछ अस्पष्ट, छायामात्र हो, वास्तविकता का स्पर्श न हो, वही छायावाद है। हाँ, मूल में यह रहस्यवाद भी नहीं है। प्रकृति विश्वात्मा की छाया या प्रतिबिम्ब है, इसलिए प्रकृति का काव्यगत व्यवहार में ले आकर छायावाद की सृष्टि होती है, यह सिद्धान्त भी भ्रामक है। यद्यपि प्रकृति का आलम्बन स्वानुभूति का प्रकृति से तादात्म्य नवीन काव्य-धारा में होने लगा है, किन्तु प्रकृति से सम्बन्ध रखनेवाली कविता को ही छायावाद नहीं कहा जा सकता।

छाया—भारतीय दृष्टि से अनुभूति और अभिव्यक्ति की भंगिमा पर अधिक निर्भर करती है। ध्वन्यात्मकता, लाक्षणिकता, सौन्दर्यमय प्रतीक-विधान तथा उपचार-वक्रता के साथ स्वानुभूति की विवृत्ति छायावाद की विशेषताएँ हैं। अपने भीतर से मोती के पानी की तरह आन्तर स्पर्श करके भाव समर्पण करनेवाली अभिव्यक्ति छाया कान्तिमयी होती है।

## सन्दर्भ

1. बोध की बहिरंग-प्रत्यन्तभूमि वेदना (Awareness) अपनी स्वभाव-निरपेक्षता में शून्यपदा है—आकाशवाची 'ख' मात्र है। 'सु' और 'दु' के उपसर्ग-योग उसके अनुकूल-वेदनीयत्व (सुख) एवं प्रतिकूल-वेदनीयत्व (दुख) के द्योतन करते हैं। किन्तु व्यवहारत:—जो समाज की दशा और प्रतिक्रिया के योगफल की व्यंजना है—शब्दों के वर्तमान अर्थबोध प्राचीनों से सर्वथा भिन्न हैं। सुतराम् सामाजिक दुखातिशयता-वश व्यवहार में आज वेदना से दुख का ही तात्पर्य रूढ़ हो उठा है। वस्तुत: वेदना के उभय बाहु सुखावेदना और दुखावेदना हैं। [सं.]

# संस्कृति

# भक्ति

मनुष्य जब आध्यात्मिक उन्नति करने लगता है, तब उसके चित्त में नाना प्रकार के भाव उत्पन्न होते हैं, और उन्हीं भावों के पर्यालोचन में उसके हृदय में एक अपूर्व शक्ति उत्पन्न होती है, उसे लोग चिन्ता कहते हैं। वह चिन्तित मनुष्य संसार में किसी 'अघटन घटना पटीयसी' शक्ति की लीला देखते-देखते मुग्ध होकर उस शक्तिमान की खोज करता है। जब वह भ्रमता है, तब उसे उन पथदर्शकों की मधुर सान्त्वनामयी वाणी कर्णगोचर होती है :

*श्रद्धाभक्तिज्ञानयोगादवैहि*

अस्तु! यदि उस सर्व-शक्तिमान को कोई ऊँची वस्तु मान लिया जाए, तो भक्ति उसे पाने का दूसरा सोपान है, नहीं तो ऐसा ही मान लिया जाए कि किसी निर्दिष्ट स्थान तक पहुँचने की, एक सहारे की शृंखला है, जिसमें कि ये चार कड़ियाँ हैं। इनमें ऐसा घना सम्बन्ध है कि वह किसी प्रकार से नहीं छूट सकता। मानव-सृष्टि धारा-प्रवाह की तरह उस महासागर की ओर जा रही है। उस धारा-प्रवाह में श्रद्धा जल है, भक्ति वेग है तथा उसका गमन ही ज्ञान है, और उसका योग हो जाना ही महासम्मेलन है। 'श्रद्धा' 'भक्ति' में केवल नामान्तर है, श्रद्धा का पूर्ण स्वरूप भक्ति है, भक्ति बिना पहचाने होती नहीं, और बिना मिले जाना भी नहीं जाता, इसी से कहते हैं कि इनका परस्पर घना सम्बन्ध है। इसे नामान्तर अथवा भाव-भेद भी मान सकते हैं।

श्रद्धा के परिपाक में भक्ति से उसे मनुष्य कहता है—'सत्यं'। जब उसके मंगलमय स्वरूप को देखता है, तब उसके मुख से अनायास ही 'शिवं' निकलता है, पुन: मनुष्य उस अलौकिक सौन्दर्य से आनन्दित होकर कहता है :

*सत्यं शिवं सुन्दरम्।*

भक्ति क्या है? भक्ति ईश्वर में अनन्य प्रेम को कह सकते हैं और भक्ति को परीक्षा-ज्ञान भी कह सकते हैं। ज्ञान के बिना मुक्ति नहीं होती। किन्तु मुक्ति क्या है? मुक्ति से मनुष्य ईश्वर में मिल सकता है और भक्ति से मनुष्य ईश्वर को

अपने पास बुला सकता है। प्रजा यदि राजराजेश्वर के समीप तक जाए, तो उसे आनन्द मिलता है; किन्तु यदि राजराजेश्वर किसी प्रजा के घर पर जाएँ, तो उसे कितना आनन्द मिलेगा? यह विचारणीय है।

भक्तों की कथा को पढ़िए, क्या विश्वम्भर उनके आर्त्तनाद को सुनकर देर कर सकते थे? नहीं, कदापि नहीं। अत: हम कह सकते हैं कि भक्ति से मनुष्य ईश्वर को बुला सकता है, और अब वह हमारे पास आ सकते हैं, तो कौन ऐसी वस्तु है कि जो वह हमको नहीं दे सकते? हाँ, भक्तिरूपी कल्पवृक्ष में अविश्वास का घुन न लगने देना चाहिए।

निराशा में, अशान्ति में, सुख में, उस अपूर्व सुन्दर चन्द्र की भक्तिरूपी किरण तुम्हें शान्ति प्रदान करेगी। और यदि तुम्हें कोई कष्ट हो, तो उस अशरण-शरण-चरण में लोटकर रोओ, वे अश्रु तुम्हें सुधा के समान सुखद होंगे और तुम्हारे सब सन्ताप को हर लेंगे।

उस चरण-सरोज के सौरभ से तुम्हारी मस्तिष्क-निर्बलता दूर हो जाएगी, तुम्हारा घ्राण अपूर्व सुगन्ध से आमोदित हो जाएगा। तुम्हारे पास चिन्ता, निराशा कभी फटकने न पावेगी। तुमको किसी की अपेक्षा न करनी पड़ेगी।

हम जो करते हैं, जो सुनते हैं, जो देखते हैं, जो समझते हैं, सब वही है। जब यह बुद्धि हो जाती है, तब मनुष्य को आनन्द-ही-आनन्द मिलता है, संसार आनन्दमय प्रतीत होता है। विशेष क्या लिखें, महर्षि उपमन्यु की उग्र तपस्या से प्रसन्न होकर, परमेश्वर ने स्वयं उपमन्यु से पूछा :

*क वा कामं ददाम्यद्य ब्रूहि यद् वत्स! कांक्षसे*

तब प्रेम सहित गद्‌गद होकर विनीत स्वर से :

*प्राञ्जलि: स उवाचेदं त्वयि भक्तिर्दृढ़ास्तु मे।*

# रहस्यवाद

काव्य में आत्मा की संकल्पात्मक मूल अनुभूति की मुख्य धारा रहस्यवाद है। रहस्यवाद के सम्बन्ध में कहा जाता है कि उसका मूल उद्‌गम सेमेटिक धर्म-भावना है, और इसीलिए भारत के लिए वह बाहर की वस्तु है। किन्तु शाम देश के यहूदी जिनके पैगम्बर मूसा इत्यादि थे, सिद्धान्त में ईश्वर को उपास्य और मनुष्य को जिहोवा (यहूदियों के ईश्वर) का उपासक अथवा दास मनाते थे। सेमेटिक धर्म में मनुष्य की ईश्वर से समता करना अपराध समझा गया है। क्राइस्ट ने ईश्वर का पुत्र होने की ही घोषणा की थी, परन्तु मनुष्य का ईश्वर से यह सम्बन्ध जिहोवा के उपासकों ने सहन नहीं किया और उसे सूली पर चढ़वा दिया।[1]

पिछले काल में यहूदियों के अनुयायी मुसलमानों ने भी 'अनलहक' कहने पर मनसूर को उसी पथ का पथिक बनाया। सरमद का सर काटा गया। सेमेटिक धर्मभावना के विरुद्ध चलनेवाले ईसा, मनसूर और सरमद आर्य अद्वैत धर्मभावना से अधिक परिचित थे।

सूफी सम्प्रदाय मुसलमानी धर्म के भीतर वह विचारधारा है जो अरब और सिन्ध का परस्पर सम्पर्क होने के बाद से उत्पन्न हुई थी। यद्यपि सूफी धर्म का पूर्ण विकास तो पिछले काल में आर्यों की बस्ती ईरान में हुआ, फिर भी उनके सब आचार इस्लाम के अनुसार ही हैं। उनके तौहीद में चुनाव है एक का, अन्य देवताओं में से, न कि सम्पूर्ण अद्वैत का। तौहीद का अद्वैत से कोई दार्शनिक सम्बन्ध नहीं। उसमें जहाँ कहीं पुनर्जन्म या आत्मा के दार्शनिक तत्त्व का आभास है, वह भारतीय रहस्यवाद का अनुकरण मात्र है, क्योंकि शामी धर्मों के भीतर अद्वैत कल्पना दुर्लभ नहीं, त्याज्य भी है।

कुछ लोगों का कहना है मेसोपोटामिया या बाबिलन के बाल, ईस्टर प्रभृति देवताओं के मन्दिरों में रहनेवाली देवदासियाँ ही धार्मिक प्रेम का उद्‌गम हैं और वहीं से धर्म और प्रेम का मिश्रण, उपासना में कामोपभोग इत्यादि अनाचार का आरम्भ हुआ तथा यह प्रेम ईसाई-धर्म के द्वारा भारतवर्ष के वैष्णव-धर्म को मिला। किन्तु उन्हें यह नहीं मालूम कि काम का धर्म में अथवा सृष्टि के उद्‌गम में बहुत बड़ा प्रभाव ऋग्वेद के समय में ही माना जा चुका है : 'कामस्तदग्रे समवर्त्तताधि

मनसो रेतः प्रथमं यदासीत्'। यह काम प्रेम का प्राचीन वैदिक रूप है और प्रेम से वह शब्द अधिक व्यापक भी है। जब से हमने प्रेम को इश्क का पर्याय मान लिया, तभी से 'काम' शब्द की महत्ता कम हो गई। सम्भवतः विवेकवादियों की आदर्श-भावना के कारण, इस शब्द में केवल स्त्री-पुरुष सम्बन्ध के अर्थ का ही भान होने लगा। किन्तु काम में जिस व्यापक भावना का समावेश है, वह इन सब भावों को आवृत कर लेती है। इसी वैदिक काम की आगम शास्त्रों में, कामकला के रूप में उपासना भारत में विकसित हुई थी। यह उपासना सौन्दर्य, आनन्द और उन्मद भाव की साधना-प्रणाली थी। पीछे बारहवीं शताब्दी के सूफी इब्न अरबी ने भी अपने सिद्धान्तों में इसकी महत्ता स्वीकार की है। वह कहता है कि मनुष्यता ने जितने प्रकार के देवताओं की पूजा का समारम्भ किया है, उनमें काम ही सबसे मुख्य है। यह काम ही ईश्वर की अभिव्यक्ति का सबसे बड़ा—व्यापक रूप है।[2]

देवदासियों का प्रचार दक्षिण के मन्दिरों में वर्तमान है और उत्तरीय भारत में ईसवीय सन् से कई सौ बरस पहले शिव, स्कन्द, सरस्वती इत्यादि देवताओं के मन्दिर नगर के किस भाग में होते थे, इसका उल्लेख चाणक्य ने अपने 'अर्थशास्त्र' में किया है और सरस्वती मन्दिर तो यात्रा-गोष्ठी तथा संगीत आदि कला-सम्बन्धी समाजों के लिए प्रसिद्ध था। देवदासियाँ मन्दिरों में रहती थीं, परन्तु वे उस देवप्रतिमा के विशेष अन्तर्निहित भावों को कला के द्वारा अभिव्यक्त करने के लिए ही रहती थीं। उनमें प्रेम पुजारिनों का होना असम्भव नहीं था। सूफी रबिया से पहले ही दक्षिण भारत की देवदासी अन्दल ने जिस कृष्ण-प्रेम का संगीत गाया था, उसकी आविष्कर्त्री अन्दल को ही मान लेने में मुझे तो सन्देह ही है। कृष्ण-प्रेम उस मन्दिर का सामूहिक भाव था, जिसकी अनुभूति अन्दल ने भी की। ऐतिहासिक अनुक्रम के आधार पर यह कहा जा सकता है कि फारस में जिस सूफी-धर्म का विकास हुआ था, उस पर काश्मीर के साधकों का बहुत-कुछ प्रभाव था। यों तो एक-दूसरे के साथ सम्पर्क में आने पर विचारों का थोड़ा-बहुत आदान-प्रदान होता ही है; किन्तु भारतीय रहस्यवाद ठीक मेसोपोटामिया से आया है, यह कहना वैसा ही है, जैसा वेदों को 'सुमेरियन डॉक्यूमेंट' सिद्ध करने का प्रयास।[3]

शैवों का अद्वैतवाद और उनका सापरस्यवाला रहस्य-सम्प्रदाय, वैष्णवों का माधुर्य भाव और उनके प्रेम का रहस्य तथा काम-कला की सौन्दर्य-उपासना आदि का उद्गम वेदों और उपनिषदों के ऋषियों की वे साधना-प्रणालियाँ हैं, जिनका उन्होंने समय-समय पर अपने ग्रन्थों में प्रचार किया था।

भारतीय विचारधारा में रहस्यवाद को स्थान न देने का एक मुख्य कारण है। ऐसे आलोचकों के मन में एक तरह की झुँझलाहट है। रहस्यवाद के आनन्द-पथ को उनके कल्पित भारतीयोचित विवेक में सम्मिलित कर लेने से आदर्शवाद का ढाँचा ढीला पड़ जाता है। इसलिए वे इस बात को स्वीकार करने में डरते हैं कि

जीवन में यथार्थ वस्तु आनन्द है, ज्ञान से व अज्ञान से मनुष्य उसी की खोज में लगा है। आदर्शवाद ने विवेक के नाम पर आनन्द और उसके पथ के लिए जो जनरव फैलाया है, वही उसे अपनी वस्तु कहकर स्वीकार करने में बाधक है। किन्तु प्राचीन आर्य लोग सदैव से अपने क्रिया-कलाप में आनन्द, उल्लास और प्रमोद के उपासक रहे; और आज के भी अन्य देशीय तरुण आर्य-संघ आनन्द के मूल संस्कार से संस्कृत और दीक्षित हैं। आनन्द-भावना, प्रियकल्पना और प्रमोद हमारी व्यवहार्य वस्तु थी। आज की जातिगत निर्वीर्यता के कारण उसे ग्रहण न कर सकने पर, यह सेमेटिक है, कहकर सन्तोष कर लिया जाता है।

कदाचित् इन आलोचकों ने इस बात पर ध्यान नहीं दिया कि आरम्भिक वैदिक-काल में प्रकृति-पूजा अथवा बहुदेव-उपासना के युग में ही, जब 'एकं सद्विप्रा बहुधा वदन्ति' के अनुसार एकेश्वरवाद विकसित हो रहा था, तभी आत्मवाद की प्रतिष्ठा भी पल्लवित हुई। इन दोनों धाराओं के दो प्रतीक थे। ऐकश्वरवाद के वरुण और आत्मवाद के इन्द्र प्रतिनिधि माने गए। वरुण न्यायपति राजा और विवेकपक्ष के आदर्श थे। महावीर इन्द्र आत्मवाद और आनन्द के प्रचारक थे। वरुण को देवताओं के अधिपति-पद से हटना पड़ा, इन्द्र के आत्मवाद की प्रेरणा ने आर्यों में आनन्द की विचारधारा उत्पन्न की। फिर तो इन्द्र ही देवराज-पद पर प्रतिष्ठित हुए। वैदिक-साहित्य में आत्मवाद के प्रचारक इन्द्र की जैसी चर्चा है, उर्वशी आदि अप्सराओं का जो प्रसंग है, वह उनके आनन्द के अनुकूल ही है। बाहरी याज्ञिक क्रिया-कलापों के रहते हुए भी वैदिक आर्यों के हृदय में आत्मवाद और एकेश्वरवाद की दोनों दार्शनिक विचारधाराएँ अपनी उपयोगिता में संघर्ष करने लगीं। सप्तसिन्धु के प्रबुद्ध तरुण आर्यों ने इस आनन्दवाली धारा का अधिक स्वागत किया, क्योंकि वे स्वत्व के उपासक थे। और वरुण यद्यपि आर्यों की उपासना में गौण रूप से सम्मिलित थे, तथापि उनकी प्रतिष्ठा असुर के रूप में असीरिया आदि अन्य देशों में हुई। आत्मा में आनन्द-भोग का भारतीय आर्यों ने अधिक आदर किया। उधर असुर के अनुयायी आर्य एकेश्वरवाद और विवेक के प्रतिष्ठापक हुए। भारत के आर्यों ने कर्मकांड और बड़े-बड़े यज्ञों में उल्लासपूर्ण आनन्द का ही दृश्य देखना आरम्भ किया और एकात्मवाद के प्रतिष्ठापक इन्द्र के उद्देश्य से बड़े-बड़े यज्ञों की प्रधानता हो जाने पर भी कुछ आर्य लोग अपने को उस आर्य-संघ में दीक्षित नहीं कर सके—वे व्रात्य कहे जाने लगे। वैदिक धर्म की प्रधान धारा में, जिसके अन्तर में आत्मवाद था और बाहर याज्ञिक क्रियाओं का उल्लास था, व्रात्यों के लिए स्थान नहीं रहा। उन व्रात्यों ने अत्यन्त प्राचीन अपनी चैत्यपूजा आदि के रूप में उपासना का क्रम प्रचलित रखा और दार्शनिक दृष्टि से उन्होंने विवेक के आधार पर नये-नये तर्कों की उद्भावना की। फिर तो आत्मवाद के अनुयायियों में भी अग्निहोत्र आदि

कर्मकांडों की आत्मपरक व्याख्याएँ होने लगीं। उन्होंने स्वाध्याय-मंडल स्थापित किये। भारतवर्ष का राजनीतिक विभाजन भी वैदिक-काल के बाद इन्हीं दो तरह के दार्शनिक धर्मों के आधार पर हुआ।

वृष्णि-संघ व्रज में और मगध के व्रात्य और अयाज्ञिक आर्य बुद्धिवाद के आधार पर नये-नये दर्शनों की स्थापना करने लगे। इन्हीं लोगों के उत्तराधिकारी के तीर्थंकर लोग थे जिन्होंने ईसा से हजारों वर्ष पहले मगध में बौद्धिक विवेचना के आधार पर दु:खवाद के दर्शन की प्रतिष्ठा की। सूक्ष्म दृष्टि से देखने पर विवेक के तर्क ने जिस बुद्धिवाद का विकास किया, वह दार्शनिकों की उस विचारधारा को अभिव्यक्त कर सका जिसमें संसार दु:खमय माना गया और दु:ख से छूटना ही परम पुरुषार्थ समझा गया। दु:खनिवृत्ति दु:खवाद का ही परिणाम है। फिर तो विवेक की मात्रा यहाँ तक बढ़ी कि बुद्धिवादी अपरिग्रही, नग्न, दिगम्बर, पानी गरम करके पीनेवाले और मुँह पर कपड़ा बाँध कर चलनेवाले हुए। इन लोगों के आचरण विलक्षण और भिन्न-भिन्न थे। वैदिक-काल के बाद इन व्रात्यों के संघ किस-किस तरह का प्रचार करते घूमते थे, उन सबका उल्लेख तो नहीं मिलता; किन्तु बुद्ध के जिन प्रतिद्वन्द्वी मस्करी गौशाल, अजित केश-कम्बली, नाथपुत्र, संजय बेलट्ठिपुत्र, पूरन कस्सप आदि तीर्थंकरों का उल्लेख मिलता है, वे प्राय: दु:खातिरेकवादी, आत्मवाद में आस्था न रखनेवाले तथा बाह्य उपासना में चैत्यपूजक थे। दु:खवाद जिस मननशैली का फल था, वह बुद्धि या विवेक के आधार पर, तर्कों के आश्रय में बढ़ती रही। अनात्मवाद की प्रतिक्रिया होनी ही चाहिए। फलत: पिछले काल में भारत के दार्शनिक अनात्मवादी ही भक्तिवादी बने और बुद्धिवादी का विकास भक्ति के रूप में हुआ। जिन-जिन लोगों में आत्मविश्वास नहीं था, उन्हें एक त्राणकारी की आवश्यकता हुई। प्रणतिवाली शरण खोजने की कामना—बुद्धिवाद की एक धारा—प्राचीन एकेश्वरवाद के आधार पर ईश्वर-भक्ति के स्वरूप में बढ़ी और इन लोगों ने अपने लिए अवलम्ब खोजने में नये-नये देवताओं और शक्तियों की उपासना प्रचलित की। हाँ, आनन्दवादवाली मुख्य अद्वैतधारा में भक्ति का विकास, एक दूसरे ही रूप में हो चुका था, जिसके सम्बन्ध में आगे चलकर कहा जाएगा।

ऊपर कहा जा चुका है कि वैदिक-साहित्य की प्रधान धारा में उसकी याज्ञिक क्रियाओं की आत्मपरक व्याख्याएँ होने लगी थीं और व्रात्यदर्शनों की प्रचुरता के युग में भी आनन्द का सिद्धान्त संहिता के बाद श्रुतिपरम्परा में आरण्यक-स्वाध्याय मंडलों में प्रचलित रहा। तैत्तिरीय में एक कथा है कि भृगु जब अपने पिता अथवा गुरु वरुण के पास आत्म-उपदेश के लिए गए तो उन्होंने बार-बार तप करने की ही शिक्षा दी और बार-बार तप करके भी भृगु सन्तुष्ट न हुए और फिर आनन्द-सिद्धान्त की उपलब्धि करके ही उन्हें परितोष हुआ। विवेक और

विज्ञान से भी आनन्द को अधिक महत्त्व देनेवाले भारतीय ऋषि अपने सिद्धान्त का परम्परा में प्रचार करते ही रहे :

'तस्माद्वा एतस्माद्विज्ञानमयात्। अन्योऽन्तर आत्मानन्दमयः। तेनैष पूर्णः। स वा एष पुरुषविध एव। तस्य पुरुषविधताम्। अन्वयं पुरुर्षावधः। तस्य प्रियमेव शिरः। मोदो दक्षिणः पक्षः प्रमोद उत्तरः पक्षः। आनन्द आत्मा।' (तैत्तिरीय उप. 2 वल्ली 5 अनुवाक)

उपनिषद् के आनन्द की प्रतिष्ठा के साथ प्रेम और प्रमोद की भी कल्पना हो गई थी, जो आनन्द-सिद्धान्त के लिए आवश्यक है। इस तरह जहाँ एक ओर भारतीय आर्य व्रात्यों में तर्क के आधार पर विकल्पात्मक बुद्धिवाद का प्रचार हो रहा था, वहाँ प्रधान वैदिक-धारा के अनुयायी आर्यों में आनन्द का सिद्धान्त भी प्रचारित हो रहा था। वे कहते थे :

*नायमात्मा प्रवचनेन लभ्यो न मेधया न बहुना श्रुतेन।* [मुंडक]
*नैषा तर्केण मतिरापनेया।* [कठोपनिषद्]

आनन्दमय आत्मा की उपलब्धि विकल्पात्मक विचारों और तर्कों से नहीं हो सकती।

इन लोगों ने अपने विचारों के अनुयायी राष्ट्रों में परिषदें स्थापित की थीं और व्रात्य-संघों के सदृश ही इनके भी स्वाध्यायमंडल थे, जो व्रात्य-संघों से पीछे के नहीं अपितु पहले के थे। हाँ, इन लोगों ने भी बुद्धिवाद का अपने लिए उपयोग किया था; किन्तु उसे वे अविद्या कहते थे, क्योंकि वह कर्म और विज्ञान की उन्नति करती है और नानात्व को बताती है। मुख्यतः तो वे अद्वैत और आनन्द के ही उपासक रहे। विज्ञानमय याज्ञिक क्रिया-कलापों से वे ऊपर उठ चुके थे। कठ, पांचाल, काशी और कोसल में उनकी परिषदें थीं ही, किन्तु मगध की पूर्वीय सीमा पर भी उसके दुःख और अनात्मवादी राष्ट्रों के एक छोर पर विदेहों की बस्ती थी, जो सम्पूर्ण अद्वैतवादी थे। ब्राह्मण-ग्रन्थ सदानीरा के उस पार यज्ञ की अग्नि न जाने की जो कथा है, उसका रहस्य इन्हीं मगध के व्रात्य-संघों से सम्बन्ध रखता था। किन्तु माधव विदेह ने सदानीरा के पार अपने मुख में जिस अग्नि को ले जाकर स्थापित किया था, वह विदेहों का प्राचीन आत्मवाद ही था। इन परिषदों में और स्वाध्यायमंडलों में वैदिक मंत्रकाल के उत्तराधिकारी ऋषियों ने संकल्पात्मक ढंग से विचार किया, सिद्धान्त बनाए और साधना-पद्धति भी स्थिर की। उनके सामने ये सब प्रश्न आए :

*केनेषितं पतति प्रेषितं मनः केन प्राणः प्रथमः प्रैति युक्तः।*
*केनेषितां वाचमिमां वदन्ति चक्षुः श्रोत्रं का उ देवो युनक्ति॥*

[केनोपनिषद्]

*किं कारणं ब्रह्म कुत: स्म जाता जीवाम केन क्व च सम्प्रतिष्ठा:।*
*अधिष्ठिता: केन सुखेतरेषु वर्त्तामहे ब्रह्मविदो व्यवस्थाम्।*

[श्वेताश्वतरोपनिषद्]

इन प्रश्नों पर उनके संवाद अनुभवगम्य आत्मा को संकल्पात्मक रूप से निर्देशन करने के लिए होते थे। इस तरह के विचारों का सूत्रपात शुक्ल यजुर्वेद के 39 और 40 अध्यायों में ही हो चुका था। उपनिषद् उसी ढंग से आत्मा और अद्वैत के सम्बन्ध में संकल्पात्मक विचार कर रहे थे, यहाँ तक कि श्रुतियाँ संकल्पात्मक काव्यमय ही थीं। और इसीलिए वे लोग 'कविर्मनीषी' में भेद नहीं मानते थे। किन्तु व्रात्य-संघों के बाह्य आदर्शवाद से, विवेक और बुद्धिवाद से भारतीय हृदय बहुत कुछ अभिभूत हो रहा था; इसीलिए इन आनन्दवादियों की साधना-प्रणाली कुछ-कुछ गुप्त और रहस्यात्मक होती थी।

*तप: प्रभावाद्देवप्रसादाच्च ब्रह्मा ह श्वेताश्वतरोऽथ विद्वान्।*
*अत्याश्रमिभ्य: परमं पवित्रम् प्रोवाच सम्यगृषिसंघजुष्टम्।*
*वेदान्ते परमं गुह्यं पुराकल्पे प्रचोदितम्।*
*नाप्रशान्ताय दातव्यं आपुत्रय नाशिष्याय वा पुन:॥* [श्वेताश्वतरोपनिषद्]

उनकी साधन-पद्धतियों का उल्लेख छान्दोग्य आदि उपनिषदों में प्रचुरता से है। ये लोग अपनी शिष्यमंडली में विशेष प्रकार की गुप्त साधना-प्रणालियों के प्रवर्तक थे। बौद्ध साहित्य में जिस तरह के साधनों का विवरण मिलता है, वे बहुत-कुछ इन ऋषियों और इनके उपनिषदों के अनुकरण मात्र थे, फिर भी वे अपने ढंग के बुद्धिवादी थे, और वे उपषिदों के 'तां योगमिति मन्यन्ते स्थिरामिन्द्रियधारणम्' (कठ.) वाले योग का अपने ढंग के अनात्मवाद के साधन के लिए उपयोग करने लगे।

श्रुतियों का और निगम का काल समाप्त होने पर ऋषियों के उत्तराधिकारियों ने आगमों की अवतारणा की और ये आत्मवादी आनन्दमय कोष की खोज में लगे ही रहे। आनन्द का स्वभाव ही उल्लास है, इसलिए साधना-प्रणाली में उसकी मात्र उपेक्षित न रह सकी। कल्पना और साधना के दोनों पक्ष अपनी-अपनी उन्नति करने लगे। कल्पना विचार करती थी, साधना उसे व्यवहार्य बनाती थी। आगम के अनुयायियों ने निगम के आनन्दवाद का अनुसरण किया, विचारों में भी क्रियाओं में भी। निगम ने कहा था :

*आनन्दाद्धयेव खल्विमानि भूतानि जायन्ते, आनन्देन जातानि जीवन्ति।*
*आनन्दं प्रयंत्यभिसंविशन्ति॥*

आगमवादियों ने दोहराया :

*आनन्दोच्छलिता शक्तिः सृजत्यात्मानमात्मना।*

आगम के ठीकाकारों ने भी इस अद्वैत आनन्द को अच्छी तरह पल्लवित किया।

*विगलितभेद-संस्कारमानन्दरसप्रवाहमयमेव पश्यति* [क्षेमराज]

हाँ, इन सिद्धों ने आनन्दरस की साधना में और विचारों में प्रकारान्तर भी उपस्थित किया—अद्वैत को समझने के लिए :

'आत्मैवेदमग्र आसीत्...स वै नैव रेमे। तस्मादेकाकी न रमते स द्वितीयमैच्छत स हैतावानास यथा स्त्रीपुमांसौ सम्परिष्वक्तौ स इममेवात्मानं द्विधापायतत्' इत्यादि वृहदारण्यक श्रुति का अनुकरण करके समता के आधार पर भक्ति की और मित्र-प्रणय की-सी मधुर कल्पना भी की। क्षेमराज ने एक प्राचीन उद्धरण दिया :

*जाते समरसानन्दे द्वैतमप्यमृतोपमम्।*
*मित्रयोरिव दाम्पत्योर्जीवात्मपरमात्मनोः॥*

यह भक्ति का आरम्भिक स्वरूप आगमों में अद्वैत की भूमिका पर ही सुगठित हुआ। उनकी कल्पना निराली थी :

*समाधिवङ्कोणाप्यन्यैरभेद्यो के भेदभूधरः।*
*परामृष्टश्च नष्टश्च त्वद्भक्तिबलशालिभिः॥*

यह भक्ति भेदभाव, द्वैत, जीवात्मा और परमात्मा की भिन्नता को नष्ट करनेवाली थी। ऐसी ही भक्ति के लिए माहेश्वराचार्य अभिनवगुप्त के गुरु ने कहा है :

*भक्तिलक्ष्मीसमृद्धानां किमन्यदुपयाचितम्।*

अद्वैतवाद के इस नवीन विकास में प्रेमाभक्ति की योजना तैत्तिरीय आदि श्रुतियों के ही आधार पर हुई थी। फिर तो सौन्दर्य-भावना भी स्पष्ट हो चली :

*श्रुत्वापि शुद्धचैतन्यमात्मानमतिसुन्दरम्।* [अष्टावक्रगीता 4/3]

इन आगम के अनुयायी सिद्धों ने प्राचीन आनन्द-मार्ग को अद्वैत की प्रतिष्ठा के साथ अपनी साधना-पद्धति में प्रचलित रखा और इसे वे रहस्य-सम्प्रदाय कहते थे। 'शिवसूत्रविमर्शिनी' प्रस्तावना में क्षेमराज ने लिखा है :

*द्वैतदर्शनाधिवासितप्राये जीवलोके रहस्यसम्प्रदायो मा विच्छेदि*

रहस्य-सम्प्रदाय जिसमें लुप्त न हो, इसलिए शिवसूत्रों की महादेवगिरि से प्रतिलिपि की गई। द्वैतदर्शनों की प्रचुरता थी। रहस्य-सम्प्रदाय अद्वैतवादी था। इन लोगों ने पाशुपत-योग की प्राचीन साधन-पद्धति के साथ-साथ आनन्द की योजना करने के लिए काम-उपासना-प्रणाली भी दृष्टान्त के रूप में स्वीकृत की। उसके लिए भी श्रुति का आधार लिया गया।

*तद्यथा प्रियया स्त्रिया सम्परिष्वक्तो न बाह्ये किंचन वेद नान्तरम्* [वृदहारण्यक]
*उपमंत्रयते स हिंकारो ज्ञपयते स प्रस्ताव: स्त्रिया सह शेते स उद्गीथ:।*
*आत्मरतिरात्मक्रीड़ आत्ममिथुन आत्मानन्द: स स्वराड् भवति।*

इन छान्दोग्य आदि श्रुतियों के प्रकाश में यह रति-प्रीति—अद्वैतमूला भक्ति रहस्यवादियों में निरन्तर प्रांजल होती गई। इस दार्शनिक सत्य को व्यावहारिक रूप देने में किसी विशेष अनाचार की आवश्यकता न थी। संसार को मिथ्या मानकर असम्भव कल्पना के पीछे भटकना नहीं पड़ता था। दु:खवाद से उत्पन्न संन्यास और संसार से विराग की आवश्यकता न थी। अद्वैतमूलक रहस्यवाद के व्यावहारिक रूप में विश्व को आत्मा का अभिन्न अंग शैवागमों में मान लिया गया था। फिर तो सहज आनन्द की कल्पना भी इन लोगों ने की। श्रुति इसी कोटि के साधकों के लिए पहले ही कह चुकी थी :

*या बुद्ध्यते सा दीक्षा यदश्नाति तद्धवि: यत्पिबति तदस्य सोपमानं यद्रयते तदुपसदो... ।*

इसी का अनुकरण है :

*आत्मा त्वं गिरिजा मति: सहचरा: प्राणा: शरीरं गृहं*
*पूजा ते विषयोपभोगरचना निद्रासमाधिस्थिति:* [शांकरी मानसपूजा]

सौन्दर्य-लहरी भी उसी स्वर में कहती है :

*सपर्या पर्यायस्तव भवति यन्मे विलसितम्।* [27]

इन साधकों में जगत और अन्तरात्मा की व्यावहारिक अद्वयता में आनन्द की सहज भावना विकसित हुई। वे कहते हैं :

*त्वमेव स्वात्मानं परिणमयितुं विश्ववपुषा।*
*चिदानन्दाकारं शिवयुवतिभावेन विमृषे॥* [आनन्दलहरी, 35]

किसी काश्मीरी भक्त कवि[4] ने कहा है :

*तत्तिन्दद्रियमुखेन सन्ततं युष्मदर्चनरसायनासवम्।*
*सर्वभावचषकेषु पूरितेष्वापिवन्नपि भवेयमुन्मद:॥*

इसमें इन्द्रियों के सुख से अर्चन-रस का आसव पीने की जो कल्पना है, वह आनन्द की सहज भावना से ओत-प्रोत है।

आगमानुयायी स्पन्दशास्त्र के अनुसार प्रत्येक भावना में, प्रत्येक अवस्था में वह आत्मानन्द प्रतिष्ठित है :

*अतिक्रुद्धः प्रहृष्टो वा किं करोति परामृशन्।*
*धावन् वा यत्पदं गच्छेत्तत्र स्पन्दः प्रतिष्ठितः॥*

और, उनकी अद्वैत साधना के अनुसार सब विषयों में—इन्द्रियों के अर्थों में—निरूपण करने पर कहीं भी अशिव, अमंगल, निरानन्द नहीं :

*विषयेषु च सर्वेषु इन्द्रियार्थेषु च स्थितम्।*
*यत्र यत्र निरूप्येत नाशिवं विद्यते क्वचित॥*

जिस मन को बुद्धिवादी 'मनोदुर्निग्रहं चलम्' समझकर ब्रह्म-पथ में विमूढ़ हो जाते हैं, उसके लिए आनन्द के उपासकों के पास सरल उपाय था। वे कहते हैं :

*यत्र यत्र मनो याति ज्ञेयं तत्रैव चिन्तयेत।*
*चलित्वा यास्यते कुत्र सर्वं शिवमयं यतः॥*

मन चलकर जाएगा कहाँ? बाहर-भीतर आनन्दघन शिव के अतिरिक्त दूसरा स्थान कौन है?

ये विवेक और आनन्द की विशुद्ध धाराएँ अपनी परिणति में अनात्म और दुःखमय कर्मवादी बौद्ध हीनयान-सम्प्रदाय तथा दूसरी ओर आत्मवादी आनन्दमय रहस्यसम्प्रदाय के रूप में प्रकट हुईं। इसके अनन्तर मिश्र विचारधाराओं की सृष्टि होने लगी। अनात्मवाद से विचलित होकर बुद्ध में ही सत्ता मानकर बौद्धों का एक दल महायान का अनुयायी बना। शुद्ध बुद्धिवाद के बाद इसमें कर्मकांडात्मक उपासना और देवताओं की कल्पना भी सम्मिलित हो चली थी। लोकनाथ आदि देवी-देवताओं की उपासना कोरा शून्य ही नहीं रह गई। तत्कालीन साधारण आर्य जनता में प्रचलित वैदिक बहुदेवपूजा से शून्यवाद का यह समन्वय ही महायान-सम्प्रदाय था और बौद्धों की तरह वैदिक धर्मानुयायियों की ओर से जो समन्वयात्मक प्रयत्न हुआ, उसी ने ठीक महायान की ही तरह पौराणिक धर्म की सृष्टि की। इस पौराणिक धर्म के युग में विवेकवाद का सबसे बड़ा प्रतीक रामचन्द्र के रूप में अवतरित हुआ, जो केवल अपनी मर्यादा में और दुःखसहिष्णुता में महान रहे। किन्तु पौराणिक युग का सबसे बड़ा प्रयत्न श्रीकृष्ण के पूर्णावतार का निरूपण था। इनमें गीता का पक्ष जैसा बुद्धिवादी था, वैसा ही ब्रजलीला और द्वारका का ऐश्वर्यभोग आनन्द से सम्बद्ध था।

जैसे वैदिक-काल के इन्द्र ने वरुण को हटाकर अपनी सत्ता स्थापित कर ली, उसी तरह इन्द्र का प्रत्याख्यान करके कृष्ण की प्रतिष्ठा हुई। किन्तु शोषकों की तरह यह मानने को मैं प्रस्तुत नहीं कि वैदिक इन्द्र के आधार पर पौराणिक कृष्ण की कल्पना खड़ी की गई। कृष्ण अपने युग के पुरुषोत्तम थे; उनका व्यक्तित्व बुद्धिवाद और आनन्द का समन्वय था। इन्द्र की ही तरह अहं या आत्मवाद समर्थन करने पर भी कृष्ण की उपासना में समरसत्ता नहीं, अपितु द्वैतभावना और समर्पण ही अधिक रहा। मिलन और आनन्द से अधिक वह उपासना विरहोन्मुख ही बनी रही, और होनी भी चाहिए, क्योंकि इसका सम्पूर्ण उपक्रम जिन पुराणवादियों के हाथ में था, वे बुद्धिवाद से अभिभूत थे। सम्भवत: इसीलिए यह प्रेममूलक रहस्यवाद विरहकल्पना में अधिक प्रवीण हुआ। पौराणिक धर्म का दार्शनिक स्वरूप हुआ मायावाद। मायावाद बौद्ध अनात्मवाद और वैदिक आत्मवाद के मिश्र उपकरणों से संगठित हुआ था। इसीलिए जगत को मिथ्या—दु:खमय मानकर सच्चिदानन्द की जगत से परे कल्पना हुई। विश्वात्मवादी शिवाद्वैत की भी कुछ बातें इसमें ली गईं। आनन्द और माया उन्हीं की देन थी। बुद्धिवाद को यद्यपि आगमवादियों की तरह अविद्या मान लिया था—अख्यात्युल्लसितेषु भिन्नेषु भावेषु बुद्धिरित्युच्यते—तथापि विवेक में आत्मनिरूपण के लिए मायावाद के प्रवर्त्तक श्री गौड़पाद ने मनोनिग्रह का उपाय बताया था—दु:खं सर्वमनुस्मृत्य कामभोगान्निवर्त्तयेत (मांडूक्यकारिका 43)।

काम-भोग से निवृत्त होने के लिए दु:ख-भावना करने का ही उनका उपदेश नहीं था। किन्तु वे मानसिक सुख को भी हेय समझते थे :

*नास्वादयेत्सुखं तत्र निस्संग: प्रज्ञया भवेत।* [मांडूक्यकारिका 45]

आनन्द सत-चित के साथ सम्मिलित था, परन्तु है यह प्रज्ञावाद—बुद्धि की विकल्पना। मायातत्त्व को आगम से लेकर उसे रूप ही दूसरा दिया गया। बुद्धिवाद की दर्शनों में प्रधानता थी, फिर तो आचार्य ने बौद्धिक शून्यवाद में जिस पांडित्य के बस पर आत्मवाद की प्रतिष्ठा की, वह पहले के लोगों से भी छिपा नहीं रहा। कहा भी गया : 'मायावादमसच्छास्त्रं प्रच्छन्नं बौद्धमेव हि'।

महायान और पौराणिक-धर्म ने साथ-साथ बौद्ध-उपासक-सम्प्रदाय को विभक्त कर लिया था। फिर तो बौद्धमत शून्य से ऊबकर सहज आनन्द की खोज में लगा। अधिकांश बौद्ध ऊपर कहे हुए कृष्णसम्प्रदाय की द्वैतमूला भक्ति में सम्मिलित हुए और दूसरा अंश आगमों का अनुयायी बना। उस समय आगमों में दो विचार प्रधान थे। कुछ लोग आत्मा को प्रधानता देकर जगत को 'इदम्' को 'अहम' में पर्यवसित करने के समर्थक थे और वे शैवागमवादी कहलाए। जो लोग आत्मा की अद्वयता को शक्तितरंग में लीन होने की साधना मानते थे,

वे शाक्तागमवादी हुए। उस काल की भारतीय साधना-पद्धति व्यक्तिगत उत्कर्ष में अधिक प्रयुक्त हो रही थी। दक्षिण के श्रीपर्वत से जिस मंत्रवाद का बौद्धों में प्रचार हो रहा था, वह धीरे-धीरे वङ्कायान में किस तरह परिणत हुआ और आगम सम्प्रदाय में घुस कर अनात्मवादी बौद्धों ने आत्मा की अवहेलना करके भी वैदिक अम्बिका आदि देवियों के अनुकरण में कितनी शक्तियों की सृष्टि की और कैसी रहस्यपूर्ण साधना-पद्धतियाँ प्रचलित कीं, उसका विवरण देने के लिए यहाँ अवसर नहीं। इतना ही कह देना पर्याप्त होगा कि उन्होंने बुद्ध, धर्म और संघ के त्रिरत्न के स्थान पर कामिनी, काम और सुरा को प्रतिष्ठित किया। धारणी मंत्रों की योजना की। पीछे ये मंत्रात्मक भावनाएँ प्रतिमा बनने लगीं। मंत्रों में जिन विचारधाराओं का संकेत था, वे देवता का रूप धरकर व्यक्त हुईं। परोक्षपूजापद्धति की प्रचुरता हुई।

पौराणिक धर्म ने इसी ढंग पर देववाद का प्रचार किया। उपनिषदों के षोडशकला-पुरुष के प्रतिनिधि बने सोलह कलावाले पूर्ण अवतार श्रीकृष्णचन्द्र। सुन्दर नर-रूप की यह पराकाष्ठा थी। नारी-मूर्ति में सुन्दरी की, ललिता की सौन्दर्य-प्रतिमा के अतिरिक्त सौन्दर्य-भावना के लिए अन्य उपाय भी माने गए। 'नरपति-जयचर्या' स्वर-शास्त्र का एक प्राचीन ग्रन्थ है। उसमें मन की भावना के लिए बताया गया है :

*गौरांगी नवयौवनां शशिमुखीं ताम्बूलगर्भाननां*
*मुक्तामंडनशुभ्रमाल्यवसनां श्रीखंडचर्चांकिताम्।*
*दृष्ट्वा कामपि कामिनीं स्वयमिमां ब्राह्मीं पुरो भावये*
*दन्तश्न्चितयतो जनस्य मनसि त्रैलोक्यमुन्मीलिनीम्।*

यह सौन्दर्य-धारणा हृदय में त्रैलोक्य का उन्मीलन करनेवाली है। यहाँ समझ लेना चाहिए कि भारत में सौन्दर्य-आलम्बन नर और नारी की प्रतिच्छवि मन को महाशक्तिशाली बनाने तथा उन्नत करने के उपाय में उपासना के स्वरूप में व्यवहृत होने लगी थी।

बौद्धों के उत्तराधिकारी भी शून्यवाद से घबराकर अनेक प्रकार की मंत्र-साधना में लगे थे, आर्यमञ्जुश्रीमूलकल्प देखने से यह प्रकट होता है। फिर शैवागमों में जो अनुकूल अंश थे, उन्हें भी अपनाने से ये न रुके। योगाचार तथा अन्य गुप्त साधनाओं वाला बौद्ध-सम्प्रदाय आनन्द की खोज में आगमवादियों से मिला। विचारों में 'सर्वं क्षणिकं सर्वं दुःखं सर्वमनात्मम्' पर 'आनन्दरूपममृतं यद्विभाति' ने विजय प्राप्त की। परन्तु इनके सम्पर्क में आने पर शैवागमों का विश्वात्मवाद वाला शाम्भव सिद्धान्त भी व्यक्तिगत संकुचित अहं में सीमित होने लगा। इस संकुचित आत्मवाद को आगमों में निन्दनीय और अपूर्ण अहन्ता

कहते थे; किन्तु बौद्धों ने उस सरल अद्वैतबोध को व्यक्तिगत आत्मवाद की ओर झुकाकर शरीर को वङ्का की तरह अप्रतिहतगतिशाली बनाने के लिए तथा साम्पत्तिक स्वतंत्रता के लिए रसायन बनाने में लगाया। बौद्ध विज्ञानवादी थे। पूर्व के ये विज्ञानवादी ठीक उसी तरह व्यक्तिगत स्वार्थों के उपासक रहे, जैसे वर्तमान पश्चिम अपनी वैज्ञानिक साधना में सामूहिक स्वार्थों का भयंकर उपासक है। आगमवादी नाथ-सम्प्रदाय के पास हठयोग की क्रियाएँ थीं और उत्तरीय श्रीपर्वत बना कामरूप। फिर तो चौरासी सिद्धों की अवतारणा हुई। हाँ, इन दोनों की परम्परा एक है, किन्तु आलम्बन में भेद है। एक शून्य कहकर भी निरंजन में लीन होना चाहता है और दूसरा ईश्वरवादी होने पर भी शून्य को भूमिका-मात्र मान लेता है। रहस्यवाद इन कई तरह की धाराओं में उपासना का केन्द्र बना रहा। जहाँ बाह्य आडम्बर के साथ उपासना थी, वहीं भीतर सिद्धान्त में अद्वैत-भावना रहस्यवाद की सूत्रधारिणी थी। इस रहस्य-भावना में वैदिक-काल से ही इन्द्र के अनुकरण में अद्वैत की प्रतिष्ठा थी। विचारों का जो अनुक्रम ऊपर दिया गया है, उसी तरह वैदिक-काल से रहस्यवाद की अभिव्यक्ति की परम्परा भी मिलती है।

ऋग्वेद के दसवें मंडल के अड़तालीसवें सूक्त तथा एक सौ उन्नीसवें सूक्त में इन्द्र की जो आत्मस्तुति है, वह अहंभावना तथा अद्वैतभावना से प्रेरित सिद्ध होती है। 'अहं भुवं वसुन: पूर्व्यस्पतिरहं धनानि सं जयामि शश्वत:' तथा 'अहमस्मि महामहो' इत्यादि उक्तियाँ रहस्यवाद की वैदिक भावनाएँ हैं। इस छोटे-से निबन्ध में वैदिक वाङ्मय की सब रहस्यमयी उक्तियों का संकलन करना सम्भव नहीं; किन्तु जो लोग यह सोचते हैं कि आवेश में अटपटी वाणी कहनेवाले शामी पैगम्बर ही थे, वे कदाचित् यह नहीं समझ सके कि वैदिक ऋषि भी गुह्य बातों को चमत्कारपूर्ण सांकेतिक भाषा में कहते थे। 'अजामेकां लोहितशुक्लकृष्णाम्' तथा 'तमेकनेमि त्रिवृतं षोडशान्तं शतार्धारम्' इत्यादि मंत्र इसी तरह के हैं।

वेदों, उपनिषदों और आगमों में यह रहस्यमयी आनन्द-साधना की परम्परा का ही उल्लेख है। अपनी साधना का अधिकार उन्होंने कम नहीं समझा था। वैदिक ऋषि भी अपने जोम में कह गए हैं :

*आसीनो दूरं व्रजति शयानो याति सर्वत:।*
*कस्तं मदामदं देवं मदन्यो ज्ञातुमर्हति॥* [कठ. 1-2-21]

आज तुलसी साहब की 'जिन जाना तिन जाना नाहीं' इत्यादि को देखकर इसे एक बार ही शाम देश से आई हुई समझ लेने का जिन्हें आग्रह हो, उनकी तो बात ही दूसरी है; किन्तु केनोपनिषद् के 'यस्यामतं तस्य मतं यस्य न वेद स:' का

ही अनुकरण यह नहीं है, यह कहना सत्य से दूर होगा। 'यदेवेह तदमुत्र यदमुत्र तदन्विह' इत्यादि श्रुति में बाहर और भीतर की पिंड और ब्रह्मांड की एकता का जो प्रतिपादन किया गया है, सन्त-मत में उसी का अनुकरण किया गया।

यह भी कहा जाता है कि यहाँ उपासना, कर्म के साथ ज्ञान की धारा से विशुद्ध रही और उसमें आराध्य से मिलने के लिए कई कक्ष नहीं बनाए गए। किन्तु छान्दोग्य में जिस शून्य आकाश का उल्लेख दहरोपासना में हुआ है, उसी से बौद्धों के शून्य और आगमों की शून्य-भूमिका का सम्बन्ध है। फिर कबीर की शून्य महलिया शाम देश की सौगात कैसे कही जा सकती है? (तं चेद् ब्रूयुर्यदिदमस्मिन् ब्रह्मपुरे दहरं पुण्डरीकं वेश्म दहरोऽस्मिन्नन्तराकाश:—छान्दोग्योपनिषद्)

तथा—'पद्मकोशप्रतीकाशं हृदयं चाप्यधोमुखम्' इत्यादि ऋतियों में नीवार-शूकवत तन्वी शिखा के मध्य में परमात्मा का जो स्थान निर्दिष्ट किया गया है, वह मन्दिर या महल कहीं विदेश से नहीं आया। आगमों में तो इस रहस्य-भावना का उल्लेख है ही, जिसका उदाहरण ऊपर दिया जा चुका है।

श्रीकृष्ण को आलम्बन मानकर द्वैत-उपासकों ने जिस आनन्द और प्रेम की सृष्टि की, उसमें विरह और दु:ख आवश्यक था। द्वैतमूलक उपासना के बुद्धिवादी प्रवर्तक भागवतों ने गोपियों में जिस तरह की स्थापना की, वह परकीय प्रेम के कारण दु:ख के समीप अधिक हो सका और उसका उल्लेख भागवत में विरल नहीं है। इस प्रेम में पर का दार्शनिक मूल है 'स्व' को अस्वीकार करना। फिर तो वृहदारण्यक के 'यत्र हि द्वैतमिव भवति तदितर इतरं पश्यति' के अनुसार वह प्रेम विरह-सापेक्ष ही होगा। किन्तु सिद्धों ने आगम के बाद रहस्यवाद की धारा—अपनी प्रचलित भाषा में जिसे वे सन्ध्या-भाषा कहते थे—अविच्छिन्न रखी और सहज आनन्द के उपासक बने रहे।

*अनुभव सहज मा मोल रे जोई।*
*चोकोट्टि विभुका जइसो तइसो होई॥*
*जइसने आछिले स वइसन अच्छ।*
*सहज पथिक जोई भान्ति माहो वास॥* [नारोपा]

वे शैवागम की अनुकृति ही नहीं, शिव की योगीश्वर-मूर्ति की भावना भी आरोपित करते थे।

*नाडि शक्ति दिर धरिय खदे।*
*अनहा डमरू बाजए वीर नादे॥*
*कह्व कपाली योगी पइठ अचारे।*
*देह न अरी बिहरय एकारें॥* [कण्हपा]

इन आगमानुयायी सिद्धों में आत्म-अनुभूति स्वापेक्ष थी। परोक्ष विरह उनके समीप न था। वह प्रेम-कथा स्वपर्यवसित थी। उस प्रेमरूपक की एक कल्पना देखिए :

*ऊँचा-ऊँचा पावत तिंह बसइ सबरी बाली।*
*मोरंगि पीच्छ परहिण सबरी गिवत गुंजारी माली॥*
*उमत सबरो पागल सबरो माकर गुली गुहाउर।*
*तोहोरि णिय धरिणी णामे सहज सुन्दरी॥* [शबरपा]

ऊपरवाला पद्य शबरी रागिनी में है। सम्भवत: शबरी रागिनी आसावरी का पहला नाम है। सिद्ध लोग अपनी साधना में संगीत की योजना कर चुके थे। नादानुसन्धान की आगमोक्त साधना के आधार पर बाह्य नाद का भी इनकी साधना में विकास हुआ था, ऐसा प्रतीत होता है। 'अनुन्मत्ता उन्मत्तवदाचरन्त:' सिद्धों ने आनन्द के लिए संगीत को भी अपनी उपासना में मिलाकर जिस भारतीय संगीत में योग दिया है, उनमें भरत मुनि के अनुसार पहले ही से नटराज के संगीतमय नृत्य का मूल था। सिद्धों की परम्परा में सम्भवत: बैजू बावरा आदि संगीत-नायक थे, जिन्होंने अपने ध्रुपदों में योग का वर्णन किया है।

इन सिद्धों ने ब्रह्मानन्द का भी परिचय प्राप्त किया था। सिद्ध भुसुक कहते हैं :

*विरमानन्द विलक्षण सूध जो येथू बूझै सो येथु बूध।*
*भुसुक भणइ मह बूझिय मेले सहजानन्द महासुह लेलें।*

इन लोगों ने भी वेद, पुराण और आगमों का कबीर की तरह तिरस्कार किया है। कदाचित् पिछले काल के सन्तों ने इन सिद्धों का ही अनुकरण किया है।

*आगम वेद पुराणे पण्डिठ मान बहन्ति।*
*पक्क सिरिफल अलिय जिमबाहेरित भ्रमयन्ति॥* [कण्हपा]

आगमों में ऋग्वेद के काम की उपासना कामेश्वर के रूप में प्रचलित थी और उनका विकसित स्वरूप परिमार्जित भी थी। वे कहते थे :

*जायजा सम्परिष्वक्तो न बाह्यं वेद नान्तरम्।*
*निदर्शनं श्रुति: प्राह मूर्खस्तं मन्यते विधिम्॥*

फिर भी सहजानन्द के पीछे बौद्धिक गुप्त कर्मकांड की व्यवस्था भयानक हो चली थी और वह रहस्यवाद की बोधमयी सीमा को उच्छृंखलता से पार कर चुकी थी। हिन्दी के इन आदि रहस्यवादियों को, आनन्द के सहज साधकों को, बुद्धिवादी निर्गुण सन्तों को स्थान देना पड़ा। कबीर इसी परम्परा के सबसे

बड़े कवि हैं। कबीर में विवेकवादी राम का अवलम्ब है और सम्भवत: वे भी 'साधो सहज समाधि भली' इत्यादि में सिद्धों की सहज भावना को ही, जो उन्हें आगमवादियों से मिली थी, दोहराते हैं। कवित्व की दृष्टि से भी कबीर पर सिद्धों की कविता की छाया है। उन पर कुछ मुसलमानी प्रभाव भी पड़ा अवश्य; परन्तु शामी पैगम्बरों से अधिक उनके समीप थे वैदिक ऋषि, तीर्थंकर, नाथ और सिद्ध। कबीर के बाद तथा कुछ-कुछ समकाल में ही कृष्णवाली मिश्र रहस्य की धारा आरम्भ हो चली थी। निर्गुण राम और सुधारक रहस्यवाद के साथ ही तुलसीदास के सगुण समर्थ राम का भी वर्णन सामने आया। कहना असंगत न होगा कि उस समय हिन्दी साहित्य में रहस्यवाद की इतनी प्रबलता थी कि स्वयं तुलसीदास को भी अपने महाप्रबन्ध में रहस्यात्मक संकेत रखना पड़ा। कदाचित् इसीलिए उन्होंने कहा है—अस मानस मानस चख चाही। किन्तु कृष्णचन्द्र में आनन्द और विवेक का, प्रेय और सौन्दर्य का सम्मिश्रण था। फिर तो ब्रज के कवियों ने राधिका-कन्हाई-सुमिरन के बहाने आनन्द की सहज भावना परोक्षभाव में की। मीराँ और सूरदास ने प्रेम के रहस्य का साहित्य-संकलन किया। देव, रसखान, घनआनन्द इन्हीं के अनुयायी थे। मीराँ ने कहा :

*सूली ऊपर सेज पिया की, किस विधि मिलणो होय।*

यह प्रेम, मिलन की प्रतीक्षा में, सदैव विरहोन्मुख रहा। देव ने भी कुछ इसी धुन में कहना चाहा :

*हौं ही व्रज वृन्दावन मोहि में बसत सदा*
*जमुना तरंग स्याम रंग अवलीन की।*
*चहुँ ओर सुन्दर सघन वन देखियत,*
*कुंजन में सुनियत गुंजन अलीन की॥*
*बंसीवट-तट नटनागर नटत मो में,*
*रास के विलास की मधुर धुनि बीन की॥*
*भर रही भनक बनक ताल तानन की*
*तनक तनक ता में खनक चुरीन की॥*

परन्तु वे वृन्दावन ही बन सके, श्याम नहीं। यह प्रेम का रहस्यवाद विरह-दु:ख से अधिक अभिभूत रहा। यद्यपि कुछ लोगों ने इसमें सहज आनन्द की योजना भी की थी और उसमें माधुर्य-महाभाव के उज्ज्वल नीलमणि को परकीय प्रेम के कारण गोप्य और रहस्यमूलक बनाने का प्रयत्न भी किया था, परन्तु द्वैतमूलक होने के कारण तथा बाह्य आवरण में बुद्धिवादी होने से यह विषय में साहित्यिक ही अधिक रहा। निर्गुण सम्प्रदायवाले सन्तों ने भी राम की बहुरिया बनकर प्रेम

और विरह की कल्पना कर ली थी; किन्तु सिद्धों की रहस्य-सम्प्रदाय की परम्परा में तुकनगिरि और रसालगिरि आदि ही शुद्ध रहस्यवादी कवि लावनी में आनन्द और अद्वयता की धारा बहाते रहे।

साहित्य में विश्वसुन्दरी प्रकृति में चेतनता का आरोप संस्कृत-वाङ्मय में प्रचुरता से उपलब्ध होता है। यह प्रकृति अथवा शक्ति का रहस्यवाद आनन्द-लहरी के 'शरीर त्वं शम्भो' का अनुकरण-मात्र है। वर्तमान हिन्दी में इस अद्वैत रहस्यवाद की सौन्दर्यमयी व्यंजना होने लगी है, वह साहित्य में रहस्यवाद का स्वाभाविक विकास है। इसमें अपरोक्ष अनुभूति, समरसता तथा प्राकृतिक सौन्दर्य के द्वारा अहं का इदम् से समन्वय करने का सुन्दर प्रयत्न है। हाँ, विरह भी युग की वेदना के अनुकूल मिलन का साधन बनकर इसमें सम्मिलित है। वर्तमान रहस्यवाद की धारा भारत की निजी सम्पत्ति है, इसमें सन्देह नहीं।

## सन्दर्भ

1. Therefore the Jews sought the more to kill him because he not only had broken the Sabbath, but said that God was hes Father making himself equal with Cod (St. John, 5) I and my Fahter, are one. Then the jews took up stones again to stone him. (St. John, 10).
2. Of the Gods man has conceived and worshipped, Ibn Arabi is of opinion that Desire is the greatest and most vital. It is the greatest of the universal forms of His self-expression. (M. Ziyauddin in 'Vishwabhasuarati.')
3. द्रष्टव्य—डॉ. प्राणनाथ विद्यालंकार का इलस्ट्रेटेड वीकली में लेख (सं)
4. संग्रह स्तोत्र 8—आचार्य उत्पल (सं.)

# प्राचीन आर्यावर्त्त—प्रथम सम्राट इन्द्र और दाशराज्ञ युद्ध

*विश्वजिते धनजिते स्वर्जिते सत्राजिते नृजित उर्वराजिते।*
*अश्वजिते गोजिते अब्जिते भरेन्द्राय सोमं यजताय हर्यतम्॥*

[ऋक्—2-21-1]

*एवा वस्त्र इद्र: सत्य: सम्राड्हन्ता वृत्रं वरिव: पूरवे क:।*
*पुरष्टुत क्रत्वा न: शग्धि रायो भक्षीय तेऽवसो दैव्यस्य॥*

[उप.—4-21-10]

पाश्चात्य विद्वानों ने संसार की सबसे महान और प्राचीन पुस्तक 'ऋग्वेद' और उसके परिवार के शास्त्रीय ग्रन्थों का अनुशीलन करके हमारी ऐतिहासिक स्थिति को बतलाने की चेष्टा की है, और उनका यह स्तुत्य प्रयत्न बहुत दिनों से हो रहा है। किन्तु इस ऐतिहासिक खोज से जहाँ हमारे भारतीय इतिहास की सामग्री बनने में बहुत-सी सहायता मिली है, उसी के साथ अपूर्ण अनुसन्धानों के कारण और किसी अंश में सेमेटिक प्राचीन धर्म पुस्तक (Old Testament) के ऐतिहासिक विवरणों को मानदंड मान लेने से बहुत-सी भ्रान्त कल्पनाएँ भी चल पड़ी हैं। बहुत दिनों तक पहले ईसा के 2000 वर्ष पूर्व का अमय ही सृष्टि के प्राग्-ऐतिहासिक काल को भी अपनी परिधि में ले आता था, क्योंकि ईसा से 2000 वर्ष पूर्व जलप्रलय का होना माना जाता था और सृष्टि के आरम्भ से 2000 वर्ष के अनन्तर जल-प्रलय का समय निर्धारित था—इस प्रकार ईसा से 4000 वर्ष पहले सृष्टि का आरम्भ माना जाता था। बहुत सम्भव है कि इसका कारण वही अन्तर्निहित धार्मिक प्रेरणा रही हो जो उन शोधकों के हृदय में बद्धमूल थी। प्राय: इसी के वशवर्ती होकर बहुत-से प्रकांड पंडितों ने भी ऋग्वेद के समय-निर्धारण में संकीर्णता का परिचय दिया है। हर्ष का विषय है कि प्रत्नतत्त्व और भूगर्भशास्त्र के नये-नये अन्वेषणों और आविष्कारों ने मानव जाति के प्राग्-ऐतिहासिक काल को और उसके साथ ही आए संस्कृति को भी अधिक पुरातन सिद्ध कर दिया है। फलत: उस काल की सीमा विस्तृत हो चली है।

F. G. C. Hearenshaw अपने संसार के इतिहास में लिखते हैं : 'पिछले कई वर्षों से मिस्र की प्राचीनता में विश्वास बढ़ रहा था। उसके मितीवार इतिहास

का क्रम तो प्राय: ईसा-पूर्व 4004 वर्ष से चला, पर इसके भी हजारों बरस पहले से वहाँ के लोग सुसंगठित जीवन व्यतीत कर रहे थे। अब वर्तमान काल की खोजों और उपलब्धियों ने प्राचीनता का अधिकार बैबिलोनिया की सभ्यता को देने का निश्चित अभिमत दिया है। इसके अतिरिक्त बैबिलोनिया की सभ्यता के पूर्व उससे भी कुछ अधिक पुरानी सभ्यता इलाम की है।'[1]

सभ्यता का प्रश्न हल करने के लिए अवशिष्ट चिह्नों से काम लिया जाता और यही उसकी प्राचीनता के मापक हैं। अभी कुछ दिनों पहले तक भारतवर्ष में खोदाई का काम पूर्णत: न होने के कारण ईसा पूर्व छठी शताब्दी से पहले के कोई चिह्न न मिले थे और इस कारण आर्य संस्कृति की प्राचीनता में सन्देह किया जाता था। केवल 'ऋग्वेद' के मंत्रों से सामाजिक और साहित्यिक विकास के अनुमान पर अधिक-से-अधिक 2000 वर्ष ईसा पूर्व की आर्य सभ्यता में पाश्चात्य अपना विश्वास प्रकट कर रहे थे। हरप्पा और मोहेनजोदरो की हाल की खोदाई ने—कुछ पत्थर के टुकड़ों को ही प्रामाणिक महत्ता देनेवालों की—आँखें खोल दी हैं, जिसकी प्राचीनता को डॉ. मार्शल जैसे विद्वानों ने भी पैंतीस सौ ईसवी-पूर्व की माना है। प्राय: इतना ही समय ब्रीस्टेड (Breasted) आदि विद्वान मिस्र पिरामिडों को देते हैं। सर मार्शल लिखते हैं : 'जैसे-जैसे खोदाई का कार्य अधिक विस्तृत हो गया, वह प्रमाणित होने लगा कि भारत से मेसोपोटामिया का सम्बन्ध केवल संस्कृति की समानता के आधार पर नहीं था, किन्तु दोनों देशों में गाढ़तम व्यापारिक और अन्य सम्पर्कों के कारण था। इसीलिए 'इंडो-सुमेरियन सभ्यता' शब्द को हटाकर उसके स्थान पर 'सिधु की सभ्यता' रखा गया।'[2]

इस 'इंडो-सुमेरियन' सभ्यता का विश्वास करने का कारण प्रोफेसर इलियड स्मिथ जैसे विद्वानों की सम्मति है। वे लिखते हैं : 'सुमेरिया की मूल जाति की पूर्वीय और पश्चिमीय शाखाएँ ही क्रमश: भारत और ब्रिटिश दीपपुंज एवं आयरलैंड में पहुँचीं।'[3] उसी ग्रन्थ की भूमिका में लिखा है : 'आधुनिक खोजों ने यह सिद्ध कर देने की चेष्टा की है कि बैबिलोनिया के सुमेरियन, प्राग्-ऐतिहासिक काल के मिस्रनिवासी, उन्नत प्रस्तर युग के यूरोपीय तथा दक्षिण फारस और भारत के आर्य एक ही जाति के मनुष्य थे।'[4]

अभी तक सुमेरिया की सभ्यता को सबसे प्राचीन मानने के करण 'इंडो-सुमेरियन' नाम देना निर्बाध समझा था, किन्तु अत्यन्त नई खोजों ने ऐतिहासिकों को सिन्धु की एक स्वतंत्र सभ्यता मान लेने के लिए विवश किया। इस प्रकार इन शोधों के आधार पर ही अब यह कहा जा सकता है। यद्यपि आर्यों की आत्मवाद-प्रणाली अत्यन्त प्राचीन काल से ही भौतिक सत्ता के प्रदर्शनों में उतनी श्रद्धा न रखती थी, ऐसे मेरा अनुमान है। ऋषियों की वाणी में मानवीय महत्त्व को अमर कर रखने की शक्ति पर ही उनका विश्वास था, फिर भी कौन कह

सकता है कि कितने स्मृति-चिह्न अभी दबे पड़े हैं? कितने ही बर्बर आक्रमणों से आर्य साहित्य का जितना विनाश हुआ है, उसका अनुमान करना भी कठिन है। इसलिए ऐतिहासिक विवरणों का अभाव होना कुछ असम्भव नहीं। यद्यपि 'परजीटर' (Pargeter) आदि ने पुराणों की प्रामाणिकता में अधिक विश्वास प्रकट किया है। यथापि सभ्यता के उद्‌गम को, जहाँ तक हो सके, भौतिक अवशिष्ट चिह्नों पर ही इन शोधक विद्वानों का अधिक विश्वास है, जैसा हम ऊपर कह आए हैं, तथापि, वे अनुसन्धान में पुस्तक, अभिलेख और विवरणों के सम्बन्ध में अपने मूल मनोवृत्ति से प्रभावित हुए बिना न रह सके। ईसा पूर्व तीसरी शताब्दी में होनेवाले मिस्र देशवासी धर्मयाजक मनेथो (Manetho) ने अपने देश के इतिहास में जिन राजाओं के तीस वंशों का वर्णन किया है, उन्हें प्रामाणिक मान लेने के लिए प्रोफेसर फ्लिंडर्स पिट्री (Flinders Petre) ने अधिक आग्रह किया है। बाबुल का धर्मयाजक बेरोसस (Berosus) ईसा पूर्व तीसरी शताब्दी में हुआ, जिसने ग्रीक भाषा में अपने देश का कुछ वृत्तान्त लिखा था। अब उसके आधार पर उक्त देश का इतिहास बनाने और धार्मिक सामंजस्य स्थिर करने का प्रयास किया जाता है। उसी तरह, ईसा-पूर्व चौथी शताब्दी के ग्रीक राजदूत मेगस्थनीज में भारतीय इतिहास का समय तत्कालीन पुराणों के आदिम रूप से निर्धारित किया है और उस पूर्व काल में भी भारतीयों के प्राचीन इतिहास का विवरण महीनों और वर्षों के साथ राजाओं की संख्या के उल्लेख से पूर्ण है। मेगस्थनीज ने 6451 वर्ष और 3 महीने चन्द्रगुप्त से पहले 154 राजाओं का राज्य करना लिखा है, किन्तु भारतीय इतिहास लिखनेवाले पाश्चात्य विद्वान इस ओर ध्यान भी नहीं देना चाहते।

मिस्र, चैल्डिया, बेबिलोनिया, इलाम आदि देश और धार्मिक अनुष्ठान और जातियों के सहित कुछ मिट्टी और पत्थर के चिह्न कर मिट गए, पर आर्यावर्त्त या सिन्धु की गोद में अभी आर्य अपने धर्मानुष्ठानों के साथ जीवित है।

तिलक ने ज्योतिष के आधार पर अपने अन्वेषणों से यह प्रमाणित किया है कि बहुत-से वेदमंत्र छह हजार वर्ष ईसा-पूर्व से पीछे के नहीं हैं। मेगस्थनीज के भारतीय इतिहास के विवरण से अविरुद्ध होने के कारण भी हमारी सभ्यता उक्त काल से और पहले ही मानी जा सकती है।

इसलिए बाइबल-वर्णित जलप्रलयवाले नूह की सन्तान—हेम, सेम या याफ्त के वंशधरों का उल्लेख करके संसार के प्राग्-ऐतिहासिक काल के आर्यों का इतिहास बनाया जाना अधिक भ्रमात्मक ही सिद्ध होगा। क्योंकि ऋग्वेद की ऋचाओं में जलप्रलय का वर्णन नहीं मिलता, जैसा पीछे के अथर्व के मंत्रों में उसका उल्लेख है। मेरा विश्वास है कि सुमेरिया के जलप्लावन में 'पीर निपीश्तीम' का जो वर्णन है, वह एक कल्पना है, जो जलप्लावन से बच जाने के बाद वहाँ से निवासियों ने गढ़ी थी। जल-पुत्र या जलशक्ति का नाम 'ऋग्वेद'

में अपान्नपात है। अवेस्ता में भी अपान्नपात जल के देवता माने जाते हैं। द्वितीय मंडल का पैंतीसवाँ सूक्त उन्हीं की प्रार्थना में है। जहाँ वे जलपुत्र हैं, सुमेरियावालों ने जलप्रलय से बचने पर इन्हीं आर्य देवता को त्राणकर्ता का रूप दिया था। उनके पीर निपीश्तीम (Pir Nepishtim) भी जल के बीच में द्वीप के रहनेवाले देवता थे। जैसा आगे चलकर दिखलाया गया है, ये सुमेरियावासी श्री आदिम आर्य सन्तान ही थे, उससे इनका ऋग्वैदिक देवता से परिचित होना असम्भव नहीं। किन्तु अपनी रक्षा का सम्बन्ध, जो उन्होंने उक्त देवता से जोड़ दिया है, उससे प्रतीत होता है कि वह घटना ऋग्वेद से पीछे की है, अन्यथा ऋग्वेद में भी जलप्रलय का प्रसंग आता।

अभी तक यही विश्वास था कि 'ऋग्वेद' से पीछे के 'शतपथ ब्राह्मण' में जिस जलप्रलय का वर्णन मिलता है, वह सेमेटिक जाति के बैबिलोनियावालों से उधार लिया हुआ है, किन्तु मैक्डानल के विचार से यह एक अनावश्यक कल्पना है।[5] अब मैक्डानल के विचार की पुष्टि भूगर्भशास्त्र के विद्वानों द्वारा भी होने लगी है। हिमालय की खोज करके लौटे हुए Dr. B. Trinkler का अभिमत 18 अक्टूबर, सन् '28 के 'पायनियर' में प्रकाशित हुआ है। उनका विचार है कि बालू में दबे हुए प्राचीन नगर के चिह्न इस बात को प्रमाणित करते हैं कि हिमालय और उसके प्रान्त में भी जलप्रलय वा अेध का होना निश्चित-सा है।

'सिन्धु की सभ्यता' प्राचीन सुमेरियन सभ्यता से संस्कृति की विशेषता के कारण जब विभिन्न मान ली गई है, तब वह मेरा (Mena) के मिस्र विजय[6] ['ब्रीस्टेड' (Breasted) के मतानुसार] 3400 बी.सी. से पूर्व की ही प्रमाणित होगी। मिस्र की प्राथमिक सभ्यता से पहले ही सिन्धु की घाटी में नागरिक सभ्यता का विकास हो चुका था, जिसके लिए और भी हजारों वर्ष पहले का समय चाहिए। वह सिन्धु की सभ्यता ऋग्वेद के आर्यों की सप्तसिन्धु वाली सभ्यता से भिन्न नहीं प्रमाणित होगी।

जब हम देखते हैं कि ग्रीकों के हरक्यूलिस की जन्मभूमि मेगस्थनीज के कथनानुसार आर्यावर्त्त है, टाह (Ptah)[7] ने पूर्व से ही जाकर मिस्र में सभ्यता फैलाई, और सुमेरिया के आदि-निवासी और भारत के आर्य एक ही वंश के हैं, तब हम उस प्राचीन ऋषि के इस कथन को क्यों न सत्य मान लें :

*एतद्देशप्रसूतस्य सकाशादग्रजन्मन:।*
*स्वं स्वं चरित्रं शिक्षरेन् पृथिव्यां सर्वमानवा:॥*

अब सबसे पहले हमें उस देश को खोजना होगा जहाँ ये अग्रजन्मा उत्पन्न हुए। आर्यों के अग्रजन्मा देव थे, ऐसी ही अनेक विद्वानों और आर्य-शास्त्रों की सम्मति है। देवगण की प्रधान भूमि का पता आर्य साहित्य में 'मेरु' नाम से लगता है।

कहा जाता है कि मेरु पर देवताओं का स्वर्ग है। पांडवों के महाप्रस्थान की यात्रा में उत्तर-कुरु के समीप ही मेरु और स्वर्ग का वर्णन मिलता है। आदिपर्व (122 अध्याय) के अनुसार पांडव पहले पुरुष वर्ष पहुँचे, फिर उत्तर-हरिवर्ष गए, और तब उत्तरकुरु के द्वार पर पहुँचे। इस उत्तरकुरु को विजय करने से वे रोगे गए और उनसे कहा गया कि यह देवभूमि है। यहीं से कुछ उपहार लेकर वे लौट आए।

'वृहत्संहिता' में उत्तर प्रदेश के प्रसंग में कहा गया है :

*उत्तरत: कैलासो हिमवान् वसुमान् गिरिर्धनुष्मांश्च।*
*क्रौंचो मेरु: कुरवो तथोत्तरा: क्षुद्रमीनाश्च॥* (14-24)

मरु और उसके पास ही उत्तरकुरु का वर्णन है। कई प्राचीन ग्रन्थों में मेरु के समीप ही उत्तरकुरु का नाम आने से प्रतीत होता है कि ये दोनों देश और पर्वत— पास-पास के हैं। यह उत्तरकुरु प्रदेश भारतीय उपाख्यानों में पवित्र और पूर्वजों का देश माना जाता है। भीष्म-पर्व ('महाभारत') में इसका विशद वर्णन है। यहाँ के लोग शुक्ल (गौरवर्ण), अभिजात, सम्पन्न, नीरोग और दीर्घ-जीवी होते हैं। इस प्रदेश का अनुसन्धान लग जाने से मेरु का पता भी चल सकता है। सामश्रमी महोदय लिखते हैं : 'अस्ति चान्य: कुरुवर्ष: स नूनं मेरुसम्बद्ध: '[8], किन्तु वे उत्तरकुरु को तिब्बत मानते हैं। परन्तु तिब्बत की प्राचीन सीमा आजकल की शायन-सीमा से निर्दिष्ट नहीं की जा सकती। वर्तमान तिब्बत काश्मीर के द्वारा उसी भूमि से संलग्न है जिसे हम आगे चलकर बतावेंगे।

युधिष्ठिर के राजसूय में तंगण देश के निवासियों ने कुछ उपहार दिये थे। ये लोग मेरु और मन्दराचल के बीच बहनेवाली शैलोदा नदी के तट के रहनेवाले थे ('सभापर्व' 52 अध्याय)। इधर 'वृहत्संहिता' में तंगण वर्तमान कुल्लू के पास ही निर्दिष्ट किया गया है : 'अभिसारदरदतंगणकुलूतसैरिंध्रवनराष्ट्रा: ' (14-29)

ग्रीकों ने अभिसार देश (Abissorion) सिन्धु और झेलम के बीच में माना है और काकेशस (हिन्दूकुश) पर्वत के पाददेश में बसनेवाली जातियों का उल्लेख करते हुए मेगस्थनीज ने शैलोदा (Soleadae) जाति का भी वर्णन किया है। यह शैलोदा नदी-तट की जाति है, जिसका वर्णन सभापर्व (52 अध्याय) में है।

वेंदिदार फरगर्द 1 में पारसियों की पवित्र भूमि का वर्णन है। अहुरमज्द कहते हैं—तीसरी पवित्र भूमि जो मैंने बनाई वह दृढ़ और पवित्र मौरु[9] है। चौथी अच्छी भूमि उन्नत पताकावाली बखध (वाल्हीक) है।[10] पाँचवीं अच्छी भूमि निशय है, जो मौरु और बखधी (वाल्हीक) के बीच में है।[11]

ऊपर के विवरण से यह स्पष्ट हो जाता है कि मेरु और वाल्हीक (आधुनिक बलख) के बीच 'निशय' प्रदेश था। 'ऐतरेय ब्राह्मण' में हिमालय के उत्तर के दो

विराज् प्रदेशों का साथ ही वर्णन किया गया है, वे हैं—उत्तर-कुरु और उत्तर-मद्र। (8-3-14) उत्तर शब्द का प्रयोग जो इन देशों के नाम के साथ आता है, उसका तात्पर्य मैं यही समझता हूँ कि ये हिमालय के उत्तर में हैं, और इसका कारण है—मद्र, कुरु और कोशल का हिमालय के दक्षिण में भी अस्तित्व। (स्यालकोट (शाकल) को मद्र की राजधानी और अध्योध्या को कोशल की राजधानी कहते हैं। ऐसे ही प्रदेशों का संगठन सिन्धु के उस पार भी था। फारस के एक बड़े अंश को प्राचीन काल में 'मीडिया' (Media)कहते थे। यह सम्भवत: उत्तर-मद्र था, और अफगानिस्तान तथा फारस का कुछ अंश आरकोशिया (Archotea) कहलाता था। यह उत्तर-कोशल था। इसी उत्तर-कोशल में (हरिरुद—Harirud) सरयू के तट पर वह अयोध्या रही होगी जिसका संकेत अथर्व के 10-2-31 मंत्र में 'अष्टचक्रा नवद्वारा देवानां पूरयोध्या' से किया गया है। अवेस्ता में कहा है कि छठी पवित्र भूमि घर छोड़ानेवाली हरयू (सरयू) है। इसके नीचे टिप्पणी में हरयू का प्राचीन पारसीक रूप हरैवा तथा फिरदौसी के अनुसार हरिरूप माना गया है।[12] हिन्दूकुश के पास बलख से लेकर स्वात और उत्तरी काश्मीर तक के प्रदेश को प्राचीन उत्तर-कुरु कहा जा सकता है। क्योंकि जिस निशय प्रदेश का वर्णन पारसियों ने किया है, उसी का ठीक-ठीक प्रसंग ग्रीकों के ग्रन्थ में भी पाया जाता है।

सिकन्दर जब हिन्दूकुश (Indian Cacaussus) पर्वत पर पहुँचा तो ग्रीक लोगों ने उसे काकेशस का विजेता माना। वाह्लीक के पास ही भरत के ननिहाल केकय का वर्णन वाल्मीकि में भी आया है। वह गिरिव्रज हिन्दूकुश के खबक या कोहदामन (कोशन) के समीप रहा होगा। कोहदामन का उल्लेख मुगलों की चढ़ाई में भी मिलता है। भरत की यात्रा में इसी को 'सुदामानं च पर्वतं' कहा है। सम्भवत: केकय देश के समीप होने से सिकन्दर के साथियों ने उसे काकेशस कहा है। हिन्दूकुश से उतरकर सिकन्दर ने वर्तमान चारिकार के समीप 'अलेक्जेंड्रिया' नाम का नगर बसाया। पर्दिकस को सिन्धु की ओर जाने के लिए कहकर स्वयं कुभा की ओर चला और चित्रल की घाटी में पहुँचा, क्रटेरस को कुनार की घाटी सर करने की आज्ञा दी और स्वयं बाजौर पहुँचकर मसागा (Messaga) का ध्वंस किया, जो वर्तमान मालकन्द गिरिपथ के समीप है। फिर उसने निशा प्रदेश और मेरु विजय करने की इच्छा प्रकट की। वर्तमान स्वात और पंजकोड़ा के ऊपर के इस प्रदेश को Hyperborrians (उत्तर-कुरु) के नाम से ग्रीकों ने निर्दिष्ट किया है। 'ऐतरेयालोचन' में आर्य सत्यव्रत सामश्रमी इसी सुवास्तु (Suvat) को आर्यों की आदिभूमि मानते हैं। 'आर्यावासस्तदाप्पयं सुवास्तुप्रदेश एवासीत्'— ('ऐतरेयालोचन', 24)। इसकी प्रधान नगरी उक्त काल में भी पारसीकों द्वारा कथित निशय (Nasiaya) नाम से विख्यात थी और इसके समीप के शैल को

'मेरोस' (Meros) कहते थे। इस मेरोस या मेरु को अब कोहमोर कहते हैं। ग्रीकों ने इस विराट शैल को त्रिशृंग कहा है और ऋग्वेद ने भी इसे त्रिककुद माना है। विष्णुपुराण में इसी त्रिककुद को त्रिकूट नाम से अभिहित किया है। मेरु का वर्णन करते हुए विष्णुपुराण में लिखा है :

*त्रिकूट: शिशिरश्चैव पतंगो रुचकस्तथा।*
*निषधाद्या दक्षिणतस्तस्य केसरपर्वता:॥*

इसी त्रिककुद का उल्लेख ऋग्वेद में 'यद्ध प्रसर्गे त्रिककुम्निवर्तदप' के रूप में आया है (1-121-4)।

तिलक के कथनानुसार मेरुप्रदेश उत्तरीय ध्रुव में है। परन्तु इस सिद्धान्त को आचार्य सत्यव्रत सामश्रमी और अविनाशचन्द्र दास नहीं मानते। क्योंकि पारसी लोगों के ही कथनानुसार अवेस्ता के आर्यानावायजो (आर्य-निवास) में हिमप्रलय होने पर नायक यम आर्यों को लेकर वार प्रदेश की ओर गए। यह वार प्रदेश उत्तरीय ध्रुव के समीप की साइबीरिया मानी जा सकती है; क्योंकि वहीं के लिए अवेस्ता में लिखा है : 'अहुरमज्द ने उत्तर दिया, वहाँ प्राकृत और अप्राकृत प्रकाश है। कभी-कभी चन्द्र, सूर्य और नक्षत्रों के दर्शन नहीं होते, लम्बी उषा में वर्ष भर का एक दिन होता है।'[13] और इधर ऐतरेय में मिलता है कि कश्यप नाम के आदित्य 'महामेरु' नामक पर्वत पर सदा रहकर उसे प्रकाशित करते हैं। इसलिए मेरुप्रदेश वह नहीं हो सकता, जहाँ छह महीने का दिन और छह महीने की रात होती है। 'यत्रानुकामं चरणं त्रिनाके त्रिदिवे दिव:। लोका यत्र ज्योतिष्मन्त:॥' ('ऋग्वेद' 9-113-9) में उक्त प्रदेश को सदा ज्योतिष्मान बताया है। छह महीने का दिन और छह महीने की रातवाले 'वार' प्रदेश की गणना वह नहीं कर सकता जो उसके पहले आर्य-निवास वा मेरुप्रदेश के चौबीस घंटेवाले दिन-रात के देशों में नहीं रह चुका है।

संसार का इतिहास लिखनेवाले (Hearenshaw) का मत है कि अब तक के प्रमाणों से यही कहा जा सकता है कि मध्य एशिया में आदिम मनुष्य की उत्पत्ति हुई।[14]

तुलनात्मक शब्दशास्त्र के जन्मदाता एडिलंग (Adelung), जिनका शरीरान्त 1806 में हुआ, काश्मीर को मानव-जाति का पालना बताते थे और उसी को स्वर्ग समझते थे।[15]

जिस सोम का व्यवहार प्राचीन भारत में होता था, वह काश्मीर के उच्च शिखरों पर उत्पन्न होता था और इन हरी-भरी गहरी घाटियों तथा उच्च शिखरों की भूमि में आर्य लोग 'ऋग्वेद' के मंत्रों के संकलन-काल से भी पहले रहते थे।[16]

इसलिए देवों का स्वर्ग तथा पारसीकों का प्रथम आर्य-निवास (Ariyana-Vaijo) अफगानिस्तान, काश्मीर तथा बलख के बीच की रमणीय भूमि थी। इसी

की समीपवर्ती शैलमाला तथा उच्च भूमि मेरु के परिवार रूप से आर्य-साहित्य में अत्यन्त पवित्र मानी गई है। लिंग पुराण में लिखा है :

*मानसोपरि माहेन्द्री प्राच्यां मेरो: स्थिता पुरी।*
*दक्षिणे भानुपुत्रस्य वरुणस्य तु वारुणे॥*
*सौम्ये सोमस्य विपुला तासु दिग्देवता: स्थिता:।*
*अमरावती संयमिनी सुषा चैव विभा क्रमात॥*
*दक्षिणं प्रकमेद् भानु: क्षिप्तेषुरिव धावति।*

मानसरोवर के ऊपर मेरु के पूर्व महेन्द्र की नगरी अमरावती, मेरु के दक्षिण यम की नगरी संयमिनी, के पश्चिम में वरुण की नगरी सुषा (Sussa) और मेरु के उत्तर सोम की नगरी विभा है। मेरु की प्रदक्षिणा करते हुए सूर्य क्रम से इन नगरियों के ऊपर से जाते हैं। 'विष्णुपुराण' (अध्याय 9) में भी इसी तरह का वर्णन है। छठे श्लोक की टीका में 'सूर्य: प्रत्यहं मेरुं प्रदक्षिणीकुर्वन्नपि' इत्यादि से मेरु की प्रदक्षिणा का स्पष्ट उल्लेख है, सूर्य के उत्तरायण और दक्षिणायन होने का यही पौराणिक कारण बतलाया गया है।

श्री शंकराचार्य ने 'स यावदादित्य उत्तरत उदेता दक्षिणतोऽस्तमेता द्विस्तावदूर्ध्व उदेतार्वाङस्तमेता साध्यानामेव तावदाधिपत्यम् स्वाराज्यं पर्येता।' ('छान्दोग्य' 3-10-4) के भाष्य में इसका यथाकथंचित समाधान करते हुए लिखा है : 'मानसोत्तर मूर्धनि मेरो: प्रदक्षिणावृत्तितुल्यत्वात॥' फिर आगे चलकर लिखते हैं : 'सर्वेषां च मेरुरुत्तरतो भवति।' मानसरोवर के उत्तर में मेरु की स्थिति मानकर और सूर्य को उसकी प्रदक्षिणा करते हुए समझकर भी मेरु को सबसे उत्तर मानने की कल्पना आचार्य को भूगोल-भ्रमण सम्बन्धी नये आविष्कारों के कारण हुई होगी। किन्तु जब सबसे उत्तर में मेरु है तो फिर ऊपर के प्राचीन पौराणिकों के विचारानुसार उक्त मेरु के भी सौम्य अर्थात् उत्तर में सोम की नगरी विभा कहाँ होगी? किन्तु आचार्य ने स्वयं इस सिद्धान्त में विरोध देखा और इसी के परिहार के लिए उन्होंने स्पष्ट चेष्टा भी की : 'अत्रोक्त: परिहार आचार्यै:।' किन्तु इस उपनिषद्, पुराण और ज्योतिष सम्बन्धी विरोध का स्पष्ट समन्वय नहीं किया जा सका।

ऐसा प्रतीत होता है कि पृथ्वी का अपने अक्षों पर भ्रमण सिद्ध करनेवाले नवीन सिद्धान्त के साथ सूर्य की मेरु प्रदक्षिणावाले प्राचीन विचार का सामंजस्य स्थिर करने के लिए सुमेरु और कुमेरु की कल्पना पीछे से की गई है। क्योंकि, पूर्व काल में ऐसा माना जाता था कि पृथ्वी अचला है और उसके मध्य में कनक-पर्वत मेरु का निर्देश करके जाता था कि पृथ्वी अचला है और उसके मध्य में कनक-पर्वत मेरु का निर्देश करके चारों दिशाओं में इन्द्र, यम, वरुण और चन्द्र

की चार नगरियाँ मानते थे। सूर्य मेरु के चारों ओर दक्षिणावर्त घूमते हुए इन्हीं पर से होते हुए परिक्रमा करते हैं। इसी विचार से 'विष्णुपुराण' में लिखा है कि जम्बूदीप के बीचोबीच मेरु पर्वत है :

*जम्बूद्वीप: समस्तानामेतेषां मध्यसंस्थित:।*
*तस्यापि मेरुर्मैत्रेय मध्ये कनक पर्वत:॥*
*भारतं प्रथमं वर्ष तत: किंपुरुषं स्मृतम्।*
*हरिवर्षं तथैवान्यं मेरोर्दक्षिणतो द्विज॥*
*रम्यकं चोत्तरे वर्षं तस्यैवानुहिरण्यकम्।*
*उत्तरा: कुरवश्चैव यथा वै भारते तथा॥*

मेरु के समीप दक्षिण में प्रथम भारतवर्ष है, उसी के पास किंपुरुष है। 'महाभारत' के अनुसार किंपुरुषवर्ष यमुना के उद्गम के पास है। इसी प्रकार पश्चिम और उत्तर के वर्षों का भी वर्णन है। उत्तर-कुरु आदि मेरु से संलग्न हैं।

*अवगाढ़ा उभयत: समुद्रौ पूर्व-पश्चिमौ।*
*जम्बूद्वीपे महाराज: षडिमे कुलपर्वता:॥*
*हिमवान् हेमकूटश्च, निषधो, नील एव च।*
*मेरुश्च श्रृंगवांश्चैव सर्वे रत्नाकरा: शुभा:॥*
*देव: स्वां नगरीं नित्यं मानसोत्तरमूर्धनि।*
*मेरुं तु पश्यति विभुस्तत्स्थो मेरुगतां पुरीम्॥*
*उदकश्रृंगवतोर्धे तु याम्येन कुरुसंज्ञितम्।*
*वर्ष तु कथितं दिव्यं सर्वोपद्रववर्जितम्॥*

ऊपर के अवतरणों से प्रमाणित होता है कि मेरु और उत्तर कुरु का ठीक वैसा ही सम्बन्ध है, जैसाकि ग्रीकों ने मेरु-विजय, निशा-प्रदेश और 'हाइपर बोरियन्स' (Hyper borrians) के प्रसंग में लिखा है। इसी मेरु के सम्बन्ध में असुरों और देवों के युद्ध का वर्णन है। ग्रीकों ने भी इसी प्रदेश को देखकर कहा था कि पिता दानवेश (Dainesus) ने एक बार स्वर्ग विजय किया था, अब दूसरी बार सिकन्दर ने किया। यह कोहमोर वैदिक त्रिककुद और पौराणिक त्रिकूट का एक श्रृंग है। त्रिकूट के ये तीनों उच्च श्रृंग पेशावर से ही दिखाई देते हैं। यहीं पर स्वर्ग-सुख का आनन्द लेने के लिए सिकन्दर ने दस दिन बड़ा भारी महोत्सव मनाया था। उक्त प्रदेश की निसर्गरमणीयता का उल्लेख करके ग्रीकों ने बड़े उल्लास से कहा था कि सचमुच यही पृथ्वी का स्वर्ग है।

इस मेरु और स्वर्ग के सम्बन्ध में अनेक ग्रन्थकारों का उल्लेख करते हुए मेगस्थनीज ने लिखा है कि निशय-देश और मेरु भारतवर्ष की सीमा के अन्तर्गत

माने जाते हैं और भारत की यह सीमा सिकन्दर के आक्रमण के समय भी मानी जाती थी। यह तो थी मूलभूमि; पर इसके पूर्ण विस्तृत रूप के लिए पिछले काल में और भी दो नाम मिलते हैं—आर्यावर्त्त और भारत। यद्यपि इसके सम्बन्ध में पुराणों में कितने ही विवरण दिये गए हैं, किन्तु अधिक संगत यही मालूम होता है कि वैदिक भरत-जाति की आवास-भूमि होने के कारण ही इसे भारतभूमि कहने लगे थे। समय का इतना विशेष अन्तर है कि इस नाम के साथ काल का निर्देश नहीं किया जा सकता। भृगुप्रोक्त 'मनुस्मृति' में उस काल की आर्यावर्त्त की सीमा वर्तमान भारत से संकुचित ही दिखाई देती है। हिमालय और विन्ध्याचल के बीच की ही भूमि को आर्यावर्त्त मानते थे। सम्भवत: दक्षिण के प्रायद्वीप से भारत का उस काल में सम्बन्ध नहीं था, और उधर निषध पर्वतमाला हिमालय का ही परिवार मानी जाती थी। यहाँ हिमालय साधारण नाम है। स्वर्ग और मेरु का निर्देश करने के अनन्तर हमें यह भी देखना पड़ेगा कि आर्यावर्त्त का वैदिक विस्तार कितना था। जिन भौगोलिक नदियों और पर्वतों का वर्णन वैदिक साहित्य में मिलता है उनसे अधिकृत भूमि को वैदिक काल का आर्यावर्त्त मान लेने में कोई आपत्ति नहीं हो सकती।

अधिनाशचन्द्र दास ने वैदिक काल के इस देश को 'सप्तसिन्धु' नाम से अभिहित किया है। अधिक ध्यान देने से तो यह मालूम पड़ता है कि उक्त मेरु प्रदेश और तत्संलग्न सप्तसिन्धु में आर्यों की घनी बस्ती थी। किन्तु, उतनी ही सीमा में आर्य-विस्तार को संकुचित रखने के लिए वैदिक काल के अन्य भौगोलिक प्रमाण वारण करते हैं। दास ने अपने 'ऋग्वेदिक इंडिया' में बड़ी विद्वत्ता से भूगर्भ आदि शास्त्र के आधार पर सिद्ध किया है कि प्राचीन सप्तसिन्धु चारों ओर समुद्रों से घिरा था। उन्होंने उसी प्रदेश को आर्यभूमि माना है...जैसाकि आचार्य सत्यव्रत सामश्रमी ने अपने पांडित्यपूर्ण 'ऐतरेयालोचन' में निर्देश किया था। उक्त दोनों महोदयों ने सिन्धु की सहायता नदियों को ही ऋग्वेद के मंत्र 'प्रसप्तसप्त त्रेधा हि चक्रमु: प्र सृत्वरीणामति सिधु-रोजसा' (10-75-1) तथा 'त्रि: सप्त सस्रा नद्यो' (10-64-8) मंत्रों में वर्णित नदियाँ मान लिया है। किन्तु मेरा अनुमान है कि ये—त्रेधा—तीन सप्तक मंत्रार्थ के अनुसार ही अलग-अलग तीन स्थानों में होने चाहिए। और, ये तीनों सप्तक—अपनी सहायक नदियों के साथ—गंगा, सिन्धु और सरस्वती के हैं।

ऋग्वेद के 'अनु प्रत्नस्यौकसो हुवे' (1-30-9) इत्यादि में प्रत्न-ओक प्राचीन वास-भूमि का जो अर्थ लगाया जाता है; और जिससे यह सिद्ध करने की चेष्टा की जाती है कि इन लोगों की आदिभूमि कहीं दूसरी रही, ठीक नहीं। सामश्रमी जी ने 'पुराणमोक: सख्यं शिवं वां युवोर्नरा द्रविणं जह्नाव्याम्' (3-58-6) को उद्धृत करके यह दिखलाया है कि समय-समय पर व्यक्ति-विशेषों की वास-भूमि

का इसमें उल्लेख है, न कि आर्यों के सामूहिक आवास का। पुराण-ओक गंगा तट पर भी 'ऋग्वेद' के मंत्र से प्रमाणित है। यह गंगा का सप्तक यमुना, सदानीरा आदि सहायक नदियों से बनता था। कीकट आदि तक की नदियाँ इसमें गिनी जा सकती हैं। इस सप्तक की पूर्व सीमा सदानीरा थी। सिन्धु की सात नदियों का सप्तक प्रसिद्ध है। तीसरा सप्तक सरस्वती का होगा—ऐसा मेरा अनुमान है; क्योंकि, 'ऋग्वेद' के छठे मंडल का 61वाँ सूक्त सरस्वती की महिमा का गान करता है। उसमें 'उत न: प्रिया प्रियासु सप्त स्वसा सुजुष्टा।' (10) कहकर सरस्वती सात बहनोंवाली मानी गई है। सिन्धु के सप्तकवाली सरस्वती से ही काम नहीं चल सकता, क्योंकि आगे चलकर उसी सूक्त में 'प्र या महिम्ना महिनासु चेकिते द्युम्नेभिरन्या अपसामपस्तमा' (13)—इस उक्ति से और सबों से यह अपस्तमा प्रभूत जलवाली मानी गई है। उधर 'प्र सप्तसप्त' वाले मंत्र में—अति सिन्धुरोजसा' है, इसलिए इस सरस्वती को सिन्धु के सप्तक वाली सरस्वती से हम भिन्न मानते हैं।

पंजाब की सरस्वती के अतिरिक्त, एक दूसरी सरस्वती भी थी। अवेस्ता में जिन पवित्र देशों का वर्णन है, उनमें सप्तसिन्धु अलग वर्णित है। जैसे—पन्द्रहवाँ उत्तम देश हप्तहिन्दव है।[17] दसवाँ उत्तम प्रदेश हरह्वैती है। हरह्वैती के दो अपभ्रंश रूप मिलते हैं—अररोखाग (अरबी साहित्य में प्रयुक्त देश नाम) और अरगन्द (जो आधुनिक 'अरंगद-आब' नदी के नाम में पाया जाता है)।[18]

हप्तहिन्दव जिस प्रकार सप्तसिन्धु का विकृत रूप है, वैसा ही हरह्वैती-तरस्वती का है। अरगन्दाग, अफगानिस्तान के कनदहार प्रान्त की एक बड़ी नदी है। वर्तमान काल के मानचित्र में हारूत से लेकर कन्दहार तक की नदियों का एक सप्तक आप अच्छी तरह से देख सकेंगे, जिसके नीचे जिरे (Zirreh) का दलदल और एक रेगिस्तान भी है। अविनाशचन्द्र दास ने—'ऐका चैतत सरस्वती नदीनां शुचिर्यती गिरिभ्य आ समुद्रात्'—(7-95-2) के आधार पर पंजाब की सरस्वती का राजपूताना समुद्र में गिरना लिखा है। किन्तु और मंत्रों में समुद्र में गिरने का वर्णन नहीं मिलता। अत: जिस प्रकार सामश्रमी ने 'रसाद्वित्वं तु नूनमङ्गीकार्यम्' से 'रसा' नाम की दो नदियाँ मान लेने की सम्मति प्रकट की है, वैसे ही सरस्वती के लिए भी आवश्यक मानना होगा। जैसा हम ऊपर दिखला आए हैं कि सरस्वती अपस्तमा है; वैसे ही और भी प्रमाण उसके अपनी सहायक नदियों में प्रबल होने के मिलते हैं। 'प्रक्षोदसा घायसा सस्र एषा सरस्वती धरुणामायसी पू:। प्रबाबधाना रथ्येव याति विश्वा अपो महिना सिन्धुरन्या: '—(7-95-1)। इसमें अपने साथ ही नदियों से वह प्रबल और एक दूसरी सिन्धु के सदृश मानी गई है। इस प्रकार यह सरस्वती का सप्तक दक्षिण-पश्चिमी अफगानिस्तान में ठहरता है।

इसमें दास के मत से भी कोई असम्भावना नहीं दिखाई देती है। यद्यपि उन्होंने प्राचीन सप्तसिन्धु वा आर्यावर्त्त को चतुस्समुद्र से घिरा हुआ माना है, फिर भी वे

लिखते हैं कि 'सप्तसिन्धु उत्तर-पश्चिम की ओर गान्धार प्रान्त के द्वारा पश्चिमी एशिया या एशियामाइनर से मिला हुआ था' ('ऋग्वेदिक', इंडिया पृ. 560)। इसलिए चारों समुद्रोंवाली सीमा का सिद्धान्त हमारे गान्धार के सारस्वत प्रदेश के लिए बाधक नहीं होता।

ऊपर कहे हुए गंगा, सिन्धु और सरस्वती के तीनों सप्तकों की भूमि, वैदिक काल के आर्यों की लीलाभूमि थी। जह्नाव्य अर्थात् गंगा की घाटी, सिन्धु और सरस्वती के पवित्र मंगलमय तथा परमप्रिय प्रदेशों के अतिरिक्त अन्य प्रदेशों से भी संहिता-काल के आर्य लोग अपरिचित नहीं थे। अथर्व संहिता के पंचम कांड में परुष, महावृष, मूजवत्, वाल्हीक इत्यादि के नाम तो आए ही हैं, इनके अतिरिक्त तत्कालीन आर्यावर्त्त के अत्यन्त पूर्व स्थित मगध का भी उल्लेख मिलता है। परन्तु ऋक् संहिता में मगध का भी कीकट नाम से उल्लेख है कि 'ते कृण्वन्ति कीकटेषु गावो' (3-53-14)।

दास कीकट को ऋक्कालीन प्रदेश नहीं मानना चाहते। वे कहते हैं, पांचाल कोसल आदि भी उस काल के प्रदेश नहीं थे (पृ. 561)। किन्तु विशेष नाम न होने से क्या हुआ, जब ऋग्वेद के प्राचीन मंडल (क्योंकि दसवें मंडल को लोग पीछे का मानते हैं)—3-58-6 में 'जह्नाव्य' गंगा के प्रदेशों का उल्लेख है, सो भी पुराणमोक:—प्राचीन वासभूमि कहकर। अत: गंगा के समीप का वह देश ऋक्-काल का अवश्य है जिसकी पूर्व सीमा में कीकट (दक्षिणी बिहार) देश था। उधर 'आवदिन्द्रं यमुना तृत्सवश्च'—(7-18-19) में यमुना तीरवर्ती देश का भी उल्लेख है; फिर पांचाल, कौसल, मगध का नाम न होने से कुछ बिगड़ता नहीं। हो सकता है, अत्यन्त पूर्व स्थित होने के कारण इनकी बस्ती घनी न रही हो और इन नागों से अलग-अलग स्वतंत्र राष्ट्र न स्थापित हुए हों।

'ऐतरेय' में उत्तर-मद्र का भी उल्लेख है। उत्तर-मद्र को इसी लेख में पहले मध्यकालीन मीडिया से अभिन्न माना गया है। उत्तर-मद्र पश्चिम में और मगध पूर्व में आर्यों के प्रभाव-क्षेत्र से संलग्न थे। पश्चिम में तो 'समुद्रं रसया सहाहु:' (10-121-4) में वर्णित रसा अम्बिस्तान, रूम या मेसोपोटामिया की, समुद्र में मिलनेवाली टिगरिस नदी का भी नाम आया है, क्योंकि अवेस्ता के अनुसार यह राँधा प्रदेश भी पवित्र माना गया है।

यद्यपि सरमा के उपाख्यान-सम्बन्धी 'ऋग्वेदिक' सूक्तों में रसा के उस पार असुरों की आवास-भूमि का उल्लेख है; परन्तु उत्तर-मद्र की स्पष्ट सूचना नहीं मिलती। यह प्रदेश ऋक् संहिता-काल में उतना नहीं बसा था; हो सकता है कि इसी कारण ऋक्-काल में इसकी स्वतंत्र आख्या न बनी हो। ऋक्-काल में सरस्वती की घाटी में भी रहनेवाले आर्यों से संघर्ष ही चल रहा था। इसलिए सरस्वती को 'वृत्रघ्नी' कहा है। ऋक्-मंत्र 10-27-17 में सामश्रमी ने आक्षस

नदी का भी उल्लेख माना है। इसलिए उक्त प्रमाणों से गंगा से लेकर वर्तमान हेलमन्द की घाटी और वाल्हीक से लेकर दक्षिण के ऋक्-कालिक राजपूताना के समुद्र तक हम आर्यों की एक घनी बस्ती मानते हैं, जिसके बीच में मेरु स्थित है। मगध, अंग तथा मीडिया और मेसोपोटामिया के प्रदेश भी आर्य-क्षेत्र कहे जा सकते हैं, किन्तु इन प्रदेशों में आर्यों को अनार्यों तथा अपनी ही जाति के भिन्न मतावलम्बी अधार्मिकों से बराबर युद्ध और संघर्ष करना पड़ता था।

यहाँ मुझे थोड़ा-सा उस बढ़ते हुए विचार पर भी अपनी सम्मति प्रकट कर देनी है; जिसे आजकल बहुत प्रधानता दी जा रही है। वह है आर्यों के पहले भारतवर्ष के एक अत्यन्त प्राचीन द्रविड़ सभ्यता मानने का सिद्धान्त—सो भी ऋग्वेद-काल में। किन्तु अत्यन्त प्राचीन काल में आर्य-द्रविड़ सभ्यता का संघर्ष असम्भव था; क्योंकि द्रविड़ (कृष्ण) जाति की जन्मभूमि दक्षिणी महाद्वीप, राजपूताना समुद्र के द्वारा प्राचीन आर्यावर्त्त से अलग था और वह महाद्वीप वर्तमान अरब, दक्षिणी भारत और अफ्रीका को एक में मिलाए था। प्राचीन 'ऋग्वेद' में आप कितने ही समयों के तारतम्य को स्पष्ट देख सकेंगे, किन्तु उसके साथ ही 'कृण्वन्तो विश्वमार्यम्' का सिद्धान्त स्पष्ट बतलाता है, मुख्यत: आर्य संस्कृति एक थी, जिसे न माननेवाले उसी प्राचीन जाति के लोग भी अनार्य कहलाते थे। 'ऋग्वेद' के आर्यावर्त्त में वैदिक सभ्यतावाले आर्यों को इन्हीं उच्छृंखल धर्म-विहीनों से युद्ध करना पड़ता था, जो प्राय: दस्यु जीवन की ओर अधिक प्रवृत्त रहते थे।

जैसा पहले कहा गया है, दक्षिणी द्रविड़ों से या उनकी सभ्यता से आर्यों का संघर्ष होना मानने के लिए कोई विशेष कारण नहीं है, क्योंकि एक तो राजपूताना समुद्र बीच का व्यवधान था, दूसरे द्रविड़ों का अधिक आकृति-सम्बन्ध भी उन सुमेरियन और सिन्धु के अवशिष्ट चिह्नों को छोड़ जानेवाले मनुष्यों से नहीं मिलता। द्रविड़ एक स्पष्ट दक्षिणी मसाद्वी की जाति है जिसका मूल उद्गम दक्षिणी अफ्रीका की कालाअधित्यका (Kalahari Platcau in South Africa) है, जैसा कि Camron Cadle Expedition के प्रयास से सिद्ध किया जा रहा है।[19] यह दक्षिणी द्रविड़ सभ्यता स्वतंत्र रूप से कहीं ली, उस प्राथमिक अवस्था के ऊपर न उठी जिसे उन्होंने पहली बार अन्य जाति से ग्रहण किया था। कब-कब, कहाँ-कहाँ आर्यावर्त्त के दिव्य विजेताओं और अफ्रीका के कृष्णों से रक्त-मिश्रण के द्वारा न्यूनाधिक श्वेत-कृष्ण-जातियाँ बनीं, इसका अनुमान करना कठिन है।

इस प्राचीन सप्तसिन्धु के अन्तर्गत मेरु प्रदेश में ही अग्रजन्मा उत्पन्न हुए। मेरु पर ही स्वर्ग था। पश्चिमी विद्वानों ने हमारे उस प्राचीन इतिहास को 'माइथोलॉजी' मान रखा है। उनमें इस धारणा के कारण हमारे निरुक्तकार भी हैं। निरुक्त सम्भवत: उस काल में बना जब कि प्राचीन वैदिक मंत्रों के अर्थ लोगों को विस्मृत हो चले थे। क्योंकि, उसमें कहीं-कहीं एक-एक शब्द की व्याख्या

चार-चार प्रकार से की गई है। इसमें निरुक्तकारों का एक और भी उद्देश्य था, वह था वेदों का अपौरुषेत्व प्रमाणित करना। किन्तु स्वयं निरुक्तकार अपने पूर्ववर्ती—वेदों के अर्थ-निर्णय में—एक ऐतिहासिक मत भी मानते थे—'तत्को वृत्रः मेघ इति नैरुक्ताः त्वाष्ट्रोऽसुर इत्यैतिहासिका।' वैदिक मंत्रों के ये अर्थ उपनिषद् और ब्राह्मण-कला की कल्पनाएँ हैं। जब बहुदेववाद और कर्मकांड-सम्बन्धी मंत्रों का एकेश्वरवाद के साथ समन्वय होने लगा था और जब 'उषा वा मेध्यस्य शिरः' के सिद्धान्त का प्रचार हुआ, प्राचीन ऋग्वेद आदि की मात्राएँ तक गिनी गईं और वे अपौरुषेय बना दिये गए। यद्यपि ऋग्वेद में ही एकेश्वरवाद तो क्या, शुद्ध दार्शनिक विचारों तथा आत्मानुभूति की भी झलक दिखाई देती है, किन्तु देवों का स्वतंत्र अस्तित्व और उनका इतिहास मान लेने के लिए पिछले काल के एकेश्वरवादी और अपौरुषेयवाद प्रस्तुत न हुए।

अब भी सनातनधर्म का बहुदेववाद मूल में प्राचीन ऐतिहासिकों का अनुयायी है और आर्यसमाज एकेश्वरवादी निरुक्त का अनुमान करता है, जिसके अनुसार देवों को वे रूपक द्वारा मूर्तिमान की गई सर्वशक्तिमान की शक्तियाँ मानते हैं।

वेदों का अध्ययन करनेवाले पाश्चात्य विद्वानों ने भ्रमवश प्राचीनतर ऐतिहासिक सम्प्रदाय को न मानकर हमारा इतिहास भ्रामक बना देने के लिए निरुक्त के अर्थ को ही पथ-प्रदर्शक माना है। साथ ही 'माइथोलॉजी' मानते हुए भी उन्हें ऋक् मंत्रों से भूगोल, नदियों और ज्योतिष-सम्बन्धी गणनाओं के आधार पर आर्य-इतिहास और समय निर्धारण की सूझी है। तात्पर्य यह है कि प्राचीन ऐतिहासिकों का मत सर्वथा निर्मूल न हो सका। रैगोजिन ने 'वैदिक इंडिया' के 303 पृष्ठ पर लिखा है : 'बहुत-से साधारण वैदिक नामों का एक ही सपाटे में अप्राकृतिक शक्तियों और अमर्त्यों से जो सम्बन्ध लगाया जाता है, वह ठीक नहीं। वास्तव में कितनों ही अन्तरिक्ष युद्धों का सम्बन्ध प्राकृत मर्त्य वीरों के भयानक संघर्षों से है।'[20]

उस प्राचीन वैदिक अथवा वर्तमान संसार के प्राग्-ऐतिहासिक काल में आर्यावर्त्त के आर्यों में आकाशी देवताओं की उपासना प्रचलित थी। सम्भव है, वीरपूजा भी उस उपासना का प्रधान अंग रही हो। भौतिक शक्तियों में उनकी प्रबल उपास्य बुद्धि थी और इन सब देवताओं के राजा अथवा एकाधिपति वरुण माने जाते थे। वरुण के राजत्व का वैदिक मंत्रों में कई बार उल्लेख मिलता है। वरुण की उपासना आकाश की सर्वप्रथम शक्ति के रूप में चन्द्रमा की उपासना से सम्बद्ध थी। मित्र के रूप में तो सूर्य की उपासना प्रचलित थी ही। पर आकाश का, जो इस संसार के आवरण रूप में दिखाई पड़ता है, सम्पूर्ण विभव नक्षत्र मंडल के साथ रात्रि में ही प्रकट होता है। उस समय चन्द्रमा की ही प्रधानता रहती है। चन्द्रमा में सुधा, ओषधियों की जीवनसत्ता माननेवाले लोग थे। असुर शब्द

की व्युत्पत्ति (असून् प्राणान् रक्षति) भी इसी का द्योतक है। क्योंकि वेदों में वरुण प्राय: असुर उपाधि से सम्बोधित किये गए हैं। इस प्रकार के असुरोपासकजन प्राण-रक्षक केवल आकाशस्थ वरुण की प्रधानता मानते थे। उस प्राचीन काल में विचारधारा का आकस्मिक परिवर्तन हुआ और ज्ञान की विभिन्नता से सामाजिक और धार्मिक संघर्ष चला। तब उन अग्रजन्माओं में दो प्रधान भेद हुए।[21]

एक प्राचीन वरुण के अनुयायी असुर और दूसरे इन्द्र के नेतृत्व में देवगण और त्वष्टा के नेतृत्व में असुर लोग रहने लगे। इन्हीं त्वष्टा अर्थात् जरथ्रुस्त्र, जरत्वष्ट्रि को प्राचीन अहुर्मज्द (Ahurmazd) असुर महत के उपासक पारसी आर्यों ने अपना आचार्य माना।[22] वाह्लीक में इन लोगों का प्रधान धार्मिक केन्द्र था। पिछले काल में यहाँ की अग्निशाला और देव मन्दिर का एक नया रूप हो गया था। किन्तु बौद्धों से पहले प्राचीन काल में यह अहुर्मज्द का प्रधान उपासना मन्दिर था। इब्न फजलुल्लाह अलउमरी मिस्री ने अपनी मसालिकुल अम्सार के ममालिकुल अम्सार में बल्ख (वाह्लीक) के इस मन्दिर का नाम नौबहार दिया है। उसके बनानेवाले भारत के किसी राजा का उल्लेख करते हुए वह लिखता है कि यहाँ पर नक्षत्रों की पूजा करनेवाले लोग आते थे, जो चन्द्र-पूजक थे। इसके प्रधान पुजारी का नाम बरमक होता था। वर-मग से मगों में श्रेष्ठ याजक लक्षित होता है। मग लोग ही मज्द धर्मावलम्बी कहे जाते थे—जो परवर्ती काल का ईरान का धर्म था।

ऋग्वेद में त्वष्टा और इन्द्र के संघर्ष का स्पष्ट विवरण है, जिसके यूख में एक क्षुद्र घटना थी। 'त्वष्टुगृहे अपबित्सोममिन्द्र:' ('ऋक्', 4-18-3)—सोम के लिए इन्द्र और त्वष्टा के पुत्र विश्वरूप में कलह हुआ था। इस प्रकार प्राचीन आर्यावर्त्त में ही उन अग्रजन्माओं में पारस्परिक युद्ध होकर दो विभाग हो गए और सरस्वती तट पर वृत्र-असुर के मारे जाने से असुरोपासक आर्य धीरे-धीरे पश्चिमी ईरान की ओर मीडिया तक हटने को बाध्य हुए। 'ऋग्वेद' में त्वाष्ट्र को दास कहा गया है।[23] यही त्वाष्ट्र वृत्रासुर था, जिसका वध इन्द्र ने किया। यों तो इसका नाम वृत्र था। परन्तु अहिशब्द से भी यह सम्बोधित किया गया है। 'तस्माद् वृत्रोऽथ यदपात्समभवत्तस्मादहिस्तं दनुश्च दनायूश्च मातेव च पितेव च परिजगृहतुस्तास्माद् दानव इत्याहु:'—('शतपथ', 1-5-2-9) अर्थात् दनु और दनायु ने माता-पिता के समान उसको अपनाया इसलिए उसे दानव भी कहते हैं। दास, असुर और दानव ये सभी विरोधसूचक शब्द हैं।

वैदिक आर्यावर्त्त :

ऋग्वेद के : 'इद्रस्य नु वीर्याणि प्र वोच'—(1-32-1) इत्यादि मंत्रों में इन्द्र के वीर्य और पौरुष का वर्णन है। उसमें वृत्र को मारकर सप्तसिन्धु के जलों को मुक्त करने की भी चर्चा है जो उसी सूक्त के बारहवें मंत्र 'अजयो गा अजय: शूर

सोममवासृज: सर्तवें सप्तसिन्धून' में उल्लिखित है। जिस प्रकार स्वाष्ट्र असुर-वीर था, उसी प्रकार ऐतिहासिकों के मत से इन्द्र कई जगह सम्बोधित किये गए हैं। 'ऋग्वेद' के मंडल 10, सूक्त 120 से इन्द्र की उत्पत्ति के सम्बन्ध में लिखा है : 'तदिदास भुवनेषु ज्येष्ठं यतो जज्ञ उग्रस्त्वेष नृम्ण:' (मंत्र 1)। यह नृम्ण (पौरुष की मूर्ति अथवा मनुष्यों से सम्पर्क रखनेवाला) भुवक्त में ज्येष्ठ उच्च स्थान अर्थात् मेरु प्रदेश में उत्पन्न हुआ। इन्द्र के पार्थिव सदन का भी उल्लेख है 'प्रति प्र याहीन्द्र मीलहुषों नृन्महः पार्थिवे सदने यतस्व (1-169-6)।' इन्द्र की उत्पत्ति का भी उल्लेख मिलता है।

*पुरां भिन्दुर्युवा कविरमितौजा अजायत।*
*इन्द्रों विश्वस्य कर्मणो धर्त्ता वज्र पुरुष्टुत:* [1-11-4]।

इन्द्र के लिए दीर्घायु होने की भी प्रार्थना मिलती है :

*परि त्वा निर्वणो गिर इमा भवन्तु विश्वत:।*
*वृद्धायुमनु वृद्धयो जुष्टा भवन्तु जुष्टय:* [1-10-12]।

इन्द्र के लिए सुन्दर नासिकावाला और अयस् का वङ्का धारण करनेवाला तथा सुन्दर घोड़ों के रथ पर उसके चलने की प्रशंसा अनेक मंत्रों में मिलती है : 'क्रत्वा महा अनुष्वधं भीम आ वावृधे शव:। श्रिय ऋष्व उपाकयोर्नि शिप्री हरिवान्दघे हस्तयोर्वङ्कामायसम् (1-81-4) त्वमिन्द्र नर्यो याँ अवो नृन्तिष्ठा वातस्य सुयुजो वर्हिष्ठान् यन्ते काव्य उशना मन्दिनं दाद् वृत्रहणं पायं ततक्ष वज्रम् (1-121-12)'—'न त्वा वां अन्यो दिव्यो न पार्थिवो न जाते न जनष्यिते' (7-32-23)। इसमें इन्द्र के समान किसी के न होने का उल्लेख है। सुद्रास पैंजवन से इन्द्र की मैत्री का भी वर्णन मिलता है, जब कि सुदास ने इन्द्र से मैत्री के लिए प्रार्थना की थी : 'वयमिन्द्र त्वायव: सखित्वमा रभामहे (10-133-6)।' इन्द्र का सम्बन्ध मनुष्यों से था : 'इन्द्र क्षितीनामसि मानुषीणां विशां (3-34-2)।' दिवोदास इत्यादि आर्यों के युद्ध में इन्होंने बहुत सहायता दी थी। यह सम्राट भी हुए : 'आवदिन्द्रं यमुना तृत्सवश्च' (7-18-19) का अर्थ करते हुए सामश्रमी ने लिखा है : 'य: इन्द्र: सम्राट्।' इत्यादि पिछले काल में इसी कारण सम्राटों का 'ऐन्द्र महाभिषेक' होने लगा और इन्द्र एक पदवी बन गई।

स्वष्टा वेदों में विश्वकर्मा अर्थात् आविष्कारक कहे गए हैं। वैदिक काल का एक प्रमुख व्यक्ति होने के कारण इनके बहुत-से अनुयायी थे, किन्तु इन्द्र का सम्प्रदाय भी प्रबल हो चला था और इसमें था धर्म सम्बन्धी गहरा मतभेद।

स्वष्ट के पुत्र विश्वरूप को भी सोम के लिए इन्द्र ने मारा था। 'गाथा अहुनावैती' और 'स्पॆंतमैन्यु' में सोम की निन्दा का कारण स्वष्टा के पुत्र का वध

हो सकता है। दास ने इस ऐतिहासिक घटना को 'माइथोलॉजी' से मिला दिया है। वे यह तो मानते हैं कि पुत्रवध से त्वष्टा और उनके अनुयायियों ने इन्द्र का विरोध किया, परन्तु साथ ही वे कहते हैं कि इन्द्र की पूजा भी बन्द कर दी गई। पर मैं समझता हूँ कि तब तक इन्द्र की पूजा का आरम्भ ही नहीं हुआ था। यही घटना तो इन्द्र को विशेषता देती है, जो पीछे जाकर उनकी पूजा का कारण बन गई है। वरुण भी तो त्वष्टा के अनुयायियों में एक ही प्रकार से पूजित नहीं हुए, भिन्न-भिन्न देशों में उनकी पूजा का प्रकार बदलता रहा।

इसी त्वष्टा और इन्द्र के विरोध ने धीरे-धीरे देवासुर-संग्राम का रूप धारण कर लिया, नहीं तो पहले इनमें मेल ही था। रामायण मे तो यहाँ तक लिखा है :

*असुरास्तेन दैतेया: सुरास्तेनादिते: सुता:।*
*हृष्टा: प्रमुदिता आसन् वारुणीग्रहणात्सुरा:॥* [वाल्मीकि]

'शतपथ' के अनुसार देवता और असुर दोनों ही प्रजापति की सन्तान थे। किन्तु यह सोम सम्बन्धी झगड़ा बहुत बढ़ा। त्वष्टा की उस समय आर्यों में विशेष प्रतिपत्ति थी परन्तु इन्द्र अधिक बलशाली थे। इस झगड़े में एक रहस्य और भी था। इन्द्र के कुछ नवीन धार्मिक विचार थे, सम्भवत: वे सृष्टि के प्रथम आत्मवादी थे। उपनिषदों की इन्द्र-विरोचन-कथा में इसका दार्शनिक रूप मिलता है, परन्तु 'ऋग्वेद' में तो (10-119) आत्मस्तुतिपरक एक सूक्त ही इन्द्र का है। यद्यपि लोगों ने उसे भ्रम से, सोम पिए हुए इन्द्र की बहक मान लिया है, परन्तु—'अहमस्मि महामहोऽभिनम्यमुदीपित:' (12) इत्यादि प्रयोगों को मैं तो ठीक वैसा ही समझता हूँ जैसा पिछले काल में श्रीकृष्ण का आत्मविभूति का वर्णन 'गीता' में है। क्योंकि, 'ऋग्वेद' 10 मंडल का 48वाँ सूक्त भी इसी भावना से ओत-प्रोत है। देखिए—प्रथम मंत्र 'अह भुवं वसुन: पूर्व्य-स्पतिरहं धनानि सां जयामि शश्वत:। मां हवन्ते पितरं न जन्तवोऽहं दाशुषे वि भजामि भोजनम्।' इसके ऋषि भी स्वयं इन्द्र हैं।

वरुण भी देव! सो भी कैसा? आकाशस्थ। संसार से बहुत ऊँचे। एक स्वतंत्र महत्ता से इस आत्मवाद का संघर्ष होना अनिवार्य था। ऐसे आत्मवादी प्रत्येक काल के 'शरियत' माननेवालों के कोपभाजन और नास्तिक बने हैं। त्वष्टा (Zarthustra) ने वाह्लीक के पास अपने प्राचीन धर्म का दृढ़, दुर्ग बनाया और धर्म का संस्कार कर असुर-उपासना प्रचलित की।

*वरुत्री त्वष्टुर्वरुणस्य नाभिमवि जज्ञाना रजस: परस्मात।*
*मही साहस्त्रीमसुरस्य मायामग्ने मा हि सी: परमे व्योमन्॥*

['यजुर्वेद', 13-44]

में त्वष्टा और वरुण का सम्बन्ध और उनकी साहस्री माया का स्पष्ट उल्लेख है। इस सम्बन्ध में 'ऋग्वेद' के प्रथम मंडल के स्वराज्यसूक्त (80) का यह मंत्र भी देखिए : 'अभिष्टने ते अद्रिवो यत्स्था जगच्च रेजते। त्वष्टा चित्तव मन्यव इन्द्र वेजिज्यते भियार्च्चन्ननु स्वराज्यम्॥' (14) 'नहि नु यादधीमसीन्द्रं को वीर्या परः। तस्मिनृम्णमुत क्रतुं देवा ओजांसि सन्दधुरर्च्चन्ननु स्वराज्यम्॥' (15) मंत्र-संख्या 14 में साम्राज्य या स्वराज्य स्थापन करनेवाले इन्द्र के भय से त्वष्टा को काँपते कहा गया है और 15 में देवों द्वारा इन्द्र में पूर्ण मनुष्यता (नृम्ण) और ओज के स्थापन की घोषणा है।

उस अत्यन्त प्राचीन वैदिक काल में आर्यों के दो शाखाओं में विभक्त होने का कारण, त्वष्टा और इन्द्र का संघर्ष था। त्वष्टा वेदों में विश्वकर्मा अर्थात् आविष्कारक हैं। वैदिक काल के एक प्रमुख व्यक्ति होने के कारण इनके बहुत-से अनुयायी भी थे; किन्तु इन्द्र का सम्प्रदाय भी प्रबल हो चला था; और इसमें कारण था धर्म-सम्बन्धी गहरा मतभेद। त्वष्टा का सम्प्रदाय ईश्वरीय महत्ता से पूर्ण धर्म का शासन स्वीकार करता था। किन्तु इन्द्र आत्मविश्वास के प्रचारक और आत्मवाद के समर्थक थे। सम्भव है कि, उस प्राचीन काल में इन दोनों सिद्धान्तों के साथ-साथ कुछ फुटकर आचार-विचार भी, अपनी विशेषताओं के कारण, मतभेद बढ़ाने में सहायक रहे हों, जैसे—सोम सम्बन्धी भली-बुरी धारणाएँ किन्तु प्रत्येक बड़े-बड़े धार्मिक विरोधों के मूल में सिद्धान्त सम्बन्धी मतभेद युद्धों का होना अनिवार्य बना देता है।

इन्द्र और 'ऋग्वेद' में इस धार्मिक संघर्ष का स्पष्ट परिचय मिलता है। वरुण उस प्राचीन काल में एक माननीय देवता थे और त्वष्टा इत्यादि वरुण-पूजा के प्रधान समर्थक थे। वरुण और स्वष्टा का सम्बन्ध अनेक वैदिक मंत्रों में मिलता है।

दाशराज्ञ वरुण राजा और असुर कहकर पूजित थे। वसिष्ठ-कुल के लोग युद्ध-उपासना के प्रधान याजक थे। यही असुर-वरुण असीरिया के उपास्य देवता असुर, ईरान के अहुरमज्द, बेबिलोन के अस्सर-मआजश और सुमेरिया के ई-ओंस थे। वैदिक आर्यों से अलग होकर पिछले काल में ईरानी आर्यों के द्वारा प्रचलित यही असुर-वरुण की उपासना अनेक रूपों में पश्चिमी एशिया के प्राचीन सभ्य देशों में फैली और इधर इन्द्र-पूजा वा इन्द्र का सम्प्रदाय वैदिक आर्यों में प्रधानता ग्रहण करने लगा। कुछ ऐतिहासिकों का अनुमान है[24] कि इन्द्र-पूजा चैल्डियन लोगों से सीखी गई। इम्दिंगिर, जो चैल्डियन लोगों के आँधी गरज के देवता हैं, आर्यों के यहाँ आकर इन्द्र बन गए। इसके विवरण में उनका यह कहना है कि आर्यों के पहले भारत-भूमि दक्षिण अनार्य-द्रविड़ों के स्थान पर तूरानी द्रविड़ों के द्वारा अधिकृत थी और कौशिक लोग इन्द्र-पूजा के प्रचारक थे। इन कौशिकों को वे 'कुसाइट' के साथ सम्बद्ध बताते हैं। 'कुसाइट' लोगों को कुछ विशेष कारणों

से वे तूरानी-द्रविड़ मानते हैं। यहाँ पर हम इन विद्वानों को उसी भ्रम में सम्मिलित देखते हैं, जिसने रंगोरिन जैसे विद्वान को भी पुरु-वंशियों को अनार्य-वंशीय मानने के लिए प्रेरित किया था। पुरु, अनार्य द्रविड़ नहीं थे, इसका प्रमाण तो आगे दिया ही जाएगा, यहाँ तो हमें इन्द्र-पूजा की विशेषता पर ही ध्यान देना है कहा जाता है कि 'ऋग्वेद' के तीसरे मंडल में वरुण का स्तव बहुत ही कम मिलता है और जो कुछ थोड़ा-सा उल्लेख भी है, यह इन्द्र के पीछे या विश्वेदेव के मंत्रों में है। कौशिक लोग भारत से ही अन्य देशों में गए, यह तो वे भी स्वयं मानते हैं। तब इन्द्र-पूजा चैल्डिया से आर्यों में न जाकर भारतीय कौशिकों के द्वारा ही चैल्डिया में गई होगी—यह कल्पना अधिक संगत मालूम होती है। विश्वामित्र इन्द्र-पूजा के प्रचारक थे और अधिक सम्भव तो यह है कि इन्द्र के समय में ही उनके बाहुबल से प्रवर्तित उस नवीन अभ्युदय काल में वे इन्द्र के व्यक्तिगत समर्थक रहे हों। कौशिकों के और पौरवों के द्रविड़ होने की कल्पना वेदों में नहीं पाई जाती। हाँ, इसके विरुद्ध पौरवों के आर्य होने का प्रमाण वैदिक मंत्रों में, प्रचुरता से, मिलता है। 'ऋग्वेद' में दिवोदास पुरु को आर्य कहा गया है[25] और कौशिकों को सूक्तों में आर्यों (भरतों) की रक्षा के लिए बहुत-सी प्रार्थनाएँ भी मिलती हैं।

वरुण की पूजा से हटकर इन्द्र का अनुयायी होने का प्रमाण भी मिलता है। ईरानी आर्य 'अहुरमज्द' या असुर-वरुण की प्रशंसा करते हुए इन्द्र को पाप-मति कहते हैं। ठीक उसी तरह वरुण की उपासना से हटकर इन्द्र-पूजा की ओर आकृष्ट होते हुए आर्यों का उल्लेख 'ऋग्वेद' के चौथे मंडल के 42वें सूक्त (2, 5 और 7 मंत्रों) में है। ऋषि ने वरुण और इन्द्र का संवाद कराया है और उसमें वरुण के ऊपर इन्द्र को ही प्रधानता दी है।[26]

इसी तरह दसवें मंडल के 124वें सूक्त (3 और 4 मंत्रों) में भी वरुण को छोड़कर इन्द्र का आश्रय ग्रहण करने का स्पष्ट उल्लेख है।[27] ऊपर के प्रमाणों से यह स्पष्ट देखा जाता है कि इन्द्र के अनुयायी वरुण-पूजा से मुँह मोड़ रहे थे। और इसी कारण त्वष्टा से पुत्र वरुणोपासक वृत्र ने असुरों का नेतृत्व ग्रहण किया। यह तो पौराणिक गाथाओं से स्पष्ट है कि सुरा के लिए ही देवासुर-संग्राम हुआ था। देवासुर-संग्राम के फलस्वरूप आर्यावर्त्त में आन्तरिक कलह भीषण हो चला। प्राचीन आर्यों में कुल-शासन-प्रजा प्रचलित थी, जिसमें कुल मुख्य था, और पुरोहितों की प्रधानता रहती थी। छोटे-छोटे आर्यों के दल विभक्त भूखंडों में अपने परिवार के साथ बसते थे। वरुणोपासना, अपनी प्राचीनता के कारण, इन कुलों में प्राय: प्रचलित थी। देवासुर-संग्राम होने के समय ऐसा अनुमान होता है कि इन कुलों में से धर्म भीरुओं ने (जो प्राचीन उपासना से विरोध करने का साहस न रखते थे) असुरों का पक्ष ग्रहण किया था। उन लोगों का यह विशिष्ट दल टूटकर सामूहिक रूप से असुर-सम्प्रदाय संगठित हुआ था। कुल और वंश

की तथा आर्य आभिजात्य की मर्यादा का स्थान धार्मिक एकता ने ले लिया था। उन लोगों ने अपनी प्राचीन शासनप्रणाली का अन्त करके राजपद को एकनिष्ठ बनाया; किन्तु वैदिक आर्यों ने—जो देव कहे जाते थे—अपनी पुरानी प्रथा प्रचलित रखी थी। इसका प्रमाण 'ऐतरेय ब्राह्मण' (3-14) में मिलता है।[28]

स्त्री, भूमि और आचार सम्बन्धी वैमनस्य तथा अन्य कारणों से भी परस्पर विरोध होना कभी-कभी अनिवार्य हो उठता है। यदि उसमें धार्मिक उत्तेजना भी मिल गई, तब तो विरोध में अधिक तीव्रता बढ़ती ही है। आर्या में गृह-युद्ध होने के उस समय जहाँ और बहुत-से कारण रहे होंगे, उनमें देवासुर-संग्राम से हुई हानियों की स्मृति भी कुलों में सजीव रही होगी। कर्मकांड करानेवाले पुरोहितों की भिन्न-भिन्न क्रियाओं को प्रधानता देने की भी प्रतिद्वन्द्विता इसमें अधिक काम कर रही थी—फलस्वरूप दाशराज्ञ-युद्ध हुआ। 'ऋग्वेद' के सातवें मंडल में इस दाशराज्ञ-युद्ध का उल्लेख है।[29]

इस दाशराज्ञ-युद्ध में सुदास के अन्य दस राजाओं का घोर संग्राम हुआ था। इस युद्ध में इन्द्र ने सुदास की रक्षा और सहायता की थी। देवासुर-संग्राम में, सरस्वती तट पर वृत्र के मारे जाने का उल्लेख 'ऋग्वेद' में है। और इसीलिए सरस्वती की महिमा में उसे वृत्रघ्नी कहा गया है।[30] किन्तु उस वृत्रयुद्ध में कितने ही खंड-युद्ध इन्द्र और वृत्र के अनुयायियों में हुए, जिनमें सुदास के पिता दिवोदास और वृत्र के अनुयायी शम्बर भी लड़े थे। इन्द्र ने दिवोदास के लिए शम्बर के 99 दुर्ग नष्ट किये थे।[31] और दिवोदास की ही रक्षा के लिए तुर्वशों और यदुओं को भी नष्ट किया था। तुर्वशों और यदुओं के साथ यह युद्ध सरयू तट पर हुआ था।[32] दिवोदास की तरह त्रसस्यु के पिता आर्जुदानि कुत्स ने भी शुष्ण और वृत्रानुयायी कुयव से युद्ध किया था।[33]

उक्त मंत्रों से यह प्रमाणित होता है कि यदु, तुर्वशु और पुरु आदि तथा भरतों का प्रमुख आर्य-वंश इन्द्र के पक्ष और विपक्ष में, वृत्र-युद्ध के समय, किस प्रकार लड़ चुके थे। जब इन्द्र के प्रचंड शक्ति के द्वारा वृत्र की धार्मिक सत्ता का आर्यावर्त्त के त्रिसप्तक प्रदेश से नाश हुआ और असुरोपासक लोग ईरान तथा उसके पश्चिम में हटने के लिए बाध्य हुए, (परा चिच्छीर्पा ववृजुस्त इन्द्रायज्वानों यज्वभि: स्पर्धमाना:। प्र यद्दिवो हरिव: स्थातुरुग्र निरव्रताँ अधमों रोदस्यो:—'ऋक्' 1-33-5), तब भी उस युद्ध की कटु-स्मृति और कुल-मुखियों का वध भिन्न-भिन्न आर्यवंशों में विरोध के कारण-स्वरूप विद्यमान था। जैसे कि, इसे पहले कह आए हैं, कुछ धार्मिक पुरोहितों के संघर्ष के कारण प्राचीन कुल सम्बन्धी बुराइयों को लेकर आर्यावर्त्त में जो गृह-युद्ध हुआ—वही दाशराज्ञ-संग्राम है। त्रिसप्तक प्रदेश में यद्यपि इन्द्र के अनुयायियों की प्रधानता हो चली थी, फिर भी वृत्र-हत्या में हानि उठाए हुए यदु, तुर्वशु, अनु, द्रुह्यु, आदि आर्य-वंश रक्त का प्रतिशोध

चाहते थे, वृत्र-युद्ध में भरत-जाति के प्रमुख दिवोदास ने इन्द्र की सहायता की थी, जिससे आर्यों के भिन्न-भिन्न वंशों को क्षति उठानी पड़ी। इसी कारण आर्यों की मूल भरत-जाति के नेता दिवोदास के वंश से अन्य आर्य-दल द्वेष करने लगे और उक्त काल में दिवोदास के साहसी तथा उद्दंड कुमार सुदास से तथा उनके कुलपुरोहित वसिष्ठ से विरोध भी हो गया, जिसके कारण सुदास ने विश्वामित्र को अपना कुलपुरोहित और प्रधान याजक बनाया चाहा। विश्वामित्र ने अपने तीसरे मंडल के सूक्तों से सुदास का यज्ञ कराने की बात कही है। कुछ लोगों का अनुमान है कि, वसिष्ठ की होम-धेनु छीन लेने का यह तात्पर्य है कि विश्वामित्र ने सुदास आदि राजाओं के कुल की पुरोहिती ले ली थी और यही वसिष्ठ के होम-धेनु हरण करने की कथा का मूल है। सुदास और वसिष्ठ से जो विरोध हुआ था, उसका उल्लेख 'विष्णुपुराण' के चौथे अध्याय में है।[34] यही नाम वाल्मीकीय रामायण में सौदास के रूप में मिलता है, जिन्होंने वसिष्ठ को शाप देने के लिए जो जल ग्रहण किया था, उसे अपने पैरों पर गिराकर कल्माषपाद की उपाधि ग्रहण की थी।[35] अम्बरीष और त्रिशंकु की कथाएँ भी प्रसिद्ध हैं। इन सबसे यह निष्कर्ष निकलता है कि वसिष्ठ के हाथ से उन दिनों की पुरोहिती छीनी जाकर विश्वामित्र के हाथों जा रही थी। शुन:शेफवाली कथा से प्रकट है कि वरुणोपासना के सम्बन्ध में ही वसिष्ठ और विश्वामित्र का झगड़ा तीव्र हुआ और वरुण की बलि के लिए लाया गया शुन:शेफ मुक्त हुआ तथा उसमें विश्वामित्र की विजय हुई।[36] विश्वामित्र की ओर प्राचीन राजकुल अधिक आकृष्ट हुए। विश्वामित्र इन्द्र को अधिक महत्ता देते थे, जैसाकि उनके तीसरे मंडल के सूक्तों में अधिक दिखाई देता है। ऐसा मालूम होता है कि महावीर इन्द्र के अत्यन्त प्रशंसक होने के कारण इन्द्र की सहायता पाने की आशा रखनेवाले राज-कुल विश्वामित्र को ही अधिक मानने लगे। इन्द्र की सहायता उस काल के वृत्र-युद्धों के बाद अत्यन्त आवश्यक हो गई थी; क्योंकि वही उस समय प्रधान राज-शक्ति के केन्द्र थे।[37] दूसरी ओर वसिष्ठ के सूक्तों से उनकी धार्मिक विधियों में सन्दिग्धता प्रमाणित होती है। ऐसा जान पड़ता है कि वे पुरोहिती के लिए अत्यन्त चंचल चित्त हो रहे थे। इन्द्र की प्रशंसा में कहे गए उनके बहुत-से सूक्त हैं; किन्तु वरुण के लिए भी कम नहीं हैं। कहीं-कहीं तो उन्होंने अपनी द्विविधाजनक मनोवृत्ति से उत्पन्न अनेक किवदन्तियों तथा जनरवों से अपनी व्याकुलता का भी स्पष्ट उल्लेख किया है, जिसमें उन्होंने—अपने को झूठे देवों की उपासना करनेवाला; यातुधान, मायावी इत्यादि कहनेवालों से—अपनी रक्षा करने की प्रार्थना की है।[38]

उस समय मायावी वरुण के समर्थक होने के कारण इन्द्र के अनुयायियों के द्वारा वसिष्ठ के लिए ऐसी बातें कही जाती थीं और विश्वामित्र इन्द्र की सहकारिता के कारण अधिक प्रशंसित होते थे। वसिष्ठ कभी सुदास के विरोध के कारण

अपने प्राचीन घराने की मान-मर्यादा की रक्षा के लिए चल-चित्त होकर इन्द्र का समर्थन करते हैं और कभी वरुण से अपने प्राचीन धर्म से विचलित होने के कारण, अपराधों की क्षमा चाहते हैं।[39] कभी तो वरुण से अपनी पुरानी सहकारिता का उल्लेख करते हुए उनसे कृपा की प्रार्थना करते हैं और कभी इन्द्र की प्रशंसा भी करते देखे जाते हैं। वसिष्ठ के समय में ही अग्नि की एक उपासना-पद्धति प्रचलित हुई थी, जो नवजात थी और जिसे 'इन्द्राग्नी' कहते थे। यह वरुण-पूजा से अवश्य ही भिन्न प्रकार की उपासना रही होगी।[40] किन्तु विश्वामित्र, वरुण के उतने प्रशंसक न होने के कारण, इन्द्र-पक्ष के राज-कुलों के प्रधान पुरोधा हो गए और भरतवंश के प्रमुख राजकुमार सुदास ने वसिष्ठ से विरोध करके जब विश्वामित्र को अपना प्रधान याजक बनाया, तब तो उनकी महत्ता अन्य पुरोहित कुलों के डाह के लिए यथेष्ट कारण हुई। सुदास की उच्छृंखलता के कारण या और किसी कारण से वसिष्ठ ने उस यज्ञ में भाग नहीं लिया। ऐसा अनुमान है कि वह सुदास का अश्वमेध-यज्ञ था, जिसे विश्वामित्र ने कराया।[41]

अश्वमेध-यज्ञ इन्द्र के ही प्रीत्यर्थ किया जाता था और यह अश्वमेध-यज्ञ, 'हरिवंश' के अनुसार, जनमेजय के द्वारा वर्जित किया गया। अश्वमेध राज-सत्ता की प्रधानता का द्योतक एक प्राचीन आर्य-अनुष्ठान था। इन्द्र के अनुयायी भरत-वंशीय सुदास ने जब उसका आरम्भ किया, तब वरुणोपासना से प्रेम रखनेवाले, अन्य आर्य राजकुलों के साथ घनिष्ठता रखने के कारण, वसिष्ठ का उस यज्ञ में याजक पद को अस्वीकार कर देना बहुत सम्भव है। और, वह ऐसा अवसर था कि इन्द्र की सहायता करनेवाले भरत-प्रमुख राजन्य के विरुद्ध अन्य प्रतिस्पर्धी राजकुल सहज ही उत्तेजित हो सकते थे। जिस सरयू-तट के युद्ध में यदु-तुर्वशों के नेता अर्ण और चित्ररथ मारे गए थे, उसकी स्मृति अभी मलिन नहीं हुई थी। वसिष्ठ से सुदास का झगड़ा भी हो गया था। इसी समय सुदास ने अश्वमेध का भी अनुष्ठान किया। इससे बढ़कर दाशराज्ञ-युद्ध के लिए और कौन अवसर आता? 'ऋग्वेद' के तीसरे मंडल के 53वें सूक्त के जिन मंत्रों की बातें कही गई हैं, वे इसके साक्षी हैं। 'अश्वं राये प्र मुञ्चता सुदासः' इसी घटना का संकेत करता है। विश्वामित्र के कहे हुए इसी सूक्त के 20, 21, 22 और 23 मंत्र वसिष्ठ के अनुयायी लोगों में वर्जित और अश्राव्य हैं। सातवें मंडल के 104वें सूक्त में जो मंत्र अपने ऊपर किये गए आक्षेपों से सुरक्षित होने के लिए वसिष्ठ ने प्रार्थना रूप से कहे हैं, वे भी अधिकतर विश्वामित्र की ही ओर संकेत करते हैं। तीसरे मंडल के 53वें सूक्त में तो विश्वामित्र ने यहाँ तक कहा है कि 'न गर्दभं पुरो अश्वान्नयन्ति' (3-53-23)। वसिष्ठ के बाँधे जाने, छूटने और उनके पुत्रों के मारे जाने की भी कथा प्रसिद्ध है। उक्त अश्वमेध की पुरोहिती को लेकर वसिष्ठ का जो अपमान हुआ, उससे भी इस युद्ध को अधिक सहायता मिली। एक प्रकार

से यह अश्वमेध रण-निमंत्रण था। फलतः यमुना से लेकर शुतुद्रि (शतद्रु) और परुष्णी के तटों पर कई युद्ध हुए, जिनमें सुदास एक ओर और अन्य दस राजा दूसरी ओर होकर लड़े—इसी का नाम दाशराज्ञ-युद्ध है।

इस दाशराज्ञ-शुद्ध के लड़नेवाले दस राजा कौन थे, इस सम्बन्ध में कई मत हैं।

दाशराज्ञ-युद्ध के सम्बन्ध में रैगोजिन का मत है कि—तृत्सु प्रधान आर्य आक्रमणकारी जाति के लोग हैं, जिन्होंने पंजाब पर पहले आक्रमण किया था। द्रविड़ जाति के पुरु लोग अन्य राजाओं के साथ मिलकर उस आक्रमण को रोकने के लिए लड़ते थे और इस युद्ध में उनके प्रधान पुरु थे। भरत जाति भारत की प्राचीन रहनेवाली अनार्य जाति थी, जिसे विश्वामित्र ने शुद्ध किया था। अनु तो स्पष्ट ही कोल जाति के थे। इन लोगों ने पुरु-जाति के प्रमुख कुत्स के नेतृत्व में सुदास तृत्सु से युद्ध किया। सी.बी. वैद्य महोदय का मत है कि जो आर्य पंजाब में आकर पहले बसे थे, सूर्यवंश के थे। भरत सूर्यवंशी हैं और प्रथम आनेवाले वे ही हैं। सिन्धु नदी से सरयू तक वे फैल गए। मैक्डानल के अनुसार वह अयोध्यावाली सरयू है। वे सूर्यवंशी खैबर की घाटी से पंजाब में आए, पीछे आनेवाले दूसरी टोली के आर्य चन्द्रवंशी थे, जो गंगा की दरी से होते हुए चित्रल गिरि-पथ से आए। सरस्वती-तट पर उन्होंने राज्य स्थापित किया; इसका प्रमाण—भाषाशास्त्र की दृष्टि से ग्रियर्सन और हार्नले के अनुसार—वैद्य जी ने दिया है कि—यही चन्द्रवंशी आर्य धीरे-धीरे दक्षिण में फैले, जिनकी भाषा अवधी, राजस्थानी और पंजाबी से भिन्न है। वैद्य जी का यह भी कहना है कि प्रयाग में चन्द्रवंशियों के आदि पुरूरवा की राजधानी बताना पुराणों का भ्रम है, ये लोग गिलगिट-चित्रल के पथ से आकर पहले-पहल अम्बाला, सरहिन्द स्थानों में बसे। फिर ये दक्षिण की ओर फैले। पहले आए हुए सूर्यवंशी भरतों का पीछे आए हुए चन्द्रवंशी यदु, तुर्वशु आदि से युद्ध हुआ। यदु, तुर्वशु पूर्व में सरयू तक बस चुके थे, जिनसे भरतों का युद्ध हुआ। अमेरिका की पाँच जातियों के युद्ध का उदाहरण देकर वैद्य जी ने यह प्रमाणित करना चाहा है कि इन यदु, तुर्वशु, अनु, द्रुह्यु और पुरु इत्यादि नवागत चन्द्रवंशी आर्यों के साथ पाँच अनार्य (पक्थ, भलान, भनन्तालिन, विषाणिन् और शिव) जातियों का गुट्ट[42] भरतवंशी राजा के विरुद्ध संघटित हुआ; अर्थात् वह दाशराज्ञ-युद्ध पहले के आए हुए सूर्यवंशी और पीछे के आए हुए चन्द्रवंशी आर्यों का भूमि-लिप्सा के लिए पारस्परिक युद्ध हुआ, जिसमें सूर्यवंशी भरतों की ही विजय रही।

संक्षेप में रैगोजिन इत्यादि पाश्चात्यों के मत में दाशराज्ञ-युद्ध अनार्य भारतीयों पर विदेशी आर्यों का आक्रमण है और वैद्य जी ने उसमें इतना संशोधन और किया है कि युद्ध में कुछ अनार्य भले ही सम्मिलित रहे हों; किन्तु प्रधानतः उसमें आक्रमणकारी और आक्रान्त, दोनों ही आर्य थे। इस कल्पना के द्वारा वैद्य जी ने

सूर्यवंश और चन्द्रवंश के पौराणिक आख्यान की संगति लगा ली है। इन दोनों समीक्षकों के मत के मूल में पाश्चात्य शोधकों की वही मनोवृत्ति या विचारधारा है, जो भारत को आरम्भ में अनार्य देश मानकर उस पर विदेशी आर्यों का आक्रमण करना युक्ति-युक्त समझती है, जिससे यह प्रमाणित हो जाए कि आर्य लोग यहाँ के अभिजन नहीं, प्रत्युत विदेशी हैं।

सरस्वती का सप्तक प्राचीन आर्यावर्त्त त्रिसप्तक प्रदेश में सीमित था। सरस्वती, सिन्धु और गंगा की सहायक नदियों से सजला-सफला भूमि वैदिक काल के आर्यावर्त्त की सीमा के भीतर मानी जाती थी। किन्तु, सरस्वती से मेरा तात्पर्य पंजाब की सरस्वती से नहीं है। अफगानिस्तान की 'हिलमन्द' नदी 'ऋग्वेद' की सरस्वती है। वर्तमान भारत के मानचित्र को सामने रख कर ऋग्वेद काल की ऐतिहासिक आलोचना असम्भव है। उस समय की ऐतिहासिक घटनाओं को समझने के लिए ऊपर कहे हुए चित्रसप्तक प्रदेश के आर्यावर्त्त (जो हिमालय और विन्ध्य के मध्य में था) को आँखों के सामने रखना होगा। तब यह कहना व्यर्थ है कि आर्य लोग कहीं दूसरे स्थान से आए थे; क्योंकि खैबर की घाटी तब भारतवर्ष की उत्तर-पश्चिम की सीमा नहीं थी। ऐसा समझ लेने पर दाशराज्ञ युद्ध को विदेशी आर्यों और भारतीय द्रविड़ों का युद्ध न कहकर आर्यावर्त्त के आर्यों का ही गृह-युद्ध कहना संगत होगा। दाशराज्ञ के सम्बन्ध में जिस त्रसद्दस्यु का उल्लेख हुआ है, वह सुवास्तु प्रदेश का था, जिसे अब स्वागत कहा जाता है।

इसी सुवास्तु प्रदेश को सत्यव्रत सामश्रमी ने आर्यों का मूल स्थान बताया है। 'तुग्व' सुवास्तु प्रदेश का एक प्रसिद्ध तीर्थ माना जाता था। रैगोजिन का यह कहना असंगत है कि पुरु लोग पश्चिम के रहनेवाले द्रविड़ जाति के थे। उन लोगों की अध्यक्षता में अन्य राजाओं ने तुत्सुओं से युद्ध किया; क्योंकि पौरवों का सरस्वती के दोनों तटों पर रहना 'ऋग्वेद' से प्रमाणित हैं।[43] इस मंत्र में पुरु जाति का उल्लेख 'पूरव:' बहुवचन से है। 'ऋग्वेद' काल की सरस्वती (हिलमन्द) के दोनों तटों पर इनका राज्य था। ये पुरु लोग वृत्रयुद्ध में दिवोदास और इन्द्र के सहकारी थे। उस युद्ध में पुरुवंशी कुत्स शुष्ण से और दिवोदास शम्बर से लड़े थे[44]। त्रसद्दस्यु का स्वात की घाटी तक अधिकार होने का प्रमाण भी हम ऊपर दे आए हैं। तब यदि यह माना जाए कि वर्तमान हिलमन्द और स्वात प्रदेश की रहनेवाली पुरु जाति भारत पर आक्रमण करती है, तो रैगोजिन के अनुसार द्रविड़ पौरवों का पंजाब के आर्यों पर उलटा आक्रमण हो जाता है। वास्तव में तो इन लोगों की भ्रान्त कल्पना यह है कि विदेशी आर्यों ने भारतीय द्रविड़ों पर आक्रमण किया। जिन तृत्सुओं को रैगोजिन ने आक्रमणकारी आर्य बताया है, वे तृत्सु आर्य-सैनिक नहीं; किन्तु भरतों के पुरोहित थे और इसीलिए वसिष्ठ को प्रधान या आदि तृत्सु भी कहा गया है।[45]

वैद्य जी का कहना है कि चन्द्रवंशी आर्य अर्थात् पुरु, तुर्वशु, अनु और द्रुह्यु आदि गंगा की घाटी से होते हुए कुरुक्षेत्र में आए और यहाँ पर बसने और राज्य करने के लिए उन्हें सूर्यवंशी भरतों से लड़ना पड़ा। आप पुराणों में वर्णित प्रयाग को पौरवों की आदि राजधानी भी नहीं मानते; किन्तु चौथे मंडल के 30वें सूक्त में वर्तमान सरयू तट पर यदु-तुर्वशों का भरतों से युद्ध होने का उल्लेख आप प्रमाण में देते हैं। आश्चर्य की बात होगी कि गंगा से पूर्व की नदी का तो दाशराज्ञ युद्ध से सम्बन्ध लगाया जाए, किन्तु गंगा का कोई उल्लेख न हो। वास्तव में तो दाशराज्ञ-युद्ध की पूर्वीय सीमा यमुना नदी ही थी : 'आवदिन्द्रं यमुना तृत्सवश्च प्रात्रभेदं सर्वताता मुषायत अजासश्च शिग्रवो यक्षवश्च बिंल शीर्षाणि जभ्रु रश्व्यानि' ('ऋग्वेद' 7-18-19)। दाशराज्ञ-युद्ध सम्बन्धी सूक्तों में परुष्णी और यमुना का ही उल्लेख मिलता है। विश्वामित्र के तीसरे मंडल के 33वें में भरतों के लिए एक और युद्ध का उल्लेख है। यदि उसे भी दाशराज्ञ-युद्ध का एक अंश माना जाए, तो सतलज और व्यास के तटों पर भी युद्ध का होना प्रमाणित है। जिस यदु-तुर्वशों के युद्ध का होना सरयू तट पर कहा जाता है, वैद्य जी उसे वर्तमान अयोध्या के समीप की सरयू समझते हैं; यह ठीक नहीं। ऋग्वेद की सरयू[46] अफगानिस्तान की हरिरूद या अवेस्ता की हरयू है। वहीं यदु-तुर्वशों से युद्ध हुआ था। यादवों का उस सरयू तट पर रहना इससे भी प्रमाणित होता है कि वे वृषपर्वा आदि असुरों के सम्बन्धी थे। असुरों के देश के समीप वही सरयू हो सकती है, वर्तमान अयोध्या के समीप की सरयू नहीं। और, पुरु लोग तो स्पष्ट ही ऋग्वेदीय मंत्रों में आर्य कहे गए हैं। जिन प्रमाणों के आधार पर रैगोजिन यदु-तुर्वशों को अनार्य या द्रविड़ मानते हैं अथवा वैद्य जी उन्हें भरतों के विरोधी चन्द्रवंशी समझते हैं, वे भ्रामक हैं; क्योंकि यदु-तुर्वशु जाति के लोग भी इन्द्र के द्वारा सुरक्षित किये गए हैं।[47]

वैद्य जी का यह कहना भी सुसंगत नहीं है कि भरत सूर्यवंशी राजा थे; या उनके वंशज सुदास से नवागत चन्द्रवंशी आर्यों का युद्ध हुआ। भाषाशास्त्र के अनुसार आर्यों की जिस दूसरी टुकड़ी के भारत में आने की कल्पना की गई—वह अधिक विश्वसनीय नहीं है, क्योंकि वर्तमान भारत के मानचित्र का और प्राचीन आर्यावर्त्त की सीमा का विभेद ऊपर स्पष्ट किया जा चुका है। अब यह देखना होगा कि भरत को सूर्यवंश का प्रमाणित करने में वैद्य जी कहाँ तक सफल हुए हैं। उनका कहना है कि निरुक्त के अनुसार भरत का अर्थ सूर्य है और साथ ही आदि-भरत में एक व्यक्तित्व मानकर पौरवों के आदिपुरुष पुरु से संघर्ष होने का भी अनुमान करते हैं; किन्तु वैदिक-काल का इतिहास ढूँढ़ने में निरुक्त के अर्थ का अवलम्बन नितान्त भ्रमपूर्ण होगा। जिस वृत्र को ऐतिहासिक लोग असुर, त्वष्टा का पुत्र, मानते हैं, उसे निरुक्तकार मेव बतलाते हैं। ऐसी रूपकीय कल्पनाओं से इतिहास का बनना असम्भव हो जाएगा। दूसरा प्रमाण वे पुराणों

से भरत के स्वायम्भुव मनु के पौत्र होने का देते हैं। इसे मान लेने पर उन्हीं के कथनानुसार भरत को सूर्यवंशी नहीं कहा जा सकता; क्योंकि पुराणों के अनुसार सूर्यवंश के आदिपुरुष वैवस्वत मनु थे। स्वायम्भुव मनु के वंशज का सूर्यवंशी बनना असम्भव है।

वैद्य जी का यह भी मत है कि चन्द्रवंशी आर्यों की पाँच जातियाँ थीं और यही वैदिक साहित्य में 'पंचजना:' के नाम से पुकारी गई हैं। अनु, द्रुह्यु, पुरु, यदु और तुर्वशु को एक मंत्र में एकत्र देखकर उन्होंने इस सिद्धान्त की कल्पना की है।[48] किन्तु इसमें इन लोगों के चन्द्रवंशी होने का कोई प्रमाण नहीं। पुराणों में इन्हें चन्द्रवंशी और दिवोदास या सुदास को पौराणिक वंशावली में सूर्यवंश का देखकर भरतों को सूर्यवंशी मान लेने का वे आग्रह करते हैं—यद्यपि भरत जाति पुराणों के द्वारा चन्द्रवंश की ही स्पष्टत: मानी जाती है। इधर वाल्मीकि ने नहुष और उनके पुत्र ययाति को सूर्यवंश में माना है। दिवोदास तथा उसके पुत्र 'प्रतर्दन' का उल्लेख 'विष्णुपुराण' के चौथे अंश के आठवें अध्याय में चन्द्र-वंशावली में किया गया है।

इस प्रकार वैदिक राजाओं की नामावली लेकर, पिछले काल की घटनाओं का उनसे सम्बन्ध जोड़कर, जो पौराणिक वंशावली पुराण-प्रादुर्भाव-काल में प्रस्तुत की गई है, उससे वैदिक-काल के इतिहास का निर्णय करना ठीक नहीं है। और जबकि, चन्द्र और सूर्यवंश का उल्लेख वेदों में स्पष्ट नहीं मिलता, तब वैद्य जी का यह प्रयत्न केवल पश्चिमीय मत (जो आर्यों का दो टोली में आने का वैद्य जी ने सूर्य और चन्द्रवंश में सामंजस्य किया है)। वस्तुत: यह दाशराज्ञ-युद्ध भरत जाति के प्रमुख राजा के विरुद्ध अन्य आर्य राज-कुलों का विद्रोह था, आर्यों और अनार्यों, चन्द्रवंशियों तथा सूर्यवंशियों का युद्ध नहीं। 'ऋग्वेद' के 7वें मंडल के 18वें सूक्त के आधार पर दाशराज्ञ-युद्ध में लड़नेवाले दस राजाओं का जो चयन किया गया है, वह समीचीन नहीं। दाशराज्ञ का स्पष्ट उल्लेख तो 7वें मंडल के 33 और 83 सूक्तों में है। इन दोनों सूक्तों में उन दस राजाओं का नाम नहीं।[49] हाँ, 83वें सूक्त में यह तो अवश्य मिलता है कि सुदास से लड़नेवाले दसों राजा यज्ञ-विरोधी थे[50] तब हमारे उस मत को वह दृढ़ आधार मिलता है कि सुदास के अश्वमेध-यज्ञ के विरोध में ही यह दाशराज्ञ-युद्ध हुआ। सुदास का वह यज्ञ यमुना के तट पर पूर्ण हुआ, जहाँ पर इन्द्र को अश्व के सिर उपहार में मिले।[51] यदि 18वें सूक्त के अनुसार ही दस राजाओं का चयन करना संगत हो, तो उक्त सूक्त में पुरु, अनु, द्रुह्यु, भृगु, मत्स्य, विकरण, शिग्रु, यदु, तुर्वशु और अज लोगों के नाम स्पष्ट ही मिलते हैं, और ये आर्य जाति के नाम हैं। फिर उसी सूक्त में उल्लिखित पाँच अनार्यों को (पक्थ, भलान, भन्तालिन, विषाणिन, शिव इत्यादि को) भी जोड़ देने से दस न होकर ये पन्द्रह राजा हो जाते हैं। पक्थ, भलान आदि

अनार्य तो उसी सूक्त में गायें चुरानेवाले कहे गए हैं। ऐसा मालूम होता है कि जब भरतवंशी आपस में लड़कियों की तरह छितराये हुए थे और परस्पर लड़ रहे थे, तब इन अनार्यों को भी इनकी गायें चुराने का अवसर मिला होगा।[52] वास्तव में तो यह युद्ध इन्द्रानुयायी सुदास और यज्ञ न करनेवाले वृत्रानुयायी अन्य आर्य कुलों में हुआ था। दाशराज्ञ सम्बन्धी 83वें सूक्त (9 मंत्र) में इनके वृत्रानुयायी होने का स्पष्ट उल्लेख है : 'वृत्राण्यन्य: समिथेषु जिघ्नते'।

इस युद्ध के सम्बन्ध में ही सम्भवत: वसिष्ठ विपाशा-तट पर छोड़ गए और राजनीति के अनुसार उन्हें दक्षिणा भी दी गई। तब उन्होंने भी कहा कि, मनुष्यो! सुदास के अनुयायी बनो, जैसाकि तुम लोग उसके पिता को मानते थे।[53] ऐसा अनुमान होता है कि तृत्सुओं की पुरोहिती बनी रही, किन्तु भरतों के आचार्य का पद विश्वामित्र को मिला। विश्वामित्र भरतों के दीक्षा गुरु और वसिष्ठ-वंशी कर्मकांडी पुरोहित बने रहे। विश्वामित्र इन्द्र के परम प्रशंसक थे और उन्हीं की प्रेरणा से इन्द्र ने सुदास की सहायता की। विश्वामित्र ने उस युद्ध में शतद्रु-तट पर जो सहायता सुदास को दी, उसका प्रमाण है—तीसरे मंडल का तैंतीसवाँ सूक्त जिसके 91 और 92 मंत्रों में भरतों के शतद्रुपार होने का वर्णन है। विश्वामित्र ने तो यहाँ तक कहा है कि कुशिकों के कारण ही इन्द्र सुदास पर प्रशन हुए।[54]

इन्द्र की सहायता से ही सुदास को उस दाशराज्ञ-युद्ध में विजय मिली। और उन इन्द्र को तुष्ट करनेवाले विश्वामित्र ही थे—स्वयं उन्होंने कहा है कि 'य इमे रोदसी उभे अहमिन्द्रमतुष्टवम् विश्वामित्रस्य रक्षति ब्रह्मेदं भारतं जनम्' (3-53-12)।

कुछ लोगों का अनुमान है कि दाशराज्ञ-युद्ध 3102 बी.सी. में हुआ और उसी युद्ध का स्मरण-स्वरूप महाभारत-युद्ध है क्योंकि यह भी पौरवों के ही गृह-कलह का रूपान्तर है। किन्तु दाशराज्ञ-युद्ध को अलग मानने के बहुत-से कारण हैं। वह 'भारत-युद्ध' नहीं है। यह वैदिक युद्ध, इन्द्र और वृत्रासुर अथवा देवासुर-संग्राम का ही पिछला अंश है, जिसे 7500 बी.सी. से कम का अनुमान नहीं किया जा सकता। पूना के एक शोधक विद्वान भी इसे 6000 बी.सी. से पीछे का नहीं मानते।

इस युद्ध के बाद आर्य लोगों के बहुत-से दल—अपने मतभेद लिये—आर्यावर्त्त से बाहर चले गए—और, उन्होंने नये उपनिवेश बसाए।

उपनिवेश-वृहत्तर आर्यावर्त्त आर्यों की वाणिज्य करनेवाली जाति के पणि लोग उस संघर्ष में असुरों से मिल गए थे। यही लोग सम्भवत: प्राग्-ऐतिहासिक काल के 'फिनीशियन' लोगों के पूर्वज थे। ऋग्वेद (मंडल 10 के 108वें सूक्त) में उनका उल्लेख है।[55] इसी संघर्ष के कारण आज भी जरथुस्त्र के अनुयायी धर्म में दीक्षित होते हुए प्रतिज्ञा करते हैं : 'हम देवों को भगाते हैं और अपने को जरथुस्त्रीय देवविरोधी स्वीकार करते हैं।'[56] उधर 'ऋग्वेद' में इन्द्र-शत्रुओं के

निर्वासन की चर्चा है : 'उतब्रुवन्तु नो निदो निरन्यतश्चिदारत। दधाना इन्द्र इद्दुव:' ('ऋक्', 1-4-5)।

इस प्रकार प्राचीन काल के पूज्यमान असुर पिछले काल में वेदों में विरोधी माने गए और देव लोग ईरानी आर्यों के यहाँ शत्रु समझे गए। आजकल ईरानी संस्कृति में वेद-जादा या काला-देव, सफेद-देव उसी ध्वनि का द्योतक है एवं अवेस्ता के अनुसार इन्द्र, शौर्व (शर्व?) तथा नासत्य दुष्टात्माओं में गिने जाते हैं। 'हाग' का भी विचार था कि अहुरमज्द का धर्म प्राचीन बहु-देववाद मूलक वैदिक विचारों से एक धार्मिक विद्रोह-रूप था। यद्यपि 'ऋग्वेद' में मंत्रों के संकलन से यह सूचित होता है कि उस काल में वैदिक धर्म समन्वयवादी हो गया था। उसमें सब प्रकार की भावनाओं के मंत्र मिलते हैं। फिर भी ईरानी आर्यों ने उसी धर्म के एक प्राचीन समुदाय को विकसित कर स्वतंत्र उपासना का प्रचार किया, उसमें वरुण-असुर की प्रधानता थी और सोमपान इत्यादि के सम्बन्ध में कुछ नये सुधार किये गए थे। वैदिक आर्यों में इस तरह दो परस्पर-विरोधी सम्प्रदाय बन गए। इसके प्रमाण दोनों के धर्मग्रन्थों में मिलते हैं।

यह ईरानी धर्म, वरुण की प्रधानता के कारण, एकेश्वरवादी होने पर भी द्वैत अथवा द्वन्द्व को माननेवाला था। अहुर (असुर) सब मलिनताओं से परे पवित्रात्मा और अह्रिमान उसका प्रतिद्वन्द्वी दुष्टात्मा। इस प्रकार संसार के भले-बुरे काम बाँट दिये गए। यही सर्पाकृति अह्रिमान पिछले काल में अन्य धर्मों के शैतान का रूप धारण करता है, जो स्वर्ग नष्ट करने के लिए उद्यत था। सम्भवत: इस स्वर्गनाश का सम्बन्ध अवेस्ता-वर्णित जल-प्रलय से है।

एक प्रसिद्ध ग्रन्थ (Conflict between religion and science) में लिखा है कि इस द्वन्द्व का समाचार यहूदियों ने पहले-पहल बैबिलोनिया में, जहाँ वे बन्दी थे, 7वीं-8वीं शताब्दी ईसवी-पूर्व में सुना। प्राचीन बैबिलोनिया, असीरिया और मीडिया के आर्यों की, अहुर व असुर की उपासना में साम्य देखकर, विशेष कर यहूदियों के मुख से बैबिलोनिया-द्वन्द्व की गाथा सुनने के आधार पर यहूदियों की धर्म-पुस्तक को सीमा का पत्थर समझनेवाली भूल से यह कहा जाता है कि अपने ध्वंसावशेषों के द्वारा अपनी प्राचीनता का प्रमाण देनेवाले सुमेरिया देश से ही यह धर्म-संस्कार फैला है।[57] यहूदियों का जेहोवा भी ईरानी असुर-वरुण का नामान्तर है।[58]

फिर आगे चलकर (पृष्ठ 338) लिखा है कि यह तो हो सकता है कि असुर उपासक सम्प्रदाय के विकास में उन्नत विचारवाले बैबिलोनिया के धर्माचार्यों की छाप हो और फारस का मित्र-धर्म भी उसी प्राचीन संस्कृतिवाले देश के सन्देश-वाहकों के प्रचार का परिणाम हो![59]

प्राचीन शिनीर या सुमीर को वर्तमान सभ्यता का जनक मानने के लिए इस प्रकार बहुत-से विद्वानों ने अनुरोध किया है, उसके मूल में यही सब कारण हैं।

उनके मत से असुर का धर्म पारसियों ने बैबिलोनिया से सीखा। 'Darmistier' जैसे अवेस्ता के अनुवादक ने तो यहाँ तक कह डाला है—इस धर्म पर ग्रीक, यहूदी और कितने ही धर्मों का प्रभाव है। और Prof. Geldner का मत है कि ये गाथाएँ ही सबसे पुरानी हैं जिन्हें कि 'जरथुस्त्र' का सन्देश कहा जा सकता है। उनके सम्बन्ध में Darmistier का मत है कि वे अधिक-से-अधिक ईसवी-पूर्व पहली शताब्दी की है।[60]

किन्तु पक्षपातपूर्ण संकीर्ण विचार में कितना सत्य है, नीचे का अवतरण देखने से उसका पता लग जाएगा, और यह जरथुस्त्र का धर्म वा सम्प्रदाय कितना प्राचीन है, यह भी आप जान सकेंगे। जैकब ब्रायण्ट नामी एक सुधी लेखक अपने 'एनालेसेस ऑफ ऐंश्येण्ट माइथोलॉजी' में बहुत-से प्रामाणिक लेखकों को उद्धृत करता है, जैसे—प्लिनी दि एल्डर, प्लुटार्क, प्लेटो, यूडाक्सस इत्यादि; और वह इस सिद्धान्त पर पहुँचता है कि 'जरथुस्त्र' नाम एक नहीं, अनेक व्यक्तियों का है।

प्लिनी मूसा से कई हजार वर्ष पहले जरथुस्त्र को मानता है। प्लुटार्क उसे ट्राय-युद्ध से 5000 वर्ष पहले का कहता है। यूडाक्सस जरथुस्त्र को प्लेटो की मृत्यु से 6000 वर्ष पूर्व का मानता है। प्लेटो की मृत्यु 348 बी.सी. में हुई।[61]

अब आप विचार कर सकते हैं कि जिस धर्म के आधार पर पवित्र-विज्ञान के आकार का निर्माण प्लेटो ने किया और ग्रीस के जिन प्राचीन दार्शनिकों ने जिस जरथुस्त्र धर्म से बहुत कुछ लिया, वह पारसी धर्म उनसे भी पीछे का है; ऐसा मानने में पक्षपात है या नहीं? ट्राय का युद्ध 1300 या 1400 ईसवी-पूर्व का माना जाता है। उससे भी 6000 वर्ष पूर्व अर्थात् 7500 ईसवी-पूर्व में जरथुस्त्र (प्राचीन-त्वष्टा) का होना, क्रीक दार्शनिकों और इतिहासकारों ने माना है। मेगस्थनीज के दिये हुए राजवंश-संख्या और समय-निरूपण से भी वही मिलता है, जिसका समर्थन हमारे पुराणों की तालिका करती है। फिर उस समय को क्यों न माना जाए? यदि त्वष्टा का धार्मिक संघर्ष इतना प्राचीन है तो यह बात स्वयं प्रमाणित हो जाती है कि प्राचीन सुमेरिया, इजिस्ट और बैबिलोनिया आदि में प्राचीन असुर-उपासना का धर्म इन्हीं मीडिया में विताड़ित आर्यों के धर्म का प्रतिबिम्ब है। इन सब देशों में मित्र-वरुण की उपासना ईरानी धर्म-याजकों के प्रचार के द्वारा प्रचलित हुई और उनकी सभ्यता से ये सब देश आलोकित हुए। अत: यह Indo-Iranian-Period इससे सात-आठ हजार वर्षों से भी प्राचीन है। इसी काल में सुमेरियन सभ्यता का प्रभात होता है। अब आवश्यक है कि सुमेरिया इत्यादि के संस्कृति-केन्द्र होने की परीक्षा की जाए।

त्वष्टा के अनुयायी वृत्र या अहि का निवास 'ऋग्वेद' में निण्य लिखा है : 'वृत्रस्य निण्यं वि चरन्त्यापो दीर्घं तम आशयदिन्द्रशत्रुः' ('ऋक्', 1-32-10)। यह निण्य प्राचीन सुमेरिया का निन्न नामक स्थान है। अवेस्ता के अनुसार भी

Azi Dohak अहि Bawri बावेरु (बेबिलोन) में रहता था। सुरमा के उपाख्यान से भी असुर-निवास का रसा के उस पार होना प्रमाणित है। सुमेरु प्रदेश से हटाए जाकर असुर सम्प्रदायवालों ने वरुण की नगरी सुषा (Sussa), इलाम की राजधानी के पास ही के प्रदेश को फिर से सुमेर नाम दिया। और Land of noiri ही आर्य-साहित्य में प्रसिद्ध निरय (असीरिया का ऊपरी प्रदेश) रहा हो तो क्या आश्चर्य है : 'असुर्य्या नाम ते लोका अन्धेन तमसावृता:' ('ईशोपनिषद्'—3)।[62]

छान्दोग्य की विरोचन और इन्द्र की ज्ञान-प्राप्तिवाली कथा का तात्पर्य मनोरंजक है। स्पष्ट है कि देवों के नायक इन्द्र आत्मवाद तक पहुँचे किन्तु प्रजापति के कहने पर कि 'जलपात्र में देखो'—केवल अपना मुँह देखकर असुर नायक विरोचन देहात्मवादी हुए। एवंविध असुर शरीर को मुख्य मानने लगे तथा उनमें मृत शरीर को भिक्षा, अलंकार से सजाकर सुरक्षित रखने की प्रथा चली। ईजिप्ट के ममी-निर्माण के मूल में छान्दोग्य की इस कथा की छाया है। अन्तत: असीरिया की धार्मिक सभ्यता के सम्बन्ध में Myths of Babylonia and Assyria के लेखक को लिखना पड़ा : 'सम्भव है कि असीरिया के धार्मिक संस्कारों का दूसरा उद्गम फारस हो, क्योंकि असीरिया के असुर भी ठीक फारस के अहुरमज्द के समान पंखदार चक्र में राजा के ऊपर छाया किये हुए दिखाई देते हैं। पवित्र वृक्ष भी पारसियों की 'माइथोलॉजी' के अनुसार ही असीरिया में सम्मानित था।[63] यहाँ तक कि प्राचीन असीरिया के राजाओं के नाम भी सेमेटिक नहीं थे।'

असीरिया की सभ्यता सुमेरिया और बैबिलोन की सभ्यता से पीछे 1200-1400 बी.सी. की मानी जाती है, इसलिए इन विद्वानों ने उस पर ईरानी सभ्यता की छाप मान लेने में कोई बाधा नहीं देखी। इसके और भी कारण हैं, Dr. hugo Winkler ने मैत्रायणों (Mittanians) के एक शिलालेख का उद्धार किया है। उसका समय ईसा-पूर्व 14वीं शताब्दी अनुमान किया जाता है। वह शिलालेख एशिया मनइनर, वर्तमान अंगोरा, के समीप Bogazkoi में इन्द्र, वरुण, नासत्य आदि आर्य नामों को अपनी छाती में छिपाये पड़ा था। यहीं तक नहीं, इन मैत्रायणों की ही सहकारी एक और जाति हिटाइट (Hittite) थीं, जिसने अपनी शूरता से प्राचीन सुमेरिया और बैबिलोनिया के असुर राजाओं को विकम्पित कर दिया था। Story of Assyria में Ragozin लिखते हैं कि 'चौल्हिया और असीरिया से शिलालेखों में हिटाइट लोगों का नाम 'खत्ती' लिखा है। इसमें सन्देह नहीं कि यह उल्लेख मेसोपोटामिया में हिटाइट लोगों के प्राथमिक आक्रमण का प्रमाण है।'[64]

इसी का समर्थन 'Myth of Babylonia' के लेख में देखिए : 'मेस्पेरो जैसे प्रामाणिक लोगों की भी सम्मति है कि हट्टि या हिटाइट लोगों का जो उल्लेख बैबिलोनिया की 'बुक ऑफ ओमेन' नाम की प्राचीन पुस्तक में है, वह अक्काद (Chaldia) के प्रथम सार्गन के भी पहले का है।'[65]

आगे चलकर उसी लेखक ने लिखा है : 'विकलर विश्वास करते हैं कि मित्तानी (मैत्रायण) राज्य हट्टी लोगों की पहली नहर के द्वारा स्थापित किया गया था जो पूर्व से आए थे।'[66]

इन पाश्चात्य विद्वानों के ही विचार से ये मैत्रायण और खत्ती एक ही जाति के थे। 'ओल्ड टेस्टामेंट' में जाति विभाजन के अनुसार भी ये लोग सेमेटिक नहीं थे। परन्तु देखना चाहिए कि उस जाति का असली नाम कितनी चालाकी से छिपाया जाता है। 'ओल्ड टेस्टामेंट में व्यवहृत Hittites का प्रचार किया गया है। 2800 ईसा-पूर्व यानी 'सार्गन' के पहले थी जो उनका नाम अत्रिय (Khatti) था, उसके कहीं प्रयोग नहीं। मेरा अनुमान है कि ये आर्य किसी धर्म-सम्प्रदाय के प्रति उतना आग्रह नहीं रखते थे, जितना थे अपनी शूरता और विजयों के प्रति। उन्होंने अपना नाम केवल क्षत्रिय ही रखा था।

हीरेनशा (Hearenshaw) अपने संसार के इतिहास (पृष्ठ 19) में लिखते हैं : 'सबसे पहले एशिया मानइर की लोहे की खान को खोदनेवाले हिटाइट (खत्ती लोग) ही थे। इस लोहे की सभ्यता के आदि आविष्कारक आर्य क्षत्रिय ही थे।'[67]

'Indian Mythical Legend' की भूमिका में लिखा है : 'साधारणत: यह मानी हुई बात है कि आर्य लोगों ने ही घोड़े को पहले पालतू बनाया जिसके कारण आगे चलकर बहुत-से साम्राज्य बने और बिगड़े।[68] मिस्र के इतिहास में भी आर्यों के द्वारा ही घोड़े के प्रचार का उल्लेख मिलता है (Egyption Myth and Legend—page 264) Hyksos ने 2200 ईसा-पूर्व में मिस्र देश में राज्य किया और इन्दी आक्रमणकारी इक्वाकुआ (Egyption Myth and Legend—page 264) Hyksos ने घोड़े से मिस्र देश को परिचित कराया था। इसके पहले के पिरामिड बनानेवाले राजाओं में (Sonkhkor) शांखकार जैसे आर्यध्वनिवाले नाम लिखित हैं। सुमेरिया की जाति के ही ये प्रागैतिहासिक काल के निवासी माने जाते हैं। नोलनद की सभ्यता ने पिरामिड बनानेवाले को अधिक से अधिक 4000 से 3000 बी.सी. के बीच में उत्पन्न किया है। परन्तु सिन्धु की सभ्यता ने (मार्शल के अनुसार) 4000 से 3000 बी.सी. का प्रमाण दे दिया है। इसलिए यह मानने में कोई बाधा नहीं है कि 'ओसेरिस' पूजक मिस्र निवासियों की प्रागैतिहासिक काल की सभ्यता भी इन्हीं असुर उपासकों के उस 'विराट द्वन्द्व' का एक अंश मात्र रही।

H. G. Wells ने जिस 'Sargon of Accad' को विजेताओं में सर्वप्रथम माना है, उसके प्रसिद्ध हम्मूरब्बी के सिंहासनों को कँपानेवाले यही क्षत्रिय थे जिन्हें Hittile कहकर पाश्चात्य शोधकों ने घपले में डाल रहा है। Khatti जाति की सभ्यता 3000 बी.सी. से पहले की है।[69] यहूदियों के सर्वप्रधान व्यक्ति Abraham ने Ephron खत्ती से भूमि ली थी। अस्तु।

यह मानी हुई बात है कि प्रसिद्ध सार्गन ने चैल्डिया में सेमेटिक वंश की स्थापना की थी। इसके पहले के शासन करनेवाले सेमेटिक नहीं थे। सार्गन के पहले भी—3000 ई.-पूर्व में—क्षत्रियों की सभ्यता सुदूर पश्चिमी दक्षिणी एशिया में सूसा से आर्मीनिया तक सर्वत्र व्याप्त थी। ये भी आर्यों के समान पितृ-देवों की ही उपासना करते थे, सेमेटिक लोगों के समान मातृ-उपासक नहीं थे।[70]

आर्मीनिया के वाद प्रदेश के शिलालेखों की भाषा में Mr. Sycc ने प्रमाणित कर दिया है कि पूर्वकालिक आर्मीनियम लोग न तो सेमेटिक थे, न तूरानी थे। उनका विचार है, और यह विचार प्रतिदिन पुष्ट होता जा रहा है कि वे क्षत्रिय वंश की एक शाखा थे।[71]

आर्मीनियम लोग अब तक आर्य जाति के माने जाते हैं, और उस प्रारम्भिक काल में भी भाषा के विचार से वे सेमेटिक नहीं थे। आर्य-भाषा-भाषियों की विजय का संकेत उस प्राचीन प्रागैतिहासिक-काल में सुमेरिया और इलाम के लेखों में देखकर पाश्चात्य लोग आश्चर्य तो प्रकट करते हैं, परन्तु वहाँ की स्पष्ट आर्य-सत्ता को स्वीकार करने में उन्हें संकोच होता है।

इन ऊपर के अवतरणों से मुझे यह दिखला देना था कि सुमेरिया और असीरिया, ईजिप्ट तथा बाबुल में प्रारम्भिक काल से ही आर्य-संस्कृति का प्राधान्य था और वे उन्हीं आर्यों की सन्तान थे, जिन लोगों ने प्राचीन आर्यावर्त्त से देव-असुर द्वन्द्व होने के कारण सुदूर देशों में जाकर अपने लिए घर बनाया और उन देशों में बसनेवाली आदिम जातियों से मिलकर धार्मिक आदान-प्रदान के द्वारा एक नवीन—आर्यों से बिलकुल स्वतंत्र—सम्प्रदाय प्रवर्तित किया। और, यह भी प्रमाणित करना है कि ये असुरोपासक अपने प्राचीन इतिहास को धीरे-धीरे भूल चले—कुछ तो धार्मिक मतभेद के कारण और कुछ समय के इतने लम्बे अन्तर से। इनके धर्मों के मूल में वही असुरोपासना थी, यद्यपि धीरे-धीरे उसमें अनार्य या सेमेटिक जाति के संसर्ग से अत्यन्त प्राचीन समय के कुछ नई बातें भी घुस पड़ी थीं, जैसे—स्त्रियों की छाती पीटकर रोना, 'Ailnu Ailnu' कहते हुए चिल्लाना। यह प्रथा असीरिया में प्रचलित थी। सम्भवत: 'शतपथ' (कांड 3, प्रपाठक 1) में : 'तेऽसुरा आत्तवचस: हेऽलवो-हेऽलवो इतिव्यदन्त: पराबभुवु असुर्य्या हैषा वाग्' (सायण ने लिखा है : 'असुर्य्या असुरेष्वा—असुर्य्या हिता') इसी का संकेत है। ऐसी ही एक प्रथा बालक-बलि की भी उन लोगों में थी।[72] यह बालक-बलि पूर्णरूप से सेमेटिक पूजा थी। पिछले काल के भारतीय उपाख्यानों में क्या, ऐतरेय में ही एक ऐसा प्रसंग आया है—रोहिताश्व की बलि का। यह जानकर आश्चर्य होगा कि उस बलि के द्वारा तर्पणीय देवता भी असुर वरुण ही थे जिनके लिए शुन:शेफ की बलि होती। मालूम पड़ता है, सन्तानार्थी आज भी जिस प्रकार आसुरी मनौतियाँ करते हैं, उसी प्रकार हरिश्चन्द्र भी किसी असुरयाजक के चक्र में पड़

गए थे। किन्तु विश्वामित्र ने यह अनार्य और आसुर-कर्म आर्यावर्त्त में न होने दिया और शुनःशेफ की मुक्ति करा दी। बालक प्रह्लाद के वध की किंवदन्ती भी हिरण्यकश्यप असुर से ही सम्बन्ध रखती है।

ऐसे बहुत-से अनार्य आचार भी उन असुरों के क्रिया-कलाप में थे, किन्तु प्रधान असुर आकाशी वरुण की उपासना तब भी सबसे प्रधान थी।

प्राचीन काल में सुमेरियनों का स्वर्ग भी जल में था। सुमेर लोग दजला-फरात की सन्धि में बसनेवाले थे। G. Leonard Woolsey का कथन है :

The original home of the Sumerians is unknown. They, come from a hill country some where in central Asia and so widely spread that kinsfolk of those whome we find later in Mesopotamia were already settled in the north west provinces of India, How they come in Mesopotamia we do not know, Whether they dashed down through Elamite hills or caome by sea skirtinig the eastern shore of Persian gulf as is perhaps more likely (Universal History of the World, 5-12).

इन्द्र उस काल के विरोधी देवनायक थे जबकि त्वष्टा वरुण-सम्प्रदाय के आचार्य थे और इस द्वन्द्व की रंगभूमि आर्यावर्त्त थी। इसके प्रमाण ऋग्वेद और सुमेरियन सभ्यता के पूर्ववर्ती जरथुस्त्र के उद्धरणों में विद्यमान है। पिछले काल तक—मौर्यों के समय में भी—सरस्वती-तट आर्य-सीमा में था। उसके हटने का कारण आर्यों की कोई प्रवृत्ति नहीं जान पड़ती क्योंकि, सप्तसिन्धु या आर्यावर्त्त से हटकर ही पश्चिम में असुर उपासकों को अपनी सभ्यता का प्रचार करना पड़ा। आर्यावर्त्त तो अपने धर्म के अवान्तर भेदों के साथ जहाँ का तहाँ अविचल रहा। यह इन्द्र-वृत्र का युद्ध संसार के प्रागैतिहासिक काल का भले ही हो, परन्तु आर्य जाति का इतिहास है। Indian Myth में इन्द्र के सम्बन्ध में लिखा है कि इन्द्र अत्यन्त प्राचीन देवता थे। वे प्रस्तर युग में पूजे जाते थे।[73]

सुमेरिया का ई-ओंस असुर वरुण का विकृत रूप है[74] प्राचीन चैल्डिया में वही ईरानी उपासना 'अस्सर मआजश' के नाम से प्रचलित थी। Ea-onnes ठीक वैसे ही Artisan के देव थे, जैसे त्वष्टा थे वरुण। वे फारस की खाड़ी के देवता थे। वहीं से उन्होंने सुमेरिया में पदार्पण किया। प्राचीन सुमेरिया में वे आदि निवासियों को घर बनाने इत्यादि सिखाने के लिए आए थे (Indian Myth)। वरुण के उपासक त्वष्टा के अनुयायियों ने वहाँ पहुँचकर सभ्यता का प्रचार किया—इस विवरण से तो ऐसा ही प्रतीत है। क्योंकि, सर जान मार्शल भी वर्तमान काल की खोजों से इसी सिद्धान्त के समीप पहुँच रहे हैं।[75]

ईजिप्ट की प्राचीन गाथाओं में एक अत्यन्त प्राचीन देवता 'टाह' की पूजा का उल्लेख मिलता है। कहा जाता है कि ईजिप्ट में यह एक आक्रमणकारी जाति

के द्वारा ले आए गए और अत्यन्त प्राचीन प्रागैतिहासिक-काल में वे शिल्पियों के देवता कहकर पूजित हुए।[76]

यह Ptah शब्द त्वष्टा का स्मारक है। सबसे पहले मेम्फिस में इन्हीं का मन्दिर बना और ईजिप्ट के यही प्रधान देवता माने गए। Osiris Assor-ah भी मिस्र की असुर-उपासना के अंग थे। उनमें चन्द्रमा की वैसी ही शक्ति मानी जाती थी—जैसी वरुण में।[77]

इस प्रकार आर्यावर्त्त से विताड़ित त्वष्टा और वरुण की साहस्री माया के परशिया, मेसोपोटामिया, बैबिलोनिया, सुमेरिया, असीरिया और ईजिप्ट में फैलने का प्रमाण 'ऋग्वेद' और 'अवेस्ता' में मिलता है। बैबिलोनिया का Baal भी वर्णित इन्द्र-शत्रु बल की प्रतिकृति है। बल के जीतने और बलभिद आदि उपाधि धारण करने के प्राय: उल्लेख हैं। 'ऋग्वेद' में कहीं-कहीं ऐसा भी ध्वनित होता है कि यह वृत्र का भाई था।

तम्मूज की कथा और उसके मारे जाने का प्रसंग भी असीरिया में अधिक प्रचलित था। यह तम्मूज भी दानवों का राजा था। 'ऋग्वेद' में वृत्र का एक संकेत 'तमस' भी है।[78] बैबिलोनिया में भी दुष्टात्माओं का उच्च देवताओं से युद्ध करने के प्रसंग का उल्लेख मिलता है, जिसमें तम्मूज के मारे जाने का वर्णन है। यह तम्मूज बैबिलोनिया और पराजित देवता थे, जिनकी पूजा उस सम्प्रदाय के अनुयायी करते थे। उनके यहाँ उसके लिए शोक भी मनाया जाता था। एक प्रकार से यह 'नृम्ण' इन्द्र की विजय की स्वीकृति थी जिसे आसुरी सभ्यता मानती थी।

सारांश यह है कि महावीर इन्द्र की विजयों ने प्राचीन आर्यावर्त्त के 'त्रिसप्तक नद-प्रदेश' से असुर उपासकों को हटा दिया। ईरान में वह असुर उपासना, 'अहुरमज्द' धर्म फूला-फूला। यह ऐतिहासिक प्रसंग 7500 ईसा-पूर्व से भी पहले का है। पिछले काल में भी मैत्रायण, इक्ष्वाकु और क्षत्रिय जैसी आर्य धर्मानुयायी जातियाँ कभी-कभी उन असुर देशों में भी अपनी विजय वैजयन्ती उड़ा आती थीं।

आर्य-सभ्यता के इतिहास का वह प्रारम्भिक अध्याय है, जब इन्द्र ने आत्मवाद का प्रचार किया, जब असुरों पर विजय प्राप्त की और आर्यावर्त्त में जब साम्राज्य-स्थापन किया।

'त्रिसप्तक प्रदेश' की बसनेवाली भिन्न-भिन्न आर्य संस्थाओं का, जो अपना स्वतंत्र शासन करती थीं और आपस में लड़ती थीं, सम्राट बनकर इन्द्र ने एक में व्यूहन किया और वैदिक काल की भरत, तृत्सु, पुरु आदि वीर मंडलियाँ एक 'इन्द्रध्वज' की छाया में अपनी उन्नति करने लगीं। संसार में इन्द्र पहले सम्राट थे। पिछले काल में असुरों ने उन प्राचीन घटनाओं के संस्मरण से अपना पुराण चाहे विकृत रूप में बनाया हो परन्तु है वह सत्य इतिहास, आर्यों का ही नहीं अपितु मनुष्यता का, जब मनुष्य में आकाशी-देवता पर से आस्था हटकर आत्मसत्ता का

विश्वास उत्पन्न हुआ। वैदिक वाङ्मय और अन्य देशों की अनुश्रुतियों के आधार पर इस निबन्ध में प्राचीन आर्यवास और आर्यों के परवर्ती उपनिवेशों के सन्दर्भ में उस मूल वैचारिक द्वन्द्व का विवेचन हुआ है जो देवासुर-संग्राम से दाशराज्ञ-युद्ध पर्यन्त एक लम्बे संघर्ष में परिणत हुआ। वह द्वन्द्व मानव-समाज के प्राय: समस्त परवर्ती द्वन्द्वों का प्रजापति बना और चेतना के धरातल पर विभाजन की जो रेखा उसने खींच दी, उसी को खींचते-तानते मानव-समाज वर्गों में बँटता और द्वन्द्व-बहुल होता गया। उस वैचारिक संघर्ष से—आकाशी युद्धों के रूप में प्राप्त उल्लेखों से विस्मित होना ठीक नहीं। अयुतों के वर्षव्यापी उस बहुस्तरीय संघर्ष एवं उसके परिणामों की ऐतिहासिक विवेचना अनेक दृष्टियों से महत्त्वपूर्ण है। पुरानी मान्यताओं को दृढ़ता से पकड़ रखनेवाले—असुर कहे जाने वाले—आर्यों के पश्चिमाभिमुखी अभियान के क्रम में स्थापित हुए उनके नये उपनिवेशों का जो परिशोध इस विवेचना के द्वारा प्रस्तुत हुआ है, उसके सहारे अनेक उपलब्धियाँ सम्भावित हैं। परवर्ती शोधोपलब्धियाँ इस निबन्ध की स्थापना को पुष्ट करती जा रही हैं : और अब, एक आक्रामक जाति के रूप में आर्यों के यहाँ आने और भारत को उपनिवेश बनाने की मिथ्या धारणा निरस्तप्राय है। डॉ. केडिल ने कालाहारी अधित्यका (दक्षिणी अफ्रीका) के अपने शोध-सन्दर्भ में जो यह कहा है कि 'इस विचित्र जंगली प्रदेश में मनुष्य उत्पन्न हुआ', उसका यह अभिप्राय नहीं हो सकेगा कि समग्र पृथ्वी पर फैली मानव जाति का वही अग्रजन्मा है।

पीत जाति की भूमि चीन में भी प्रागैतिहासिक नर-कंकाल पाए गए हैं। मध्यचीन के आन्ह्वोई प्रान्त का नर-कंकाल दो लाख वर्ष पुराना और 'पीकिंग-मनुष्य' (Beijing man) छह लाख वर्ष पहले का कहा जा रहा है। भूमध्यरेखा के समीप उष्ण-मरु और रुक्ष वायुमंडल में कृष्णवर्मा जाति और उत्तरीय ध्रुव के समीप शीतप्रधान आर्द्र वातावरण में पीतवर्णा जाति के उद्भव और प्रसार स्पष्ट हैं। कुछ दिनों पूर्व Indian Physic Journal 'प्रमाण' में प्रोफेसर यू. आर. राव ने पृथ्वी पर जीवोत्पत्ति का कारण चुम्बकीय-क्षेत्र को बताया है। निश्चय ही भिन्न शक्ति-तरंगवाले अनेक चुम्बकीय-क्षेत्र इस पृथ्वी पर होंगे और जीवोत्पत्ति में कारणभूत वस्तुत: वे क्षेत्र नहीं प्रत्युत उन्हें केन्द्र बनाकर ऊर्जित होनेवाले उनकी शक्ति तरंग हैं। भिन्न-भिन्न प्रकार के जीवोत्पादन की क्षमता होगी, और अन्य जीवों से विलक्षण चेतना-सम्पन्न मनुष्य की उत्पत्ति के मूल में कुछ विशिष्ट शक्ति-तरंगवाले चुम्बकीय क्षेत्रों का होना आवश्यक है। तब, ऐसा केवल चीन अथवा अफ्रीका में ही न होगा। पृथ्वी में धरातलीय विपर्यासों ने कब, कहाँ और कैसे-कैसे क्षेत्र-परिवर्तन किये और उनका जैव-विकास को कैसा योग मिला, यह तो भौतिक विज्ञान का विषय है किन्तु अभी तक सामान्य सूचना में आए तथ्यों का फलयोग कुछ ऐसा ही संकेत देता है।

चीन और अफ्रीका अर्थात् पीत और कृष्ण जाति के भू-खंडों पर मिले नर-कंकालों ने एक और गम्भीर प्रश्न यह उपस्थित कर दिया है कि उस मानव जाति का केन्द्र और उसके प्रागैतिहासिक अवशेष कहाँ है जिसका वर्ण श्वेत से ताम्र पर्यन्त—भौगोलिक प्रभावों से परिवर्तित—अनेक आभाओं से रंगीन, हमें आज प्राप्त है : और जो गंगा से नील की घाटी और स्कैंडिनेविया पर्यन्त आज भी पृथ्वी की सर्वाधिक प्रभविष्णु महाजाति अथवा आर्य-जाति है। प्रागैतिहासिक अवशेषों की ऐसी अलभ्यता के कारण आर्यों की प्राचीनता और उनकी मौलिक भूमि के सम्बन्ध में अनेक भ्रान्त धारणाएँ बनती चली आ रही हैं : उसके समाधान का समुचित उपचार इस निबन्ध का मूल्यवान विषय है।

प्राय: तीन वर्ष पूर्व तनजानिया (अफ्रीका) के लेतोली क्षेत्र में डॉ. मेरी लीके ने कुछ अति प्राचीन मानुष चिह्न पाए हैं जिनका उल्लेख पश्चिमी-मिशिगन विश्वविद्यालय के प्रोफेसर द्वारिकेश ने 12 जून, 1982 के 'टाइम्स ऑफ इंडिया' में किया है। रेडियो-कार्बन-परीक्षण से वे चिह्न छत्तीस लाख वर्ष पुराने सिद्ध हुए हैं। इस निबन्ध में कथित मूल द्रविड़-भूमि के इन मानुष-चिह्नों का आज उस Shivalik Man के Rama Picthus से जो सम्बन्ध लगाया जा रहा है, उससे भी आर्य-द्रविड़ संघर्ष की भूमि अफ्रीका ही ठहरती है—आर्यावर्त्त किंवा उसका सप्तसिन्धु प्रदेश नहीं। हिमालय के परिसर अथवा मेरुप्रदेश से आर्य-मानवों का अफ्रीकी अभियान दक्षिणी और उत्तरी अफ्रीका के निवासियों के वर्ण की भिन्नता प्रमाणित करती है। इस महाजाति की प्रागैतिहासिक वास्तविकताओं को केवल इस कारण से नकारा नहीं जा सकता कि उसके वैसे पुरातन अवशेषों का अभाव है। उस सिन्धु सभ्यता के अति दूर-पूर्वजों अथवा आर्य-अग्रजन्माओं की प्रागैतिहासिक वस्तुता कहाँ गई? इस प्रश्न के साथ ही हमें उन प्रलय सम्बन्धिनी अनुश्रुतियों को नहीं भूलना चाहिए जो सभी पश्चिमीय देशों में आर्य-मूलवाली जाति-शाखाओं के स्मृति-संस्कारों में रक्षित चली आ रही हैं। उस महाजाति का जब—कामायनी के अनुसार—'गया सभी कुछ', तब वैसी प्रलयाधीन हो चुकी मानव समष्टि के आदिकालीन भौतिक अवशेषों का मिलना क्या दुष्कर न होगा? वह तो अपनी इयत्ता को—'बचाकर बीज रूप से सृष्टि, नाव पर झेल प्रलय का शीत'—('स्कन्दगुप्त'-पंचम अंक, पंचम दृश्य) स्थापित किये हैं। 'स्कन्दगुप्त' के इसी गीत में इस महाजाति के इस पश्चिमीय अभियान का भी संकेत स्पष्ट है जहाँ कहा गया है—'अरुण-केतन लेकर निज हाथ, वरुण-पथ में हम बढ़े अभीत।' मनु ने मानवी सृष्टि अर्थात् मानव-जाति के आर्य भाग की वैवस्वती सन्तान धारा (ऐक्ष्वाकु अथवा मिस्र का हिवकोस) के वरुण-पथ किंवा असीरिया, बैबिलोनिया, ईजिप्ट आदि की ओर जाने का संकेत एक प्रागैतिहासिक सत्य है।

हिमालय के Shivalik Man का Rama Picthus आज गहन अनुसन्धान का विषय बनता जा रहा है। ईजिप्ट की प्राचीन अनुश्रुति है कि उनके पूर्वज उस पुष्ट देश से आए थे जहाँ बाघ, चीते, बन्दर और लंगूर बहुतायत-से होते (Historians History of the world) हैं। यह पुण्ट या पुण्य देश प्राचीन आर्य-वास ही हो सकता है। शिवालिक पहाड़ियों में ये सभी जन्तु बहुतायत से होते हैं। अनुश्रुति है कि केसरीनन्दन कपिशूर हनुमान का जन्म मेरु पर हुआ। मेरु-प्रसंग में केसर-पर्वत का उल्लेख 'विष्णुपुराण' में हुआ है। सम्भव है, उनके पिता का केसरी नाम मेरुवर्ती केसर-पर्वत से सम्बन्धित और स्थानवाची हो। आर्यों ने ही अश्वों को आरोहणोपयोगी और एक पालतू पशु बनाया: और, मित्र में भी अश्वों का प्रचार आर्यों के द्वारा ही हुआ। फिर, विष्णुपुराण का यह कथन : 'सरस्वत्याज्ञया कण्वो मिस्रदेशमुपाययौ (4-21-16)' काल्पनिक गाथा नहीं, प्रत्युत एक महत्त्व के ऐतिहासिक तथ्य का प्रकटीकरण है।

इस निबन्ध में वर्तमान हरह्वैती को वैदिक सरस्वती कहा गया है जिसके परिसर से कण्व समुदाय मिस्र को गया होगा। कण्वों की मूल-भूमि का वहाँ 'पूर्व के पुण्य देश' के रूप में स्मृति-शेष रहना फिर स्वाभाविक है। आर्यों की दो शाखाओं—चन्द्रवंशीय श्वेत और सूर्यवंशीय रक्त वर्णों की एक मिस्र प्रजाति द्वारा अधिकृत होने से उस देश का मिस्र नामकरण सार्थक है। दोनों जातियों में जो परस्पर विग्रह या उच्चावच भाव था, उसको वहाँ के प्रथम राजा मेना ने समाप्त किया। अब, देखा जाए कि मिस्र का वह प्रथम शासक मेना क्या आर्य-वंशीय है? आर्य-परम्परा में प्राय: मातृ नाम से भी सन्तान सम्बोधित हुआ करते थे, जैसे जबाला का पुत्र जाबालि। व्यक्ति या मानव-समूह के नाम पर स्थानों की संज्ञा होती है। ऐसा सोचा जा सकता है कि मेना (मेनका) पदवाच्य किसी मातृसत्तापरक जाति-विशेष से सम्बन्धित होने से—हिमालय का एक विशिष्ट अंशभाग होने से —मेनका को हिमालय की पत्नी और उसके वास-पर्वत को हिमालय पुत्र मैनाक कहा जाता रहा हो! आज भी हिमालय के कुछ भागों में मातृसत्तापरक समाज है। फिर यह भी सम्भव है कि मिस्र का यह आदि-शासक मेना उसी मैनाक प्रदेशीय जाति की सन्तान रहा हो! प्रलय में 'गया सभी कुछ' मानकर सन्तोष करनेवालों की—आर्यों की भावमयी श्रुतियों, अनुश्रुतियों एवं रूपकीय गाथाओं में उस समृद्ध संस्कृति के पार्थिव-अवशेष संस्कार-रूप में जीवित हैं, जो इतिहास की रेखाओं को पुष्ट कर सकते हैं। अगले लेख 'आदि पुरुष' ('कामायनी : एक आमुख') की यह पंक्ति—'आज के मनुष्य के समीप तो उसकी वर्तमान संस्कृति का क्रमपूर्ण इतिहास ही होता है, परन्तु उसके इतिहास की सीमा जहाँ से प्रारम्भ होती है, ठीक उसी के पहले सामूहिक चेतना की दृढ़ और गहरे रंग की रेखाओं से, बीती हुई और भी बातों का उल्लेख स्मृति-पट पर अंकित रहता

है'—इस प्रसंग में ध्यातव्य और मननीय है। प्रतीकों और रूपकों में समाज और उसके इतिहास के तथ्यों को रक्षित रखने की यहाँ परम्परा रही है। अनुश्रुति है कि इन्द्र ने सभी पर्वतों के पंख काट दिये, केवल मैनाक छूट गया। यह भी सम्भव है कि इन्द्र ने किसी अभियान-विशेष की अनुमति और उसके लिए अपना प्रश्रय केवल मैनाकों को दिया हो और अन्य लोगों को उससे वारित किया हो! मैनाक को छोड़कर शेष पर्वतों के पंख काटने का रूपक-रहस्य इस प्रकार अनुमेय हो सकता है। और, वहीं की मेनका-कुल की सन्तति ने मिस्र जाने पर भी अपने मातृसत्तापरक चिह्न को सँजोये रखकर मेना के रूप में उभय आर्य-वर्गों को एकीकृत कर शासन किया हो तो विस्मय क्या? जैसे 'हिक्कोस' से इक्ष्वाकु का बोध होता है, वैसे 'मेना' के मूल में भी हिमालय की मेनका सन्तति हो सकती है। इक्ष्वाकुओं की भी मूल भूमि हिमवन्त प्रदेश में थी। इस प्रदेश—हिमानीपाद (शिवालिक)—से अपनी देव-कल्पनाओं और अपने आध्यात्मिक विचारों के साथ लोग गए। नामों का सादृश्य और मान्यताओं का सादृश्य भी स्पष्ट है। वहाँ के एक प्रमुख धर्मयाजक 'मनेथो' का नाम भी कुछ ऐसा ही सादृश्य रखता है। एक देवता सत्ती का भी उल्लेख पाया जाता है जो वहाँ एक कबीले से सम्बन्धित है। Flinders Petrie ने सती को वहाँ लाये गए विदेशीय देवताओं की कोटि में रखा—(Encyc. of Rel. and Ethics, Vol 5, Page 250)। वह देवराज्ञी मानी जाती थी। मेना में मेनका वा उसकी आत्मजा पार्वती-धारा के समानान्तर सती-धारा का भी वहाँ विद्यमान रहना सम्भव है, भले ही सती एक छोटे समूह द्वारा ही आराधित रही हो। यदि उसके देवराज्ञी-भाव को ही प्रमुख माना जाए तो शची का परिवर्तित रूप भी सती हो सकता है : किन्तु, प्रत्येक दशा में इस देवता की आर्यस्रोतृता स्पष्ट है।

इधर मध्य-प्रदेश के प्राय: 600-700 वर्गमील के क्षेत्र में बिखरी अनेक शैल-गुहाएँ और उनकी प्रस्तर-भित्तियों पर बने चित्र आज शोध करनेवालों को अपनी रेखाओं में कुछ प्रागैतिहासिक कथा बता रहे हैं। शीत, आतप और वर्षा से रक्षा करनेवाली गुहा अनन्त-प्रभु की गोद कही गई है :

*थी अनन्त की गोद सदृश विस्तृत गुहा वहाँ रमणीय*
*उसमें मनु ने स्थान बनाया सुन्दर स्वच्छ और वरणीय*

फिर, उसकी सन्तति मानव में अपने गुहा-निकेतों को निरन्तर परिष्कृत और सज्जित करते जाने की प्रवृत्ति का होना स्वाभाविक है। गुहामानव निरा जंगली नहीं रहा, उसकी सभ्यता के सतत विकास का प्रमाण संवेदनों के समस्वर बिम्बों को सँजोनेवाले भावबोध की अभिव्यक्ति की चेष्टा में उरेही गई ऐसी आकृतियों में रक्षित है। वैसी ही कुछ उरेही आकृतियाँ मध्यप्रदेश के पहाड़गढ़ गुहा में पाई गई

हैं। वहाँ अंकित एक ऐसा पशु जीवशास्त्रियों के सम्मुख पहेली बना है जिसकी आधी देह मृग की और आधी वृषभ की है। उस चित्र को बनानेवाले ने पृथ्वी पर संचरित किसी ऐसे प्राणी को निश्चय ही देखा-सुना होगा। एक अन्य चित्र में रथ का अंकन है जो अपने अगली पहियों के छोटे होने के कारण अवश्य ही किसी तीव्रगामी और युद्धोपयोगी रथ की प्रतिच्छवि है। रेडियोकार्बन परीक्षण के द्वारा ये अंकन पच्चीस हजार वर्ष पुराने सिद्ध हुए हैं। तब, आर्य सभ्यता का इस भूमि पर इसके पर्याप्त पूर्व से विकास रहा होगा। क्योंकि यह निर्विवाद है कि घोड़ों का वाहन के रूप में प्रयोग आर्यों द्वारा ही आरम्भ किया गया है। पश्चिम में उस ईजिप्ट तक—जहाँ का प्रथम शासक मेना था—इस पशु का आर्यों के द्वारा ले जाया जाना सिद्ध हो चुका है। 'ऋग्वेद' में अश्व-पर्याय के रूप में भी मेना का उल्लेख है। फिर, इस भूमि पर पच्चीस हजार वर्ष अथवा इससे पहले या बाद किसी अनार्य जाति के निवास और उस जाति पर कहीं बाहर से आकर आर्यों का आक्रमण मानना कथमपि संगत नहीं। सुतराम के इस निबन्ध में प्राचीन आर्य-वास कहीं अन्यत्र नहीं माना गया, प्रत्युत 'स्कन्दगुप्त' नाटक के एक गीत में भी निबन्ध-लेखक द्वारा कहा गया है : 'कहीं से हम आए थे नहीं, हमारी जन्मभूमि थी यही' (पंचम अंक, पंचम दृश्य)। श्रेय अथवा सत्यज्ञान ही संकल्पात्मक अनुभूति के रूप में कवि में उपस्थित होता है जिसकी अभिव्यक्ति ही काव्य है (द्रष्टव्य—'काव्य और कला')। और, काव्य केवल छन्दों में ही नहीं बसता : दृष्ट किंवा अनुभूतसत्य का कवन अर्थात् संक्षेपण और उसका शब्दात्मक सम्प्रेषण या उसकी अभिव्यक्ति अपने किसी भी रूप में काव्य पदवाच्य ही है।

आर्य-वास सम्बन्धिनी इस स्थापना के पक्ष में अनेक साक्ष्यों में से यह एक उदाहरण के रूप में है। हिमानीपाद 'शिवालिक' के निवासी मानव की पश्चिम यात्रा असीरिया-बैबिलोनिया होकर ही अफ्रीका तक हुई होगी और उस परम्परा में क्षत्रियों (खेत्तों), कुशिकों (कुसाइट्स) और मैत्रायणों (मित्तानियन्स) के परवर्ती अभियान रहे होंगे जिनका उल्लेख इस निबन्ध में सप्रमाण आया है।

आज किसी अज्ञात संकोचवश आर्य के स्थान पर शिवालिक मानव कहकर उनके जिस पश्चिमाभिमुखी अभियान को Rama Picthus की संज्ञा दी जा रही है, उस अभियान के अध्ययन के पर्याप्त संकेत इस निबन्ध में हैं। आवश्यकता केवल थोपी गई पश्चिमीय मान्यताओं की धूल झाड़कर एक निरपेक्ष अन्वेषण की है। 'कामायनी' में हिमालय के भौतिक आयतन की जो भावात्मक उपमा 'मानो तुंग तरंग विश्व की, हिमगिरि की वह सुढर उठान' दी गई है, उसकी लाक्षणिकता भी इस प्रसंग में ध्यातव्य होगी।

अपने प्राचीन आर्य-वास से निकलकर इस महाप्राण जाति ने मध्य एशिया—श्वेत रूस से स्पेन पर्यन्त पश्चिम में और उत्तर में स्कैंडिनेविया से दक्षिण में उत्तरी

अफ्रीका तक अपनी मानवता का विस्तार किया है। 'चन्द्रगुप्त' में कार्नेलिया के उस कथन की अपने सामान्यार्थ के अतिरिक्त कुछ विशेष अर्थवत्ता है, जहाँ वह कहती है : 'अन्य देश मनुष्यों की जन्मभूमि है, यह भारत मानवता की जन्मभूमि है' (तृतीय अंक, द्वितीय दृश्य। कदाचित् मनुष्य और मानव में व्यंजना की विलक्षणता के कुछ अर्थभेद भी है। विभिन्न भू-भागों की कृष्ण-पीत जातियाँ मनुष्य तो हैं किन्तु मानव नहीं। उन्हें मानवीय संस्कार अभी वांछित है—वे मानवीकरण के योग्य हैं।

इसी अभिप्राय से ऋचा-निर्दिष्ट 'कृणुध्वं विश्वमार्यम्' की भावना लेकर आर्य-मानवों के अन्य क्षेत्रीय संचार हुए। उन विभिन्न देशों में बसनेवाली जातियों के आनुपूर्वी इतिहास, उनकी सामाजिक परम्पराएँ, धार्मिक मान्यताओं की अतीत एकायन प्राय हैं। अवश्य अपनी इयत्ताओं में उन्होंने अपने पृथक् व्यक्तित्व को प्रतिष्ठित किया है किन्तु भिन्न देशीय वातावरण के संस्कारों की परतें उघरने पर मौलिक आर्य-स्फुलिंग स्पष्ट हो ही जाते हैं और वैदिक संकल्प 'कृणुध्वं विश्वमार्यम्' के अनेक चरणों की सिद्धि अपनी साकारता में प्रत्यक्ष होती है।

## सन्दर्भ

1. Egypt untill the last few years has been generally regarded as having the best title to priority : its calender was fixed in or about 4004 B. C. and for a thousand years before that it had lived a more or less settled life, the weight of modern evidence seems to be definitely establishing a claim to a still earlier antiquty on behalf of the civilisation of Babylonia, while behind the Babylonian civilisation there seems to lie a still more primitive civilisation of Eiam (p. 33, World History—F. G. C. Hearenshaw)
2. With the progress of exploration, however, it has become evident that the connection with Mesopotamia was due, not to actual identity of culture but to intimate commercical or other intercourse between the two countries. For this reason the term 'Indo-Sumerian' has now discarded and 'Indus' adopted in its place (B. H. U, Magazine 1928).
3. This distinguished ehnologist if frankly of opinion that the Sumerians were the congeners ot the pre-dynastic Egyptians of the mediterranean (or Brown race) the eastern branch of which reaches to India and the western to British Isles and Ireland (p. 7, Myths of Babylonia).
4. The result of modern research tend to establish a remote recial connection between the Sumerians ot Babylonia, the Prehistorice Egyptians and the Neolithic (late stoneage) inhabitants of Europe as well as the southern Persians and the 'Aryans' of India (p. XXX—Myths of Babylonia).
5. It is generally regarded as borrowed from a Semitic source, but this sams to be in unnecessary hypothesis (p. 139, Vedic Mytholgy)

6. इस निबन्ध की अन्तिम पाद टिप्पणी द्रष्टव्य (सं.)
7. सम्भव है, त्वष्टा: से त्वष् के लोप से त्वष्टा: टाह (Path) हो गया हो। (सं.)
8. अस्ति चान्य: कुरुवर्ष: स नूनं मेरु सन्निहित:—यह पाठ 'ऐतरेयालोचन' के द्वितीय संस्करण (कलकत्ता, 1906) के पृष्ठ 42 पर प्राप्त है। (सं.)
9. The third of the good lands and Countries which I, Ahura Mazda, created was the strong holy Mouru.—(Darmesteter, Vendidad, p. 5.).
10. The fourth of the good lands and countries which I, Ahura Mazda, created, was the strong holy Mouru—beautiful Bakhdhi with high lifted banners (Darmesteter, Vendidad, p.5.).
11. The fifth of the good lands and countries which I, Ahura Mazda, created, was Nisaya that between Mouru and Bakhdhi. (Vendidad, p. 5.).
12. The Tenth of the good lands and Countries which I, Ahura Mazda, created, was the beautiful Harahvaiti (foot note) Harauvate; Apaxwaia; corrupted into Arrokhag (name of the country in the Arabic literature) and Arghand (in the modern name of the river Argh and-ab). (Vendidad, p.7).
13. There are uncreated lights and created lights. The onething missed there is the sight of the stars, the moon, and the sun and a year seems only as a day (p.p. 19 and 20, Vendidad).
14. Regions of Central Asia, and it was there, so far as at present we can tell, that, from among the anthropoids, Primitive Man emerged (p. 12).
15. Adelung, the father of comparative philology who died in 1806, placed the cradle of manking in the valley of the Kashmere which he identified with paradise (The Origin of Aryans).
16. The Som used in India Certainly grew on mountains probably in the Himalyan highlands of Kashmere. It is certain that Aryan tribes dwelt in this land of tall summits of deep valleys in very early times, probably earlier than that when the Rig hymns were ordered or collected—Ragozin 170 Vedic India.
17. Fifteenth of the good lands and countries which I, Ahura Mazda, created; was the Seven Rivers (p. 9, Vendidad).
18. The Tenth of the good lands and countries which I, Ahura Mazda, created, was the beautiful Harahvaitih.(F.N.) Harahvaiti; Apaxvaiia; corrupted into the Arrokhag (Name of the Country in the Arabic literature) and Arghand (in the modern name of river Arghand-ab)—(p. 7, Vendidad.)
19. I am able definitely to confirm that man emerged in the lap of this mother earth in this strange wild country (Dr. Cadle, Pioneer 17th October, 1928).
20. And it becomes patent that probably a majority of the common names, which are sweepingly set down as names of feinds and other supernatural agents, really are those of tribes, peoples and men while many an alleged atmospheric battles, peoples and men while many an alleged atmospheric battles turns out to have been an honest sturdy, hand to hand conflict between bonafide mortal champions (Vedic India, p. 303).

21. 'कामायनी'—इड़ासर्ग

इस सन्दर्भ में अवलोकनीय होगा :

'जीवन का लेकर नव विचार
जब चला द्वन्द्व था असुरों में प्राणों की पूजा का प्रचार
उस ओर आत्मविश्वास-निरत सुर-वर्ग कह रहा था पुकार—
मैं स्वयं सतत आराध्य आत्म-मंगल-उपासना में विभोर
उल्लासशील मैं शक्ति-केन्द्र, किसकी खोजूँ फिर शरण और
आनन्द-उच्छलित-शक्ति-स्रोत जीवन-विकास वैचित्र्य भरा
अपना नव-नव निर्माण किये रखता यह विश्व सदैव हरा
प्राणों के सुख-साधन में ही संलग्न असुर करते सुधार
नियमों में बँधते दुर्निवार
था एक पूजता देह दीन
दूसरा अपूर्ण अहन्ता में अपने को समझ रहा प्रवीण
दोनों का हठ था दुर्निवार, दोनों ही थे विश्वास-हीन-
फिर क्यों न तर्क को शस्त्रों से वे सिद्ध करें—क्यों हो न युद्ध
उनका संघर्ष चला अशान्त वे भाव रहे अब तक विरुद्ध
मुझमें ममत्वमय आत्म-मोह स्वातंत्र्यमयी उच्छृंखलता
हो प्रलय-भीत तन रक्षा में पूजन करने की व्याकुलता
वह पूर्व द्वन्द्व परिवर्तित हो मुझको बना रहा अधिक दीन—
सचमुच मैं हूँ श्रद्धा-विहीन।'

22. One of them, Isatvastra, a son of the second wife, subsequently, became head of the priestly class. (p.p. 15 and 16, Zoroaster by Bernard H, Springell)

23. सनेम ये त ऊतिभिस्तरन्तो विश्वा: स्पृघ आर्येण दस्यून्। अस्मभ्यं तत्त्वाष्ट्रं विश्वरूपमरन्धय: साख्यस्य त्रिताय॥ (ऋक् 2-11-19)

24. J.B.O.R.S., p. 221, Vol. PI.9

25. त्वमिमा वार्या पुरु दिवोदासाय सुन्वते। भरद्वजाय दाशुषे॥ (ऋक् 6-16-5) कृणोम्यार्जि मघवाहमिन्द्र इयर्मि रेणुमभिभूत्योजा:। 5। (ऋक् 4-42-5) ऋषि—विदुष्टे विश्वा भुवनानि तस्य ता त्र ब्रवीषि वरुणाय वेध:त्वं वृत्राणि शृण्विषे जघन्वान्त्वं वृत्तां अरिणा इन्द्र सिन्धून। 7। (ऋक् 4-42-7)

26. वरुण—अहं राजा वरुणो मह्यं तान्यसुर्याणि प्रथमा धारयन्त:।
क्रतुं सचन्ते वरुणस्य देवा राजामि कुष्टेरुपमस्य वव्रे:। 2। (ऋक् 4-42-2)
इन्द्र—मां नर: स्वश्वा वाजयन्तो मां वृता: समरणे हवन्ते।

27. शंसामि पित्रे असुराय शेवमयज्ञिवाद्यज्ञियं भागमेमि। (ऋक् 10-124-3) बह्वी: समा अकरमन्तरस्मिन्निन्द्रं वृणान: पितरं जहामि। (ऋक् 10-124-4)

28. देवासुरा वा एषु लोकेषु समयतन्त त एतस्यां प्राच्यां दिश्ययतन्त तांस्ततोऽसुरा अजयंस्ते दक्षिणस्यां दिश्ययतन्त तांस्ततोऽसुरा प्रतीच्यां दिश्ययतन्त तांस्ततोऽसुरा अजयंस्त उदीच्यां दिश्ययतन्त तांस्ततोऽसुरा अजयंस्त उदीच्यां प्राच्यां दिश्ययतन्त ते ततो न पराजयन्त सैषा

दिगपराजिता तस्मादेतस्यां दिशि यतेत वा यातयेद्धेश्वरो हानृणाकर्तो: इति ते देवा अब्रुवन्न-राजतया वै नो जयन्ति राजानं करवामहा इति (ऐतरेय ब्राह्मण, तृतीय अध्याय, 3 खंड) वसिष्ठस्य स्तुवत इन्द्रो अश्रोदुरु तृत्सुभ्यो अकृणोटु लोकम्॥ (ऋक् 7-33-5) युवां हवन्त उभयास आजिष्विन्द्रं च वस्वो वरुणं च सातये। यत्र राजाभिर्दशभिर्निबाधित प्र सुदासमावतं तृत्सुभि: सह॥ (ऋक् 7-83-6)

29. एवेन्न कं सिन्धुमेभिस्ततारेवेन्नु कं भेदमेभिर्जघान।
एवेन्नु कं दाशराज्ञ सुदासं प्रावदिन्द्रो ब्राह्मण वो वसिष्ठा:॥ (ऋक् 7-33-3)
उद्द्यामिवेत्तृष्णजो नाथितासोऽदीधयुर्दाशराज्ञे वृतास:।

30. यस्त्वा देवि सरस्वत्युश्रूते घने हिते। इन्द्रं न वृत्रतूर्ये॥ (ऋक् 6-61-5)
उत स्या न: सरस्वती घोरा हिरण्यवतंनि:। वृत्रध्नी वष्टि सुष्टुतिम्॥ (ऋक् 6-61-7)

31. अया वीती परि स्रव इन्दो मदेष्ना। अवाहन्नवतीर्नव॥ (ऋक् 9-61-1)
पुर: सद्य इत्याधिये दिवोदासाय शम्बरम् अध त्यं तुर्वशं सयदुम्॥ (ऋक् 9-61-2)

32. उत त्या तुर्वशायदू अस्नातारा शचीपति: इन्द्रो विन्धाँ अपारयत। (ऋक् 4-30-17)
उत त्या सद्य आर्या सरयोरिन्द्र पारत: अर्णाचित्ररथावधी:। (ऋक् 4-30-18)
दासं यष्छुष्णं कुयवं न्यस्वम अरन्वय आर्जुनेयाव शिक्षन्॥ (ऋक् 7-19-2)
त्वं घृष्णो धृषता वीतहव्यं प्रावो विश्वभिरुतिभि: सुदासम।
पौरुकुत्सिं त्रसदस्युमान: क्षेत्रसाता वृवहत्येयु पुरुम्॥ (ऋक् 7-19-3)

33. त्वं हि त्यदिन्द्र कुत्समाव: शुश्रूषमाणस्तन्वा समर्ये।

34. आगताय च वसिष्ठाय निवेदितवान्। स चाचिन्तयत्, अहो! राज्ञोऽस्य दौ:शील्यम्। येनैतन्मासमंस्माकं प्रयच्छति। किमेतद् द्रव्यजातमिति ध्यानपरोऽभूत्, अपश्यच्च तन्मानुषमांसम्। ततश्च क्रोधकलुषीकृतचेता राजानं प्रति शापमुत्ससर्ज, यस्मादभोज्यमस्मद्विधानां तपस्विनाम् अवगच्छन्नपि भवान् मह्यं ददाति, तस्मात तवैवात्र लोलुपा बुद्धिर्भविष्यतीति॥ (विष्णुपुराण 4-4-27) ततश्च स कल्माषपादसंज्ञामवाप, वशिष्ठशापाच्च षष्ठे काले राक्षसभावमुपेत्याटव्यां पर्य्यटन् अनेकशो मानुषानभक्षयत॥ (विष्णुपुराण 4-4-32)

35. तत: क्रुद्धस्तु सौदासस्तोयं जग्राह पाणिना। वसिष्ठं शप्तुमारेभे भार्या चैनमवारयत्॥ राजन्प्रभुर्यतोऽस्मांक वसिष्ठो भगवानृषि प्रतिशप्तुं न शक्तस्त्वं देवतुल्यं पुरोधसम्॥ तत: क्रोधमयं वसिष्ठो भगवानृषि:। प्रतिशप्तुं न शक्तस्त्वं देवतुल्यं पुरोधसम्॥ तत: क्रोधमयं तोयं तेजोबलसमन्वितम्। व्यसर्जयत धर्मात्मा तत: पादौ सिषेच च॥ तेनास्य राज्ञस्तौ पादौ तदा कल्माषतां गतौ। तदाप्रभृति राजासौ सौदास: सुमहायशा: (वाल्मीकीय रामायण, उत्तरकाण्ड 65 सर्ग, 29-32)

36. वसिष्ठ विश्वामित्र संघर्ष, शुन:शेफ-अम्बरीष की कथा के सन्दर्भ में वाल्मीकीय रामायण के बालकाण्ड के 53-60 सर्ग अवलोकनीय। (सं.)

37. युध्मस्य ते वृषभस्य स्वराज उग्रस्य यून: स्थविरस्य घृष्वे।
अजूर्यतो वड्किाणो वीर्याणीन्द्र श्रुतस्य महतो महानि॥ (ऋक् 3-46-1)
महाँ असि महिष वृष्येभिर्धनस्पृदुग्र सहमानो अन्यान्।
एको विश्वस्य भुवनस्य राजा स योधया च क्षयया च जनान्॥ (ऋक् 3-46-2)

किमस्मभ्यं जातवेदो हृणीषे द्रोघवाचस्ते निर्ऋथंसचन्ताम्॥ (ऋक् 7-104-14)
यो मायातुं यातुधानेत्याह यो वा रक्षा: शुचिरस्मीत्याह।
इन्द्रस्तं हन्तु महता वधेन विश्वस्य जन्तोरधमस्पदीष्ट॥ (ऋक् 7-104-16)

38. यदि वाहमनृतदेव आस मोघं वा देवां अप्यूहे अग्ने।

39. किमाग आस वरुण ज्येष्ठं यत्स्तोतारं जिघांससि सखायम्।
प्र तन्मे वोचो दूलभ स्वधावोऽव त्वानेना नमसा तुर इयाम्॥ (ऋक् 7-86-4)
क्व त्यानि नौ सख्या बभूवु: सचावहे यदवृकं पुरा चित।
बृहन्तं मानं वरुण स्वधाव: सहस्त्रद्वारं जगमा गृहं ते॥ (ऋक् 7-88-5)
शुचि नु स्तोमं नवजातमद्येन्द्राग्नी वृत्रहणा जुषेथाम्।
उभा हि वां सुहवा जोहवीमि ता वाजं सद्य उशते धेष्ठा॥ (ऋक् 7-93-1)
देवेभिर्विप्रा ऋषयो नृचक्षसो वि बिब्ध्वं कुशिका: सोम्यं मधु॥ (ऋक् 3-53-10)
उप प्रेत कुशिकाश्चेतयध्वमश्वं राये प्र मुञ्चता सुदास:।
राजा वृत्रं जङ्घनत्प्रागपागुदगथा यजाते वर आ पृथिव्या:॥ (ऋक् 3-53-11)
य इमे रोदसी उभे अहमिन्द्रमतुष्टवम्।
विश्वामित्रस्य रक्षसि ब्रह्मेदं भारतं जनम्॥ (ऋक् 3-53-12)

40. यदिन्द्राग्नी यदुषु तुर्वशेषु यद् द्रुह्यु ष्वनुषु पूरुषु स्थ:। (ऋक् 1-108-8)

41. महाँ ऋषिर्देवजा देवजूतोऽस्तमानात्सिन्धुमर्णवं नृचक्षा:।
विश्वामित्रो यदवहत्सुदासमप्रियायत कुशिकेभिरिन्द्र:॥ (ऋक् 3-53-9)
हंसा इव कृणुथ श्लोकमद्रिभिर्मदन्तो गीर्भिरध्वरे सुते सचा।

42. आ पक्थासो भलानसो भन्तालिनासो विषाणिन: शिवास:।
आ योऽनयत्सधमां आर्यस्य गव्या तृत्सुभ्यो अजगुन्युधा नृन्॥ (ऋक् 7-18-7)

43. उभे यत्ते महिना शुभ्रे अन्धसी अधिक्षियन्ति पूरव:।
सा नो बोध्यवित्री मरुत्सखा चोद राधो मघोनाम्॥ (ऋक् 7-96-2)

44. त्वं कुत्सं शुष्णहत्येष्वाविथारन्धयोऽतिथिग्वाय शम्बरम्।
महान्तं चिदौर्बुदं नि क्रमी: पदा सनादेव दस्युहत्याय जज्ञिषे॥ (ऋक् 1-51-6)

45. दंडाइवेद्गोअजनास आसन्परिच्छिन्ना भरता अर्भकास:।
अभवच्च पुरएता वसिष्ठ आदित्तृत्सूनां विशो अप्रथन्त। (ऋक् 7-33-6)
किमाग आस वरुण ज्येष्ठं यत्स्तोतारं जिघांससि सखायम्।
प्र तन्मे वोचो दूलभ स्वधावोऽव त्वानेना नमसा तुर इयाम्॥ (ऋक् 7-86-4)

46. उत त्या सद्य आर्या सरयोरिन्द्र पारत:। अर्णाचित्ररथावधी:॥ (ऋक् 4-30-18)

47. त्वमाविथ नर्यं तुर्वशं यदुं त्वं तुर्वीतिं वय्यं शतक्रतो।
त्वं रथमेतशं कृत्व्ये धने त्वं पुरो नविन्त दम्भयो नव। (ऋक् 1-54-6)

48. यदिन्द्राग्नी यदुषु तुर्वशेषु यद् द्रुह्यु ष्वनुषु पूरुषु स्थ:। (ऋक् 1-108-8)

49. एवेन्नु कं सिन्धुमेभिस्ततारेवेन्नु कं भेदमेभिर्जघान।
एवेन्नु कं दाशराज्ञे सुदासं प्रावदिन्द्रो ब्रह्मणा वो वसिष्ठा:॥ (ऋक् 7-33-3)
युवां हवन्त उभयास आजिष्विन्द्रं च वस्वो वरुणं च सातये।
यत्र राजभिर्दशभिर्निबाधितं प्र सुदासमावतं तुत्सुभि: सह॥ (ऋक् 7-83-6)

50. दश राजान: समिता अयज्यव: सुदासमिन्द्रावरुणा न युयुधु:। (ऋक् 7-83-7)
51. आवदिन्द्रं यमुना तृत्सवश्च प्रात्र भेदं सर्वताता मुषायत।
अजासश्च शिग्रवो यक्षवश्च बिंल शीर्षाणि जभ्रुरश्व्यानि॥ (ऋक् 7-18-19)
52. दंडाइवेद्गोअजनास आसन्परिच्छिन्ना भरता अर्भकास:।
अभवच्च पुरएता वसिष्ठ आदित्तृत्सूनां विशो अप्रथन्त॥ (ऋक् 7-33-6)
53. इमं नरो मरुत: सश्चतानु दिवोदासं न पितरं सुदास:।
अविष्टना पैजवनस्य केतं दूणाणं क्षत्रमजरं दुवोयु॥ (ऋक् 7-18-25)
विश्वामित्रो यदहवत्सुदासमप्रियायात कुशिकेभिरिन्द्र:॥ (ऋक् 3)
54. महाँ ऋषिर्देवजा देवजूतोऽस्तभ्नात्सिन्धुमर्णवं नृचक्षा:।
55. इन्द्रस्य दूतीरिषिता चरामि मह इच्छन्ती पणयो निधीन्व:।
अतिष्कदो भियसा तन्न आवत्तथा रसाया अतरं पयांसि॥ (ऋक् 10-108-2 इत्यादि)
56. I drive away the Devas. I profess myself a Zarthustrian, an expeller of Devas, a follower of the teachings of Ahura a hymnsinger, a praiser of Amshaspands (p. 55, Zoroaster).
57. If the View is accepted that Ashur is Anshar, it can be urged that he was imported from Sumeria—(p, 327, Myths of Babylonia).
58. For, as an ethical god Varun may be placed next to the Israelite Yehweh, and the difference between the decay of Varun and the strenuous & successful fight of Hebrew prophets to uphold the supremacy of Yehweh needs more consideration (Universal History : Ch. 21, Stanley G. Cook).
59. It may be therefore that the cult of Ashur was influenced in its development by the doctrines of advanced teachers from Babylonia, and that persian Mithraism was also the product of missionary efforts extended from that great and ancient cultural area (p. 338, Myths of Babylonia).
60. They can hardly be older than the first century before our aer or even before Philo of Alaxandria, for the neo-platonic ideas and beings are found in them just in the philonian stage (p. IXV, Vendidad).
61. Jacob Bryant, a very careful writer, and as accurate as the knowledge of his day permitted him to be in his well-known analysis of the Ancient Mythology, published in 1807, in which he deals at some length with the subject of Zoroaster, quotes such fairly reliable writers as Pliny the elder, Plutarch, Plato and Eudoxus amongst many others and comes to the conclusion that the name of Zarthusthra or Zerdusht as given by some must have been losne by more than one person and this is possibly correct. It would also account for the tradition that Zarthusthra was accorded immorality as a result of his intimate communications with the creator, Ormuzd. Pliny places him many thousand years before Moses. Plutarch tells us that he lived 5000 years before the death of plato which occurred in 348 B.C. —(p. 11, Zoroaster).

62. इसी मंत्र के उत्तरार्द्ध—'तास्ते प्रेत्याभिगच्छन्ति ये के चात्महनो जन:'—के 'आत्महनो जना:' में असुर्या असीरिया में जानेवाले मूल असुर जाति के उन जनों की एक सहज परिभाषा भी अनुमेय है—जो इन्द्र के आत्मवाद के विरोधी और वरुणोपासना की प्राचीन परम्परा के कट्टर अनुयायी रहे। आत्मसत्ता के वे प्रतिघ—इन्द्रानुयायिनी परम्परा में—'आत्महनो जना:' के रूप में स्मर्तव्य हुए जिनका निवेश असुर्या (असीरिया) विगतार्थ वैचारिक परम्परा के अन्धकार से आच्छादित और आत्मवाद के अभिनव आलोक से सर्वथा वियुक्त होने से 'अन्धेन तमसावृता:' कहा गया। (सं.)

63. Another possible source of cultural influence is Persia. The supreme God Ahura-Mazda (Ormazd) was, as has been indicated, represented, like Ashur, hovering over the King's head, enclosed in a winged disk or wheel, and the sacred tree figured in persian Mythology. (p. 355, Myths of Babylonia).

64. As 'Khatti' is the name invariably given to the Hilites in the Chaldean and Assyrian inscriptions, there can be no doubt that this in s record of an early Hittile invasion in Mesopotamia- (p. 34, The story of Assyria).

65. Some authorities including Maspero are of opinion that the inclusion of the Hatti which is found in the Babylonian Book of Omens belong to the earlier age of dargon of Accad- (p. 264, Myths of Babylonia).

66. Winker believes that Mittani kingdom was first established by early waves of Hatti people who migrated from east-(p, 268, Myths of Babylonia).

67. Asia Minor was the region where iron mines firsd worked and that the hittes were the people who first conveye this gift of Gods to men—(Indian Mythical Legend).

68. It is generally believed that the Aryan were the tamers of the horse which revolutionised warfare in ancient days and caused the great empires to be overthrown and new empires to be formed—(p. XXX, Indian Mythical legend).

69. Myths of Babylonia, p. 263.

70. Myths of Babylonia; p. 105

71. M. sycc has conclusively shown from the language of monuements at van (वाणासुर) that the Proto-Armenians were not semites neither were they turanians, He thinks and the conlusion is gaining wider and firmer ground that they were a branch of the great Hittite (p. 205, The story of the Nations series—Assyria)

72. Considering the human sacrifices and especially of children were a standing institution among other semetic cannanitic races, There can be little doubt that originally in prehistoriclly remote times this decree was understood literally and acted upon- (p. 124, The story Assyria).

73. It is possible that he may have been invoked and propriated by Neolithic or even by palelithic flint knippers—(p. 2, Indian Myth).

74. Indian Varun was similarly a sky God as well as an ocean God before systematizing Brahmanic of sea. It may be that Eaonnes and Varun were of common origin (p. 31, Myth Babylonia).

75. The opinion has lately been gaining ground that the cradle of Sumerian and Egyptian civilization is to be sought some where cast of Mesopotamia—migration then undoubtedly were and those on a large scale and nothing is more probable than that the teeming populations of Northern India expanded westwar through across the lranian plateau and nortward to the plains of trans-Caspia—(Sir John Marshell, 92. The Benares Hindu University magazine).

76. It is possible that Ptah was imported into Egypt by an invading tribe in prehistoric times, He was an arrisan God according to tradition. Egypt's first temple was crectd to ptah by king mena—(Egyptiain Myth and legend Introduction. XII).

77. Egyptiain myth की भूमिका।

78. देवी यदि तविषी त्वावृधोतय इन्द्रं सिषक्त्युषसं न सूर्य:। योधूष्णुनाशवसार बाधते तम इयर्ति रेणुं वृहदर्हरिष्वणि: —(ऋक् 1-56-4)

# कालिदास

विक्रम के साथ कालिदास का कुछ ऐसा सम्बन्ध है कि एक का समय-निर्धारण करने में दूसरे की चर्चा आवश्यक-सी हो जाती है। यह प्रतिपादित किया जा चुका है कि 57 ई.-पूर्व में मालव के प्रथम विक्रमादित्य हुए, और दूसरे विक्रमादित्य का समय 385 (400?) ईसवी से 413 ईसवी तक है। इनका सम्पूर्ण नाम श्री चन्द्रगुप्त विक्रमादित्य है। ये मगध के सम्राट थे। सम्भवत: इन्होंने अयोध्या को अपने राजधानी बनाई थी। तीसरे विक्रमादित्य श्री स्कन्दगुप्त विक्रमादित्य थे। वर्तमान मालव के प्रधान नगर उज्जयिनी को उन्होंने अपनी राजधानी बनाई थी। गुप्त राजवंश के अन्तर्कलह का निवारण करने के लिए और हूण तथा शकों से प्राय: मुठभेड़ रहने के कारण इन्हें मगध और कोसल छोड़ना पड़ा।

कालिदास के सम्बन्ध में भी राजशेखर का एक श्लोक जल्हण की 'सूक्ति मुक्तावली' और हरि कवि की 'सुभाषितावली' में मिलता है :

*एकोपि जीयते हन्त कालिदासो ने केनचित*
*शृंगारे ललितोद्गारे कालिदासत्रयी किमु*[1]

एकादश शताब्दी में उत्पन्न हुए राजशेखर की इस उक्ति से यह प्रकट होता है कि उस शताब्दी तक तीन कालिदास हो चुके थे परन्तु वर्तमान आलोचकों का मत है कि कालिदास दो तो अवश्य हुए हैं : एक 'रघुवंश', 'शाकुन्तल' आदि के कर्ता, और दूसरे नलोदय तथा 'पुष्पवाण-विलास' आदि के रचयिता।

यह विभाग साहित्यिक महत्त्व की दृष्टि से किया गया है। शृंगार-तिलक जैसे साधारण ग्रन्थों को महाकवि कालिदास की कृति वे लोग नहीं मानना चाहते, इसलिए एक छोटे कालिदास को मान लेना पड़ा। बड़े कालिदास के लिए कुछ समीचीन समालोचकों का मत है कि ये 'शाकुन्तल' और 'रघुवंश' के कर्ता, चन्द्रगुप्त द्वितीय विक्रमादित्य के समय में हुए। इनका मत है कि 'आसमुद्रक्षितीशानाम', 'इदंनवोत्थान मिवेन्दुमत्यै', 'ज्योतिष्मतीचन्द्रमसैवरा-त्रि:' इत्यादि स्थानों में इन्दु और चन्द्र शब्दों से समुद्रगुप्त के वंशधर चन्द्रगुप्त द्वितीय की ओर कालिदास का संकेत है और इसलिए महाकवि कालिदास मगध में गुप्त चन्द्रगुप्त द्वितीय के राजकवि थे।

इधर परांजपे आदि विद्वानों का मत है कि कालिदास ने 'मालविकाग्निमित्र' में शुंगों के इतिहास का सूक्ष्म विवरण दिया है, जैसाकि उस काल में बहुत ही थोड़े समय के पीछे का कवि लिख सकता है। पटवर्धन और वैद्य महोदय कालिदास को 57 ई.-पूर्व का मानते हैं। और भी कई विद्वान इसके समर्थक हैं।

काव्यों में ज्योतिष सम्बन्धी जामित्र और होरा आदि ज्योतिषशास्त्र सम्बन्धी शब्दों को देखकर कुछ लोगों का अनुमान है कि 'रघुवंश' आदि के रचयिता कालिदास छठी शताब्दी में रहे होंगे। उनके नाम से प्रसिद्ध 'ज्योतिर्विदाभरण' ग्रन्थ की भी ज्योतिष सम्बन्धी गणनाओं के अनुसार, अनेक लोगों ने यह स्थिर किया है कि यह ग्रन्थ भी छठी शताब्दी का है; इसलिए इन ग्रन्थों के रचयिता कालिदास छठी शताब्दी में उत्पन्न हुए और वे यशोधर्मदेव के सभासद थे। इस तरह महाकवि कालिदास के सम्बन्ध में तीन सिद्धान्त प्रचलित हैं :

(1) 57 ई.-पूर्व में मालव के कालिदास हुए।

(2) ईसा के चौथे शतक में चन्द्रगुप्त-द्वितीय मगध नरेश के समकालीन कालिदास हुए।

(3) मालव नरेश यधोधर्मदेश के सभासद थे।

'श्रृंगार तिलक' आदि ग्रन्थों के कर्ता कालिदास को प्राय: सब लोग इन महाकवि कालिदास से भिन्न और सबसे पीछे का—सम्भवत: नवम् या दशम् शताब्दी का मानते हैं। हम महाकवि कालिदास के सम्बन्ध में ही विवेचन किया चाहते हैं।

मालव के प्रथम विक्रमादित्य को लोग इसलिए नहीं मानते कि उनका कहीं ऐतिहासिक उल्लेख उन लोगों को नहीं मिला, और विक्रम-संवत प्राचीन शिलालेखों में मालवगण के नाम से प्रचलित है। परन्तु ऊपर यह प्रमाणित किया गया है कि वास्तव में 57 ई.-पूर्व में एक विक्रमादित्य हुए। इस मत को न माननेवाले विद्वानों ने विक्रमादित्य को 'चन्द्रगुप्त-द्वितीय' कहकर कालिदास का समय निर्धारित करने का प्रयत्न किया है। 'रघुवंश' में जो संकेत से गुप्तवंशी सम्राटों का उल्लेख है, उसकी संगति इस प्रकार लगाई गई। परन्तु आश्चर्य की बात है कि चन्द्रगुप्त का समय प्रमाणित करने के लिए जो अवतरण दिये गए हैं, उनमें चन्द्रगुप्त का तो स्पष्ट उल्लेख है नहीं; हाँ, कुमारगुप्त और स्कन्दगुप्त का उल्लेख अधिक और स्पष्ट है। यदि वे सब संकेत भी गुप्तवंशियों के ही सम्बन्ध में मान लिए जाएँ, तो यह समझ में नहीं आता कि चन्द्रगुप्त-द्वितीय के समसामयिक कवि ने भावी राजाओं का वर्णन कैसे कर दिया, जबकि गुप्तवंश में उत्तराधिकार नियम निश्चित नहीं था कि ज्येष्ठ पुत्र ही राज्य का अधिकारी हो? समुद्रगुप्त अपनी योग्यता से ही युवराज हुए और चन्द्रगुप्त भी; तब रघुवंश में कुमार और उनके बाद स्कन्दगुप्त का वर्णन कैसे आया? चन्द्रगुप्त के समय गुप्त-साम्राज्य का यौवनकाल था, फिर अग्निवर्ण जैसे राजा का चरित्र दिखाकर 'रघुवंश' का अन्त करना चन्द्रगुप्त के

समसामयिक और उनकी सभा के कालिदास कैसे लिख सकते हैं? वास्तव में रघुवंश की-सी दशा गुप्तवंश की हुई। अग्निवर्ण के समान ही पिछले गुप्तवंशी विलासी और हीन वैभव हुए। तब यह मानना पड़ेगा कि गुप्तवंश का ह्रास भी कालिदास ने देखा था। और तब 'रघुवंश' की रचना की थी।

ईसवी-पूर्व पहली शताब्दी के कालिदास के लिए भी उधर प्रमाण मिलते हैं। इसलिए यह समस्या उलझती जा रही है, और इसका मूल कारण है—एक ही कालिदास को काव्य और नाटकों का कर्ता मान लेना। हमारी सम्मति में काव्यकार कालिदास और नाटककार कालिदास भिन्न-भिन्न थे और नलोदय आदि के कर्ता कालिदास अन्तिम और तीसरे थे। इस प्रकार जल्हण की 'कालिदास-त्रयी' का भी समर्थन हो जाता है। और सब पक्षों के प्रमाणों की संगति भी लग जाती है। यद्यपि 'शकुन्तला' और 'रघुवंश' का श्रेय एक ही कालिदास को देने का संस्कार बहुत ही प्राचीन है। विश्व-साहित्य के इन दो ग्रन्थ-रत्नों का कर्ता एक कालिदास को न मानने से श्रद्धा बँट जाने का भय इसमें बाधक है। परन्तु पक्षपात और रूढ़ि को छोड़कर विचार करने से यह बात ठीक ही जाएगी। हम ऊपर कह आए हैं कि कालिदास तीन हुए; परन्तु जो लोग दो ही मानते हैं, वे ही बता सकते हैं कि प्रथम कालिदास तो महाकवि हुए और उन्होंने उत्तमोत्तम नाटक तथा काव्य बना डाले, अब वह कौन-सी बची हुई कृति है जिस पर द्वितीय कवि को 'कालिदास' की उपाधि मिली? क्योंकि यह सहज ही अनुमान किया जा सकता है कि कालिदास की उपाधि 'कालिदास' थी, न कि उनका नाम कालिदास था। जैसी प्राय: किसी वर्तमान कवि को, उसकी शैली की उत्तमता देखकर किसी प्राचीन उत्तम कवि के नाम से सम्बोधित करने की प्रथा-सी है। अस्तु! हम नाटककार कालिदास को प्रथम और ईसवी-पूर्व का कालिदास मानते हैं।

(1) नाटककार कालिदास ने गुप्तवंशीय किसी राजा का संकेत से भी उल्लेख अपने नाटकों में नहीं किया।

(2) 'रघुवंश' आदि असुरों के उत्पात और उनसे देवताओं की रक्षा के वर्णन से साहित्य भरा है। नाटकों में उस तरह का विश्लेषण नहीं। काव्यकार कालिदास का समय हूणों के उत्पात और आतंक से पूर्ण था। नाटकों में इस भाव का विकास इसलिए नहीं है कि वह शकों के निकल जाने पर सुख-शान्ति का काल है। 'मालविकाग्निमित्र' में सिन्धु तट पर विदेशी यवनों का हराया जाना मिलता है। यवनों का राज्य उस समय उत्तरी भारत से उखड़ चुका था। 'शाकुन्तल' में हस्तिनापुर के सम्राट 'वनपुष्प' मालाधारिणी यवनियों से सुरक्षित दिखाई देते हैं। यह सम्भवत: उस प्रथा का वर्णन है जो यवन सिल्यूकस-कन्या से चन्द्रगुप्त का परिणय होने पर मौर्य और उसके बाद शुंग वंश में प्रचलित रही हो। यवनियों का व्यवहार क्रीत दासी और परिचारिकों के रूप में राजकुल में

था। यह काल ईसवी-पूर्व पहली शताब्दी में रहा होगा। नाटककार कालिदास 'मालविकाग्निमित्र' में राजसूय का स्मरण करने पर भी बौद्ध प्रभाव से मुक्त नहीं थे। क्योंकि 'शाकुन्तल' में धीवर के मुख से कहलाया है : 'पशुमारणकर्म्म दारुणोध्यनुकम्पा मृदुरेव श्रोत्रियः'—और भी : 'सरस्वती श्रुतिर्महती न हीयताम्' इन शब्दों पर बौद्ध धर्म की छाप है। नाटककार ने अपने पूर्ववर्ती नाटककारों के जो नाम लिये हैं, उनमें सौमिल्ल और कविपुत्र के नाट्यरत्नों का पता नहीं। भास के नाटकों को चौथी शताब्दी ईसवी-पूर्व माना गया है।

(3) नाटककार ने 'मालविकाग्निमित्र' की कथा का जिस रूप में वर्णन किया है, वह उसके समय से बहुत पुरानी नहीं जान पड़ती। शुंगवंशियों के पतन-काल में विक्रमादित्य का मालवगण-राष्ट्रपति के रूप में अभ्युदय हुआ। उसी काल में कालिदास के होने से शुंगों की चर्चा बहुत ताजी-सी मालूम होती है।

(4) 'जामिल' और 'होरा इत्यादि शब्द, जिनका प्रचार भारत में ईसा की पाँचवीं शताब्दी के समीप हुआ है, नाटक में नहीं पाए जाते। और 'शाकुन्तल' की जिस प्रति का हम उल्लेख कर चुके हैं, उसमें स्पष्टरूपेण विक्रमादित्य से गण-राष्ट्र का सम्बन्ध संकेतित है, और कालिदास का उस नाटक का स्वयं प्रयोग करना भी ध्वनित होता है। यह अभिनय 'साहसाज्र' उपाधिकारी विक्रमादित्य नाम के मालव-गणपति की परिषद् में हुआ था। इसलिए नाटककार कालिदास ईसवी-पूर्व पहली शताब्दी के हैं।

(5) नाटकों की प्राकृत में मागधी—प्रचुर प्राकृत का प्रयोग है। उस प्राकृत का प्रचार भारत में सैकड़ों वर्ष पीछे हुआ था। पाँचवीं-छठी शताब्दी में महाराष्ट्रीय-प्राकृत प्रारम्भ हो गई थी और उस काल के ग्रन्थों में उसी का व्यवहार मिलता है। 'शाकुन्तल' आदि की प्राकृत में बहुत-से प्राचीन प्रयोग मिलते हैं जिनका व्यवहार छठी शताब्दी में नहीं था।

इसलिए नाटककार कालिदास का होना, विक्रमादित्य-प्रथम (मालवपति) के समय—ईसवी-पूर्व पहली शताब्दी में ही निर्धारित किया जा सकता है।

काव्यकार कालिदास अनुमान से पाँचवीं शताब्दी के उत्तरार्द्ध और छठी शताब्दी के पूर्वार्द्ध में जीवित थे। वे काश्मीर के थे, ऐसा लोगों का मत है। 'मेघदूत' में जो अलका का वर्णन है, वह काश्मीर-वियोग का वर्णन है। यदि ये काश्मीर के न होते तो विल्हण को यह लिखने का साहस न होता :

*सहोदरा कुंकुमकेसराणां सार्धन्तनूनं कविताविलासा।*
*न शारदादेशमपास्य दृष्टस्तेषां यदन्यत्र मयाप्ररोहः॥*

500 वर्ष प्राचीन 'पराक्रम बाहु चरित' में इसका उल्लेख है कि सिंहल के राजकुमार धातुसेन (कुमारदास) से कालिदास की बड़ी मित्रता थी। उसने कालिदास

को वहाँ बुलाया। (महावंश के अनुसार इनका राज्यकाल 511 से 524 ई. तक है) यह राजा स्वयं अच्छा कवि था। 'जानकी-हरण' इसका बनाया हुआ ग्रन्थ है :

*जानकी हरणं कर्त्तु रघुवंशेस्थिते सति*
*कविकुमारदासो वा रावणो वा यदिक्षमा:*

सोढ्ढल की बनाई हुई 'उदय-सुन्दरी-कथा' में एक श्लोक है :

*ख्यात: कृती कोपि च कालिदास: शुद्धासुधास्वादुमती च यस्य*
*वाणीमिषाच्चंड मरीचिगोत्र सिन्धो: परम्पारमवाप कीर्ति: ।*
*वभूवुरन्येपि कुमारदास:,* इत्यादि।

हमारा अनुमान है कि 'सिन्धो: परम्परा' में कालिदास और कुमारदास के सम्बन्ध की ध्वनि है।

'ज्योतिर्विदाभरण' को बहुत-से लोग ईसवीय छठी शताब्दी का बना हुआ। मानते हैं। और हम भी कहते हैं कि वह ईसवीय पाँचवीं शताब्दी के अन्त और छठी के प्रारम्भ में होनेवाले कालिदास की कृति है। नाटककार के पीछे भिन्न एक दूसरे कालिदास के होने का, और केवल काव्यकारक, उसमें एक स्पष्ट प्रमाण है।

*काव्यत्रयं सुमतिकृद्रघुवंश पूर्वं पूर्वं ततोननुकियच्छ्रु तिकर्म्मवाद:*
*ज्योतिर्विदाभरण कालविधानशास्त्रं श्री कालिदास कवितोहि ततोबभूव॥*

इस श्लोक में छठी और पाँचवीं शताब्दी के ज्योतिर्विदाभरणकार कालिदास अपने को केवल काव्यत्रयी का ही कर्त्ता मानते हैं, नाटकों का नाम नहीं लिया है। इसलिए यह दूसरे कालिदास—नृपसखा कालिदास या दीपशिखा कालिदास कहिए—पाँचवीं और छठी शताब्दी के कालिदास है। 'अस्तिकश्चिद्वाग् विशेष:' वाली किंवदन्ती भी यही सिद्ध करती है कि काव्यकार कालिदास नाटककार से भिन्न हुए। 'कालिदास' उनकी उपाधि हुई परन्तु वास्तविक नाम क्या था?

'राजतरंगिणी' में एक 'विक्रमादित्य' का वर्णन है, जिसने प्रसन्न होकर काश्मीर देश का राज्य 'मातृगुप्त' नाम के कवि को दे दिया था। डॉक्टर भाउदा जी का मत है कि यह मातृगुप्त ही कालिदास हैं। मेरा अनुमान है कि यह मातृगुप्त कालिदास तो थे, परन्तु द्वितीय और काव्यकर्ता कालिदास थे। प्रवरसेन, मातृगुप्त और विक्रमादित्य—ये परस्पर समकालीन व्यक्ति छठी शताब्दी के माने जाते हैं।

महाराष्ट्री भाषा का काव्य 'सेतुबन्ध' (दह मुह वह) प्रवरसेन के लिए कालिदास ने बनाया था। ऊपर हम कह आए हैं कि मातृगुप्त का वही समय है जो काश्मीर में प्रवरसेन का है। इसका नाम 'तुजीन' भी था। सम्भवत: इसी सभा में रहकर कालिदास ने अपनी जन्मभूमि काश्मीर में यह अपनी पहली कृति

बनाई, क्योंकि उस समय प्राकृत का प्रचार काश्मीर में अधिक था और यह वही प्राकृत है, जो उस समय समस्त भारतवर्ष में राष्ट्रभाषा के रूप में व्यवहृत थी, इसलिए इसका नाम महाराष्ट्री था।

कुछ लोगों का विचार है कि यह काव्य कालिदास का नहीं है क्योंकि पहले विष्णु की स्तुति के रूप में मंगलाचरण किया गया है, परन्तु यह तर्क निस्तार है। कारण, 'रघुवंश' में विष्णु की स्तुति कालिदास ने की है। और 'सेतुबन्ध' में तो स्पष्ट रूप से लिखा मिलता है कि, 'इ आ सिरि पवर सेण विरइए कालिदास कए' अब यह काव्य प्रवरसेन के लिए बनाया गया तो यह आवश्यक है कि उनके आराध्य विष्णु की स्तुति की जाए। प्रवरसेन ने जय स्वामी नामक विष्णु की मूर्ति बनवाई थी। वस्तुत: कालिदास के लिए शिव और विष्णु में भेद नहीं था। जैसाकि हम ऊपर कह आए हैं, 'शाकुन्तल' के प्राकृत से 'सेतुबन्ध' की प्राकृत अत्यन्त अर्वाचीन हैं, इसलिए उसे काव्यकार कालिदास का मान लेने में कोई आपत्ति नहीं है। कालिदास के संस्कृत काव्यों तथा इस महाराष्ट्रीय काव्य में कल्पना शैली और भाव का भी साम्य है। कुछ उदाहरण लीजिए :

वैदेहि पश्यामलयाद्विभक्तमत्सेतुनाफेनिलमम्बुराशिम् —(रघुवंश)
दीसई सेउ महा वह दोहाइअ पुव्व पच्छिम दिसा भाअम् —(सेतुबन्ध)
छाया पथेनेव शरत्प्रसन्नमाकाशमाविष्कृत चारुतारम् —(रघुवंश)
मलअसुवेलालग्गो पडिट्ठिओ णहणि हम्मिसागर सलिले —(सेतुबन्ध)
रत्नच्छाया व्यतिकर इव प्रेक्ष्यमेतत्पुरस्तात —(मेघदूत)
णिअअच्छाआवइ अरसामलइअसाअरोअर जलद्धन्तं —(सेतुबन्ध)

ऐसा जान पड़ता है कि किसी कारण से प्रवरसेन और मातृगुप्त (कालिदास) में अनबन हो गई, और उसे राज्यसभा तथा काश्मीर को छोड़कर मालव जाना पड़ा। शास्त्री महोदय के उस मत का निराकरण किया जा चुका है कि यशोधर्मदेव विक्रमादित्य नहीं थे। फिर सम्भवत: इन्हें स्कन्दगुप्त विक्रमादित्य का ही आश्रित मानना पड़ेगा, क्योंकि तुंजीन और तोरमाण के समय में काश्मीर आपस के विग्रह के कारण अरक्षित था। उज्जयिनी के विक्रमादित्य के लिए यह मिलता भी है कि 'सकाश्मीरान्स कौबेरी काष्ठाश्च करदीकृता'। यह स्कन्दगुप्त विक्रमादित्य की ही वदान्यता थी कि काश्मीर विजय करके उसे मातृगुप्त को दान कर दिया।

चीनी-यात्री हुएन्त्सांग ने लिखा है कि कुमारगुप्त की सभा में दिङ्नाग के दादागुरु मनोरा को हराने में कालिदास की प्रतिभा ने काम किया था। कुमारगुप्त का समय 455 ई. तक है। किशोर मातृगुप्त ने कुमारगुप्त के समय में ही विद्या का परिचय दिया। मनोरथ के शिष्य वसुबन्धु, और उनका शिष्य दिङ्नाग था, जिसने कालिदास के काव्यों की कड़ी आलोचना की थी। सम्भवत: उसी का प्रतिकार 'दिङ्नागानां पथिपरिहरन् स्थूल हस्तावलेपान्' से किया गया है क्योंकि

प्राचीन टीकाकार मल्लिनाथ भी इसको मानते हैं। दिङ्नाग का गुरु वसुबन्धु अयोध्या के विक्रमादित्य का सुहृद था। बौद्ध विद्वान परमार्थ ने उसकी जीवनी लिखी है। इधर वामन ने काव्यालंकारसूत्र वृत्ति के अधिकरण 3, अध्याय 2 में साभिप्रायत्व का उदाहरण देते हुए एक श्लोकार्थ उद्धृत किया है :

*सोऽयं सम्प्रति चन्द्रगुप्त तनयश्चन्द्रप्रकाशो युवा*
*जातो भूपितराश्रय: कृतधियां दिष्टया कृतार्थश्रम:*

यह अयोध्या के विक्रमादित्य चन्द्रगुप्त का तनय चन्द्रप्रकाश युवा कुमारगुप्त हो सकता है। वसुबन्धु के गुरु मनोरथ का अन्त और उसका सभा में पराजित होना स्वयं बौद्धों ने कालिदास के द्वारा माना है। इसी द्वेष से दिङ्नाग कालिदास का प्रतिद्वन्द्वी बना। अब यह मान लेने में कोई भ्रम नहीं होता कि मातृगुप्त किशोरावस्था में कुमारगुप्त की सभा में था। वही कालिदास स्कन्दगुप्त विक्रमादित्य के सहचर थे। कुमारगुप्त का नामांकित एक काव्य भी 'कुमारसम्भव' बनाया। यह बात तो अब बहुत-से विद्वान मानने लगे हैं कि कालिदास के काव्यों में गुप्त-वंश का व्यंजना से वर्णन है। हूणों के उत्पात और उनसे रक्षा करने का वर्णन का पूर्ण आभास 'कुमारसम्भव' में है।

स्कन्दगुप्त के भितरीवाले शिलालेख में एक स्थान पर उल्लेख है :

*क्षितितलशयनीये येन नीता त्रियामा।*

तो 'रघुवंश' में भी मिलता है :

*सललितकुसुमप्रवालश्य्यां, ज्वलितमहौषधिदीपिकासनाथाम्।*
*नरपति रतिवाहयां वभूव क्वचिद् समेतपरिच्छद स्त्रियामाम्॥*

स्कन्दगुप्त के शिलालेखों में जो पद्य-रचना है, वह वैसी ही प्रांजल है, जैसी 'रघुवंश' की—'व्यापेत्य सर्वान्मनुजेन्द्र पुत्रन् लक्ष्मी: स्वयं यं वरयांचकार' इत्यादि में रघुवंश की-सी ही शैली दीख पड़ती है। 'स्कन्देन साक्षादिव देवसेनाम्' इत्यादि में स्कन्दगुप्त का स्पष्ट उल्लेख भी है और कुमारगुप्त के तो बहुत उल्लेख हैं 'रघुवंश' के 5, 6, 7 सर्गों में तो अज के लिए 'कुमार' शब्द का प्रयोग कम-से-कम 11 बार है।

विक्रमादित्य के जीवन के सम्बन्ध में यह प्रसिद्ध है कि उनका अन्तिम जीवन पराजय और दु:खों से सम्बन्ध रखता है। वस्तुत: चन्द्रगुप्त के जोवनकाल में साम्राज्य की वृद्धि के अतिरिक्त उसका ह्रास नहीं हुआ। यह स्कन्दगुप्त के समय में ही हुआ कि उसे अनेक षड्यंत्रों, विपत्तियों तथा कष्टों का सामना करना पड़ा। जिस समय पुरगुप्त के अन्तर्विद्रोह से मगध और अयोध्या छोड़कर स्कन्दगुप्त

विक्रमादित्य ने उज्जयिनी को अपनी राजधानी बनाई, और साम्राज्य का नया संगठन हो रहा था, उसी समय मातृगुप्त को काश्मीर का शासक नियुक्त किया गया। यह समय ईसवी सन् 450 से 500 के बीच पड़ता है। 467 ई. में स्कन्दगुप्त विक्रमादित्य का अन्त हुआ। उसी समय मातृगुप्त (कालिदास) ने काश्मीर का राज्य स्वयं छोड़ दिया और काशी चले आए। अब बहुत-से लोग इस बात की शंका करेंगे कि कहाँ उज्जयिनी, कहाँ मगध; कहाँ काश्मीर, फिर काशी; और सबके बाद सिंहल जाना—यह बड़ा दूरान्वय—सम्बन्ध है। परन्तु उस काल में सिंहल और भारत में बड़ा सम्बन्ध था। महाराज समुद्रगुप्त के समय में सिंहल के राजा मेघवर्ण ने उपहार भेजकर बोध गया में विहार बनाने की प्रार्थना की थी; महावंश और समुद्रगुप्त के लेख में इसका संकेत है और महाबोधि विहार सिंहल के राजकुल की कीर्ति है। तब से सिंहल के राजकुमार और राजकुल के भिक्षु इस विहार में बराबर आते रहते थे। बोध-गया से लाया गया पटना म्यूजियम में एक शिलालेख है—(नम्बर 113); यह प्रमाण प्रख्यात कीर्ति का है : 'लङ्काद्वीप नरेन्द्राणां श्रमण: कुलजोभवत। प्रख्यातकीर्ति धर्मात्मा स्वकुलाम्बर चन्द्रमा'। महानामन के शिलालेख से इसकी पुष्टि होती है।

*संयुक्तागमिनो विशुद्धरजस: सत्वानुकम्पोद्यता*
*शिष्यायस्य सकृद्विचेरुरतुलांलंकाचलोपत्याकां*
*तेभ्य: शीलगुणान्वितश्च शतश: शिष्या: प्रशिष्या: क्रमात*
*जातास्तुंग नरेन्द्रवंश तिलका: प्रोत्सृज्य राज्यश्रियम्*

जब राजकुल के श्रमण और राजपुत्र लोग यहाँ तीर्थ-यात्रा के लिए बराबर आते थे, और संस्कृत कविता का प्रचार भी रहा हो, तब उस काल के सर्वोच्च कवि की मैत्री की इच्छा होना स्वाभाविक है। और, उस नष्टश्रय महाकवि के साथ मैत्री करने में अपने को धन्य समझनेवाले कुमारदास की कथा में अविश्वास का कारण नहीं है। यदि स्कन्दगुप्त विक्रमादित्य के मरने पर दुखी होकर राजमित्र के पास सिंहल आना इनका ठीक है, तो यह कहना होगा कि 'मेघदूत' उसी समय का काव्य है और देव गिरि की स्कन्दराज प्रतिमा उनकी आँखों से देखी हुई थी, जिसका वर्णन उन्होंने 'देवपूर्व गिरि ते' वाले श्लोक में किया है।

यदि 524 ई. तक कालिदास का जीवित रहना ठीक है तो उन्होंने गुप्तवंश का ह्रास भी भलि भाँति देख लिया अथवा सुना होगा। रघुवंश में वैसा ही अन्तिम पतनपूर्ण वर्णन भी है।

कुमारदास का सिंहल का राजा उसी काल में होना और सिंहल में कालिदास के जाने की रूढ़ि उस देश में माना जाना, उधर चीनी-यात्री द्वारा वर्णित कालिदास का मनोरथ को हराना, दिङ्नाग और कालिदास का द्वन्द्व, विक्रमादित्य और

मातृगुप्त की कथा का 'राजतरंगिणी' में उसी काल का उल्लेख, हूण राजकुल में सुंगयुन के अनुसार विग्रह; काश्मीर युद्ध की देखी हुई घटना—ये सब बातें आकर एक सूत्र में ऐसी मिल जाती हैं कि दूसरे काव्यकार कालिदास को विक्रम-सखा, दीप-शिखा कालिदास को मातृगुप्त मानने में कुछ भी संकोच नहीं होता—जैसा डॉक्टर भाऊदाजी का मत है।

विक्रमाङ्क के समान भोज के पिता सिन्धुराज की पदवी साहसाङ्क थी। पद्मगुप्त परिमल ने नवसाहसाङ्क-चरित बनाया था। तंजौरवाली 'साहसाङ्क-चरित की प्रति में इनको भी कालिदास लिखा है। बहुत सम्भव है कि यह तीसरे कालिदास बंगाल के हों, जैसाकि बंगाली लोग मानते हैं। 'ऋतुसंहार', 'पुष्पबाण-विलास', 'श्रृंगार-तिलक' और 'अश्वघाटी' काव्यों के रचयिता सम्भवत: यही तीसरे कालिदास हो सकते हैं।

## सन्दर्भ

1. विक्रमादित्य इत्यासीद्राजा पाटलिपुत्र के (कथा सरित्सागर)—यह द्वितीय चन्द्रगुप्त विक्रमादित्य के लिए आया है। बौद्धों ने अयोध्या में इसकी राजधानी लिखा है। सम्भवत: मगध की साम्राज्य सीमा पढ़ने पर अयोध्या में सम्राट कुछ दिनों के लिए रहने लगे हों परन्तु उज्जयिनी में इसका शासन होना किसी भी लेखक ने नहीं लिखा है। इसके पुत्र कुमारगुप्त ने 'महोदय' को विशेष आदर दिया। क्योंकि साम्राज्य धीरे-धीरे उत्तर-पश्चिम की ओर बढ़ रहा था। वस्तुत: उस समय राज्य की उत्तरोत्तर वृद्धि के साथ गुप्त सम्राट लोग कुसुमपुर की प्रधानता रखते हुए सुविधानुसार अपने रहने का स्थान बदलते रहे हैं, क्योंकि उन्हें सैनिक-केन्द्रों का बराबर परिवर्तन करना पड़ता था।

# अजातशत्रु

इतिहास में घटनाओं की पुनरावृत्ति प्राय: देखी जाती है। इसका तात्पर्य यह नहीं है कि उसमें कोई नई घटना होती ही नहीं। किन्तु असाधारण नई घटना भी भविष्यत् में फिर होने की आशा रखती है। मानव-समाज की कल्पना का भंडार अक्षय है, क्योंकि वह इच्छा-शक्ति का विकास है। इन कल्पनाओं का, इच्छाओं का मूल सूत्र बहुत ही सूक्ष्म और अपरिस्फुट होता है। जब वह इच्छा-शक्ति किसी व्यक्ति या जाति में केन्द्रीभूत होकर अपना सफल या विकसित रूप धारण करती है, तभी इतिहास की सृष्टि होती है। विश्व में जब तक कल्पना इयत्ता को नहीं प्राप्त होती, तब तक वह रूप-परिवर्तन करती हुई, पुनरावृत्ति करती ही जाती है। समाज की अभिलाषा अनन्त स्रोतवाली है। पूर्व कल्पना के पूर्ण होते-होते एक नई कल्पना उसका विरोध करने लगती है, और पूर्व कल्पना कुछ काल तक ठहरकर, फिर होने के लिए अपना क्षेत्र प्रस्तुत करती है। इधर इतिहास का नवीन अध्याय खुलने लगता है। मानव-समाज के इतिहास का इसी प्रकार संकलन होता है।

भारत का ऐतिहासिक काल गौतम बुद्ध से माना जाता है, क्योंकि उस काल की बौद्ध-कथाओं में वर्णित व्यक्तियों का पुराणों की वंशावली में भी प्रसंग आता है। लोग वहीं से प्रामाणिक इतिहास मानते हैं। पौराणिक काल के बाद गौतम बुद्ध के व्यक्तित्व ने तत्कालीन सभ्य संसार में बड़ा भारी परिवर्तन किया। इसलिए हम कहेंगे कि भारत के ऐतिहासिक काल का प्रारम्भ धन्य है, जिसने संसार में पशु-कीट-पतंग से लेकर इन्द्र तक के साम्यवाद की शंखध्वनि की थी। केवल इसी कारण हमें, अपना अतीव प्राचीन इतिहास रखने पर भी, यहीं से इतिहास-काल का प्रारम्भ मानने से गर्व होना चाहिए।

भारत-युद्ध के पौराणिक काल के बाद इन्द्रप्रस्थ के पांडवों की प्रभुता कम होने पर बहुत दिनों तक कोई सम्राट नहीं हुआ। भिन्न-भिन्न जातियाँ अपने-अपने देशों में शासन करती थीं। बौद्धों के प्राचीन संघों में ऐसे 16 राष्ट्रों के उल्लेख हैं, प्राय: उनका वर्णन भौगोलिक क्रम के अनुसार न होकर जातीयता के अनुसार है। उनके नाम हैं : अंग, मगध, काशी, कोसल, वृजि, मल्ल, चेदि, वत्स, कुरु, पांचाल मत्स्य, शूरसेन, अश्वक, अवन्ति, गान्धार और काम्बोज।

उस काल में जिन लोगों से बौद्धों का सम्बन्ध हुआ है, इनमें उन्हीं का नाम है। जातक-कथाओं में शिवि, सौवीर, नद्र, विराट और उद्यान का भी नाम आया है; किन्तु उनकी प्रधानता नहीं है। उस समय जिन छोटी-से-छोटी जातियों, गणों और राष्ट्रों का सम्बन्ध बौद्ध धर्म से हुआ, उन्हें प्रधानता दी गई, जैसे 'मल्ल' आदि।

अपनी-अपनी स्वतंत्र कुलीनता और आचार रखनेवाले इन राष्ट्रों में, कितनों ही में गणतंत्र शासन-प्रणाली भी प्रचलित थी—निसर्ग-नियमानुसार एकता, राजनीति के कारण नहीं, किन्तु एक-से होनेवाली धार्मिक क्रान्ति से थी।

वैदिक हिंसापूर्ण यज्ञों और पुरोहितों के एकाधिपत्य से साधारण जनता के हृदय-क्षेत्र में विद्रोह की उत्पत्ति हो रही थी। उसी के फलस्वरूप जैन-बौद्ध धर्मों का प्रादुर्भाव हुआ। चरम अहिंसावादी जैन-धर्म के बाद बौद्ध-धर्म का प्रादुर्भाव हुआ। वह हिंसामय 'वेद-वाद' और पूर्ण अहिंसावाली जैन-दीक्षाओं के 'अति-वाद' से बचता हुआ एक मध्यवर्ती नया मार्ग था। सम्भवत: धर्म-चक्र-प्रवर्तन के समय गौतम ने इसी से अपने धर्म को 'मध्यमा प्रतिपदा' के नाम से अभिहित किया और इसी धार्मिक क्रान्ति ने भारत के भिन्न-भिन्न राष्ट्रों को परस्पर सन्धि-विग्रह के लिए बाध्य किया।

इन्द्रप्रस्थ और अयोध्या के प्रभाव का ह्रास होने पर, इसी धर्म के प्रभाव से पाटलिपुत्र पीछे बहुत दिनों तक भारत की राजधानी बना रहा। उस समय के बौद्ध-ग्रन्थों में ऊपर कहे हुए बहुत-से राष्ट्रों में से चार प्रमुख राष्ट्रों का अधिक वर्णन है—कोसल, मगध, अवन्ति और वत्स। कोसल का पुराना राष्ट्र सम्भवत: उस काल में सब राष्ट्रों से विशेष मर्यादा रखता था; किन्तु वह जर्जर हो रहा था। प्रसेनजित वहाँ का राजा था। अवन्ति में प्रद्योत (पज्जोत) राजा था। मालव का राष्ट्र भी उस समय सबल था। मगध, जिसने कौरवों के बाद भारत में महान साम्राज्य स्थापित किया, शक्तिशाली हो रहा था। बिम्बिसार वहाँ के राजा थे। अजातशत्रु वैशाली (वृजि) की राजकुमारी से उत्पन्न उन्हीं का पुत्र था। इसका वर्णन भी बौद्धों की प्राचीन कथाओं में बहुत मिलता है। बिम्बिसार की बड़ी रानी कोसला (वासवी) कोसल नरेश प्रसेनजित की बहन थी। वत्स-राष्ट्र की राजधानी कौशाम्बी थी, जिसका खँडहर जिला बाँदा (करुई सव-डिवीजन) में यमुना-किनारे 'कोसम' नाम से प्रसिद्ध है। उदयन इसी कौशाम्बी का राजा था। इसने मगध-राज और अवन्ति-नरेश की राजकुमारियों से विवाह किया था। भारत के सहस्र-रजनी-चरित्र 'कथा-सरित्सागर' का नायक इसी का पुत्र नरवाहनदत्त है।

वृहत्कथा (कथा-सरित्सागर) के आदि आचार्य वररुचि हैं, जो कौशाम्बी में उत्पन्न हुए थे और जिन्होंने मगध में नन्द का मंत्रित्व किया। उदयन के समकालीन अजातशत्रु के बाद उदयाश्व, नन्दिवर्द्धन और महानन्द नाम के तीन राजा मगध के सिंहासन पर बैठे। शूद्र के गर्भ से उत्पन्न, महानन्द के पुत्र, महापद्

ने नन्द-वंश की नींव डाली। इसके बाद सुमाल्य आदि आठ नन्दों ने शासन किया। ('विष्णुपुराण', 4 अंश)। किसी के मत से महानन्द के बाद नवनन्दों ने राज्य किया। इस 'नवनन्द' वाक्य के दो अर्थ हुए—नवनन्द (नवीन नन्द) तथा महापद्‌ और सुमाल्य आदि नौ नन्द। इनका राज्यकाल भी, पुराणों के अनुसार, 100 वर्ष होता है। नन्द के पहले राजाओं का राज्य-काल भी, पुराणों के अनुसार, लगभग 100 वर्ष होता है। ढुण्ढि ने मुद्राराक्षस के उपोद्‌घात में अन्तिम नन्द का नाम धननन्द लिखा है। इसके बाद योगानन्द का मंत्री वररुचि हुआ। यदि ऊपर लिखी हुई पुराणों की गणना सही है, तो मानना होगा कि उदयन के पीछे 200 वर्ष के बाद वररुचि हुए, क्योंकि पुराणों के अनुसार 4 शिशुनाग वंश के और 9 नन्दवंश के राजाओं का राज्य-काल इतना ही होता है। महावंश और जैनों के अनुसार कालाशोक के बाद केवल नवनन्द का नाम आता है। कालाशोक पुराणों का महापद्‌ निन्द है। बौद्धमतानुसार इन शिशुनाग तथा नन्दों का सम्पूर्ण राज्यकाल 100 वर्ष से कुछ ही अधिक होता है। यदि इसे माना जाए, तो उदयन के 100-125 वर्ष पीछे वररुचि का होना प्रमाणित होगा। 'कथा-सरित्सागर' में इसी का नाम 'कात्यायन' भी है : 'नाम्नावररुचिः किं च कात्यायन इति श्रुतः'। इन विवरणों से प्रतीत होता है कि वररुचि उदयन के 125-200 वर्ष बाद हुए। विख्यात उदयन की कौशाम्बी वररुचि की जन्मभूमि है।

मूल वृहत्कथा वररुचि ने काणभूति से कही, और काणभूति ने गुणाढ्य से। इससे व्यक्त होता है कि यह कथा वररुचि के मस्तिष्क का आविष्कार है, जो सम्भवतः उसने संक्षिप्त रूप से संस्कृत में कही थी; क्योंकि उदयन की कथा उसकी जन्म-भूमि में किंवदन्तियों के रूप में प्रचलित रही होगी। उसी मूल उपाख्यान को क्रमशः काणभूति और गुणाढ्य ने प्राकृत और पैशाची भाषाओं में विस्तारपूर्वक लिखा। महाकवि क्षेमेन्द्र ने उसे 'वृहत्कथा-मंजरी' नाम से, संक्षिप्त रूप से, संस्कृत में लिखा। फिर काश्मीर-राज अनन्तदेव के राज्यकाल में 'कथा-सरित्सागर' की रचना हुई। इस उपाख्यान को भारतीयों ने बहुत आदर दिया और वत्सराज उदयन कई नाटकों और उपाख्यानों में नायक बनाए गए। 'स्वप्न-वासवदत्ता', 'प्रतिज्ञा-यौगन्धरायण' और 'रत्नावली' में इन्हीं का वर्णन है। 'हर्षचरित' में लिखा है : 'नागवन विहारशीलं च मायामातंगांगान्निर्गताः महासेनसैनिकाः वत्सपतिंन्ययंसिषु।' मेघदूत में भी : 'प्राप्यावन्तीनुदयन-कथाकोविदग्राममवृद्धान्' और 'प्रद्योतस्य प्रियदुहितरं वत्सराजोऽत्र जह्रे' इत्यादि हैं। इससे इस कथा की सर्वलोकप्रियता समझी जा सकती है। वररुचि ने इस उपाख्यान-माला को सम्भवतः 350 ई.-पूर्व लिखा होगा। सातवाहन नामक आन्ध्र-नरपति के राजपंडित गुणाढ्य ने इसे 'वृहत्कथा' नाम से ईसा की पहली शताब्दी में लिखा। इस कथा का नायक नरवाहनदत्त इसी उदयन का पुत्र था।

बौद्धों के यहाँ इसके पिता का नाम 'परन्तप' मिलता है, और 'मरन परिदीपितउदेनिवस्तु' के नाम से एक आख्यायिका है। उसमें भी (जैसाकि 'कथा-सरित्सागर' में) इसकी माता का गरुड़ वंश के पक्षी द्वारा उदयगिरि की गुफा में ले जाया जाना और वहाँ एक मुनि कुमार का उनकी रक्षा और सेवा करना लिखा है। बहुत दिनों तक इसी प्रकार साथ रहते-रहते मुनि से उसका स्नेह हो गया और उसी से वह गर्भवती हुई। उदयगिरि (कलिंग) की गुफा में जन्म होने के कारण लड़के का नाम उदयन पड़ा। मुनि ने उसे हस्ती-वश करने की विद्या, और भी कई सिद्धियाँ दीं। एक वीणा भी मिली ('कथा-सरित्सागर' के अनुसार, वह प्राण बचाने पर नागराज ने दी थी)। वीणा द्वारा हाथियों और शबरों की बहुत-सी सेना एकत्र करके उसने कौशाम्बी को हस्तगत किया और अपनी राजधानी बनाया, किन्तु 'वृहत्कथा' के आदि आचार्य वररुचि का कौशाम्बी में जन्म होने के कारण उदयन की ओर विशेष पक्षपात-सा दिखाई देता है। अपने आख्यान के नायक को कुलीन बनाने के लिए उसने उदयन को पांडव वंश का लिखा है। उनके अनुसार उदयन गांडीवधारी अर्जुन की सातवीं पीढ़ी में उत्पन्न सहस्त्रनीक का पुत्र था। बौद्धों के मतानुसार 'परन्तप' के क्षेत्रज पुत्र उदयन की कुलीनता नहीं प्रकट होती; परन्तु वररुचि ने लिखा है कि इन्द्रप्रस्थ नष्ट होने पर पांडव-वंशियों ने कौशाम्बी को राजधानी बनाया। वररुचि ने यों सहस्त्रनीक से कौशाम्बी के राजवंश का आरम्भ माना है। कहा जाता है, इसी उदयन ने अवन्तिका को जीतकर उसका नाम उदयपुरी या उज्जयनपुरी रखा। 'कथा-सरित्सागर' में उदयन के बाद नरवाहनदत्त का ही वर्णन मिलता है। विदित होता है, एक-दो पीढ़ी चलकर उदयन का वंश मगध की साम्राज्य-लिप्सा और उसकी रणनीति में अपने स्वतंत्र अस्तित्व को नहीं रख सका।

किन्तु 'विष्णुपुराण' की एक प्राचीन प्रति में कुछ नया शोध मिला है और उससे कुछ और नई बातों का पता चलता है। 'विष्णुपुराण' के चतुर्थ अंक के 21वें अध्याय में लिखा है : 'तस्यापि, जन्मेजयश्रुतसेनोप्रसेनभीमसेनाः पुत्रश्चत्वारो भविष्यन्ति ॥1 ॥ तस्यापरः शतानीको भविष्यति योऽसौ...विषयविरक्तचित्तो... निर्वाणमाप्यति ॥2 ॥ शतानीकादश्वमेघदत्तो भविता। तस्मादप्यधिसीमकृष्णः अधिसीमकृष्णात नृचक्षुः यो गंगयापहते हस्तिनापुरे कौशाम्ब्याम् निवत्स्यति।'

इसके बाद 17 राजाओं के नाम हैं। फिर 'ततोप्यपरः शतानीकः तस्माच्च उदयनः उदयनादहीनरः' लिखा है।

इससे दो बातें व्यक्त होती हैं : पहली यह कि शतानीक कौशाम्बी में नहीं गए; किन्तु नृचक्षु नामक पांडव-वंशी राजा हस्तिनापुर के गंगा में बह जाने पर कौशाम्बी गए। उनसे 29वीं पीढ़ी में उदयन हुए। सम्भवतः उनके पुत्र अहीनर का ही नाम 'कथा-सरित्सागर' में नरवाहनदत्त लिखा है।

दूसरी यह कि शतानीक इस अध्याय में दोनों स्थान पर 'अपरशतानीक' करके लिखा गया है। 'अपरशतानीक' का विषय-विरागी होना, विरक्त हो जाना लिखा है। सम्भवतः यह शतानीक उदयन के पहले का कौशाम्बी का राजा है, अथवा बौद्धों की कथा के अनुसार इसकी रानी का क्षेत्रज पुत्र उदयन है, किन्तु वहाँ इस राजा का नाम—परन्तप है। जन्मेजय के बाद जो 'अपरशतानीक' आता है, वह भ्रम-सा प्रतीत होता है, क्योंकि जन्मेजय ने अश्वमेध यज्ञ किया था; इसलिए जन्मेजय के पुत्र का नाम अश्वमेधदत्त होना कुछ संगत प्रतीत होता है, अतएव कौशाम्बी में इस दूसरे शतानीक की ही वास्तविक स्थिति ज्ञात होती है, जिसकी स्त्री किसी प्रकार (गरुड़ पक्षी द्वारा) हरी गई। उस राजा शतानीक के विरागी हो जाने पर उदयगिरि की गुफा में उत्पन्न विजयी और वीर उदयन, अपने बाहुबल से, कौशाम्बी का अधिकारी हो गया। इसके बाद कौशाम्बी के सिंहासन पर क्रमशः अहीनर (नरवाहनदत्त), खंडपाणि, नरमित्र और क्षेमक—ये चार राजा बैठे। इसके बाद कौशाम्बी के राजवंश या पांडव-वंश का अवसान होता है।

अर्जुन से सातवीं पीढ़ी में उदयन का होना तो किसी प्रकार से ठीक नहीं माना जा सकता, क्योंकि अर्जुन के समकालीन जरासन्ध के पुत्र सहदेव से लेकर, शिशुनाग वंश से पहले के जरासन्ध वंश के 22 राजा मगध के सिंहासन पर बैठ चुके हैं। उनके बाद 12 शिशुनाग वंश के बैठे जिनमें छठे और सातवें राजाओं के समकालीन उदयन थे। तो क्या एक वंश में उतने ही समय में, तीस पीढ़ियाँ हो गईं जितने में कि दूसरे वंश में केवल सात पीढ़ियाँ हुईं? यह बात कदापि मानने योग्य न होगी। सम्भवतः इसी विषमता को देखकर श्रीगणपति शास्त्री ने 'अभिमन्योः पंचविंश सन्तानः' इत्यादि लिखा है। कौशाम्बी में न तो अभी विशेष खोज हुई है और न शिलालेख इत्यादि ही मिले हैं; इसलिए सम्भव है, कौशाम्बी के राजवंश का रहस्य अभी पृथ्वी के गर्भ में ही दबा पड़ा हो!

'कथा-सरित्सागर' में उदयन की दो रानियों के ही नाम मिले हैं : वासवदत्ता और परावर्ती। किन्तु बौद्धों के प्राचीन ग्रन्थों में उसकी तीसरी रानी मागन्धी का नाम भी आया है।

वासवदत्ता उसकी बड़ी रानी थी जो अवन्ति के चंडमहासेन की कन्या थी। इसी चंड का नाम प्रद्योत भी था, क्योंकि मेघदूत में 'प्रद्योतस्य प्रियदुहितरं वत्सराजोऽत्र जह्रे' और किसी प्रति में 'चंडस्यात्र प्रियदुहितरं वत्सराजो विजह्रे'—ये दोनों पाठ मिलते हैं। इधर बौद्धों के लेखों में अवन्ति के राजा का नाम प्रद्योत मिलता है और 'कथा-सरित्सागर' के एक श्लोक से एक भ्रम और भी उत्पन्न होता है। वह यह है, 'ततश्चंडमहासेनप्रद्योतो पितरो द्वयो देव्योः' तो क्या प्रद्योत परावर्ती के पिता का नाम था? किन्तु कुछ लोग प्रद्योत और चंडमहासेन को एक ही मानते हैं। यही मत ठीक है, क्योंकि भास ने अवन्ति के राजा का नाम प्रद्योत ही लिखा

है, और वासवदत्ता में उसने यह दिखाया है कि मगध राजकुमारी परावर्ती को यह अपने लिए चाहता था। जैकोबी ने अपने वासवदत्ता के अनुवाद में अनुमान किया कि यह प्रद्योत चंडमहासेन का पुत्र था; किन्तु जैसाकि प्राचीन राजाओं में देखा जाता है, यह अवश्य अवन्ति के राजा का मुख्य नाम था। उसका राजकीय नाम चंडमहासेन था। बौद्धों के लेख से प्रसेनजित के एक दूसरे नाम 'अग्निदत्त' का भी पता लगता है। बिम्बिसार 'श्रेणिक' और अजातशत्रु 'कुणीक' के नाम से भी विख्यात थे।

परावर्ती, उदयन की दूसरी रानी, के पिता के नाम में बड़ा मतभेद है। यह तो निर्विवाद है कि वह मगधराज की कन्या थी, क्योंकि 'कथा-सरित्सागर' में भी यही लिखा है; किन्तु बौद्धों ने उसका नाम श्यामावती लिखा है, जिस पर मागन्धी के द्वारा उत्तेजित किए जाने पर, उदयन बहुत नाराज हो गए थे। वे श्यामावती के ऊपर, बौद्ध-धर्म का उपदेश सुनने के कारण, बहुत क्रुद्ध हुए। यहाँ तक कि उसे जला डालने का भी उपक्रम हुआ था; किन्तु भास की 'वासवदत्ता' में इस रानी के भाई का नाम दर्शक लिखा है। पुराणों में भी अजातशत्रु के बाद दर्शक, दर्भक और वंशक—इन कई नामों से अभिहित एक राजा का उल्लेख है; किन्तु 'महावंश' आदि बौद्ध ग्रन्थों में केवल अजातशत्रु के पुत्र उदयाश्व का ही नाम उदायिन, उदयभद्रक के रूपान्तर में मिलता है। मेरा अनुमान है कि परावर्ती अजातशत्रु की बहन थी और भास ने सम्भवत: (कुणीक के स्थान में) अजात के दूसरे नाम दर्शक का ही उल्लेख किया है, जैसाकि चंडमहासेन के लिए प्रद्योत नाम का प्रयोग किया है।

यदि परावर्ती अजातशत्रु की कन्या हुई, तो इन बातों को भी विचारना होगा कि जिस समय बिम्बिसार मगध में, अपनी वृद्धावस्था में राज्य कर रहा था, उस समय परावर्ती का विवाह हो चुका था। प्रसेनजित उसका समवयस्क था। वह बिम्बिसार का साला था; कलिंगदत्त ने प्रसेनजित को अपनी कन्या देनी चाही थी, किन्तु स्वयं उसकी कन्या कलिंगसेना ने प्रसेन को वृद्ध देखकर उदयन से विवाह करने का निश्चय किया था।

*श्रावस्तीं प्राप्य पूर्वं च तं प्रसेनजितम् नृपम्!*
*मृगयानिर्गतं दूराज्जरापाण्डुं ददर्श सा॥*
*तमुद्यानगता सावैवत्सेशं सख्युरुदीरितम्।* इत्यादि

[मदनमंजुका लम्बक]

अर्थात् पहले श्रावस्ती में पहुँचकर, उद्यान में ठहरकर, उसने सखी के बताए हुए वत्सराज प्रसेनजित को, शिकार के लिए जाते समय, दूर से देखा। वह वृद्धावस्था के कारण पांडु-वर्ण हो रहे थे।

इधर बौद्धों ने लिखा है कि 'गौतम ने अपना नवाँ चातुर्मास्य कौशाम्बी में, उदयन के राज्य-काल में, व्यतीत किया और 45 चातुर्मास्य करके उनका निर्वाण हुआ।' ऐसा भी कहा जाता है—अजातशत्रु के राज्याभिषेक के नवें या आठवें वर्ष में गौतम का निर्वाण हुआ। इससे प्रतीत होता है कि गौतम के 35वें-36वें चातुर्मास्य के समय अजातशत्रु सिंहासन पर बैठा। तब तक वह बिम्बिसार का प्रतिनिधि या युवराज मात्र था; क्योंकि अजात ने अपने पिता को अलग करके, प्रतिनिधि रूप से, बहुत दिनों तक राज-कार्य किया था, और इसी कारण गौतम ने राजगृह का जाना बन्द कर दिया था। 35वें चातुर्मास्य में 9 चातुर्मास्यों का समय घटा देने से निश्चय होता है कि अजात के सिंहासन पर बैठने के 26 वर्ष पहले उदयन ने परावर्ती और वासवदत्ता से विवाह कर लिया था और वह एक स्वतंत्र शक्तिशाली नरेश था। इन बातों को देखने से यह ठीक जँचता है कि परावर्ती अजातशत्रु की बड़ी बहन थी, और परावर्ती को अजातशत्रु से बड़ी मानने के लिए यह विवरण यथेष्ट है। दर्शक का उल्लेख पुराणों में मिलता है, और भास ने भी अपने नाटक में वही नाम लिखा है; किन्तु समय का व्यवधान देखने से—और बौद्धों के यहाँ उसका नाम न मिलने से—यही अनुमान होता है कि प्रायः जैसे एक ही राजा को बौद्ध, जैन और पौराणिक लोग भिन्न-भिन्न नाम से पुकारते हैं, वैसे ही दर्शक, कुणीक और अजातशत्रु—ये नाम एक ही व्यक्ति के हैं, जैसे बिम्बिसार के लिए विन्ध्यसेन और श्रेणिक—ये दो नाम और भी मिलते हैं। प्रोफेसर गैगर महावंश के अनुवाद में बड़ी दृढ़ता से अजातशत्रु और उदयाश्व के बीच में दर्शक नाम के किसी राजा के होने का विरोध करते हैं। 'कथा-सरित्सागर' के अनुसार प्रद्योत ही परावर्ती के पिता का नाम था। इन सब बातों को देखने से यही अनुमान होता है कि परावर्ती बिम्बिसार की बड़ी रानी कोसला (वासवी) के गर्भ से उत्पन्न मगध राजकुमारी थी।

नवीन उन्नतिशील राष्ट्र मगध, जिसने कौरवों के बाद महान साम्राज्य भारत में स्थापित किया, इस नाटक की घटना का केन्द्र है। मगध को कोसल का दिया हुआ, राजकुमारी कोसला (वासवी) के दहेज में काशी का प्रान्त था, जिसके लिए मगध के राजकुमार अजातशत्रु और प्रसेनजित से युद्ध हुआ। इस युद्ध का कारण, काशी-प्रान्त का आयकर लेने का संघर्ष था। 'हरितमात', 'बड्ढकीसूकर', 'तच्छसूकर' जातक की कथाओं का इसी घटना से सम्बन्ध है।

अजातशत्रु जब अपने पिता के जीवन में ही राज्याधिकार का भोग कर रहा था और जब उसकी विमाता कोसलकुमारी वासवी अजात के द्वारा एक प्रकार से उपेक्षित-सी हो रही थी, उस समय उसके पिता (कोसलनरेश) प्रसेनजित ने उद्योग किया कि मेरे दिए हुए काशी-प्रान्त का आयकर वासवी को ही मिले। निदान, इस प्रश्न को लेकर दो युद्ध हुए। दूसरे युद्ध में अजातशत्रु बन्दी हुआ। सम्भवतः

इस बार उदयन ने भी कोसल को सहायता दी थी। फिर भी निकट-सम्बन्धी जानकर समझौता होना अवश्यम्भावी था, अतएव प्रसेनजित ने मैत्री चिरस्थायी करने के लिए, और अपनी बात भी रखने के लिए अजातशत्रु से अपनी दुहिता वाजिराकुमारी का ब्याह कर दिया।

अजातशत्रु के हाथ से उसके पिता बिम्बिसार की हत्या होने का उल्लेख भी मिलता है। 'थुस जातक कथा' अजातशत्रु के अपने पिता से राज्य छीन लेने के सम्बन्ध में, भविष्यवाणी के रूप में, कही गई है। परन्तु बुद्धघोष ने बिम्बिसार को बहुत दिन तक अधिकारच्युत होकर बन्दी की अवस्था में रहना लिखा है। और जब अजातशत्रु को पुत्र हुआ, तब उसे 'पैतृक स्नेह' का मूल्य समझ पड़ा। उस समय वह स्वयं पिता को कारागार से मुक्त करने के लिए गया; किन्तु उस समय वहाँ महाराज बिम्बिसार की अन्तिम अवस्था थी। इस तरह से भी पितृहत्या का कलंक उस पर आरोपित किया जाता है; किन्तु कई विद्वानों के मत से इसमें सन्देह है कि अजात ने वास्तव में पिता को बन्दी बनाया या मार डाला था। उस काल की घटनाओं को देखने से प्रतीत होता है कि बिम्बिसार पर गौतम बुद्ध का अधिक प्रभाव पड़ा था। उसने अपने पुत्र का उद्धत स्वभाव देखकर जोकि गौतम के विरोधी देवदत्त के प्रभाव में विशेष रहता था, स्वयं सिंहासन छोड़ दिया होगा।

इसका कारण भी है। अजातशत्रु की माता छलना, वैशाली के राजवंश की थी, जो जैन तीर्थंकर महावीर स्वामी की निकट-सम्बन्धिनी भी थी। वैशाली की वृजि-जाति (लिच्छवि) अपने गोत्र के महावीर स्वामी का धर्म विशेष रूप से मानती थी। छलना का झुकाव अपने कुल-धर्म की ओर अधिक था। इधर देवदत्त, जिसके बारे में कहा जाता है कि उसने गौतम बुद्ध को मार डालने का एक भारी षड्यंत्र रचा था और किशोर अजात को अपने प्रभाव में लाकर राजशक्ति से भी उसमें सहायता लेना चाहता था—चाहता था कि गौतम से संघ में अहिंसा की ऐसी व्याख्या प्रचारित करावे जो कि जैन धर्म से मिलती हो, और उसके इस उद्देश्य में राजमाता की सहानुभूति का भी मिलना स्वाभाविक ही था।

बौद्ध-मत में बुद्ध ने कृत, दृष्ट और उद्दिष्ट—इन्हीं तीन प्रकार की हिंसाओं का निषेध किया था। यदि भिक्षा में मांस भी मिले, तो वर्जित नहीं था। किन्तु देवदत्त यह चाहता था कि 'संघ में यह नियम हो जाए कि कोई भिक्षु मांस खाए ही नहीं।' गौतम ने ऐसी आज्ञा नहीं प्रचारित की। देवदत्त को धर्म के बहाने छलना की सहानुभूति मिली और बड़ी रानी तथा बिम्बिसार के साथ, जो बुद्धभक्त थे, शत्रुता की जाने लगी।

इसी गृह-कलह को देखकर बिम्बिसार ने स्वयं सिंहासन त्याग दिया होगा और राजशक्ति के प्रलोभन से अजात को अपने पिता पर सन्देह रखने का

कारण हुआ होगा और विशेष नियंत्रण की भी आवश्यकता रही होगी। देवदत्त और अजात के कारण गौतम को कष्ट पहुँचाने का निष्फल प्रयास हुआ। सम्भवतः इसी से अजात की क्रूरताओं का बौद्ध-साहित्य में बड़ा अतिरंजित वर्णन मिलता है।

कोसल-नरेश प्रसेनजित के—शाक्य-दासी-कुमारी के गर्भ से उत्पन्न—कुमार का नाम विरुद्धक था। विरुद्धक की माता का नाम जातकों में बासभखत्तिया मिलता है। (उसी का कल्पित नाम शक्तिमती है।) प्रसेनजित अजात के पास सहायता के लिए राजगृह आया था, किन्तु 'भद्दसाल-जातक' में इसका विस्तृत विवरण मिलता है कि विद्रोही विरुद्धक गौतम के कहने पर फिर से अपनी पूर्व मर्यादा पर अपने पिता के द्वारा अधिष्ठित हुआ। इसने कपिलवस्तु का जनसंहार इसलिए चिढ़कर किया था कि शाक्यों ने धोखा देकर प्रसेनजित से शाक्यकुमारी के बदले एक दासीकुमारी से ब्याह कर दिया था, जिससे दासी-सन्तान होने के कारण विरुद्धक को अपने पिता के द्वारा अपदस्थ होना पड़ा था। शाक्यों के संहार के कारण बौद्धों ने इसे भी क्रूरता का अवतार अंकित किया है। 'भद्दसाल-कथा' के सम्बन्ध में जातक में कोसल-सेनापति बन्धुल और उसकी स्त्री मल्लिका का विशद वर्णन है। इस बन्धुल के पराक्रम से भीत होकर कोसल-नरेश ने इसकी हत्या करा डाली थी और इसका बदला लेने के लिए उसके भागिनेय दीर्घकारायण ने प्रसेनजित से राजचिह्न लेकर क्रूर विरुद्धक को कोसल के सिंहासन पर अभिषिक्त किया।

प्रसेन और विरुद्धक सम्बन्धिनी घटना का वर्णन 'अवदान-कल्पलता' में भी मिलता है। बिम्बिसार और प्रसेन, दोनों के पुत्र विद्रोही थे और तत्कालीन धर्म के उलट-फेर में गौतम के विरोधी थे। इसीलिए इनका क्रूरतापूर्ण अतिरंजित चित्र बौद्ध-इतिहास में मिलता है। उस काल के राष्ट्रों के उलट-फेर में धर्म-दुराग्रह ने भी सम्भवतः बहुत भाग लिया था।

मागन्धी (श्यामा), जिसके उकसाने से परावर्ती पर उदयन बहुत असन्तुष्ट हुए थे, ब्राह्मण-कन्या थी, जिसको उसके पिता गौतम से ब्याहना चाहते थे, और गौतम ने उसका तिरस्कार किया था। इसी मागन्धी को और बौद्धों के साहित्य में वर्णित आम्रपाली (अम्बपाली) को, हमने कल्पना द्वारा एक में मिलाने का साहस किया है। अम्बपाली पतिता और वेश्या होने पर भी गौतम के द्वारा अन्तिम काल में पवित्र की गई। (कुछ लोग जीवक को इसी का पुत्र मानते हैं।)

लिच्छवियों का निमंत्रण अस्वीकार करके गौतम ने उसकी भिक्षा ग्रहण की थी। बौद्धों की श्यामावती वेश्या आम्रपाली, मागन्धी और इस नाटक की श्यामा वेश्या का एकत्र संघटन कुछ विचित्र तो होगा; किन्तु चरित्र का विकास और कौतुक बढ़ाना ही इसका उद्देश्य है।

सम्राट अजातशत्रु के समय में मगध साम्राज्य-रूप में परिणत हुआ; क्योंकि अंग और वैशाली को इसने स्वयं विजय किया था और काशी अब निर्विवाद रूप से उसके अधीन हो गई थी। कोसल भी इसका मित्रराष्ट्र था। उत्तरी भारत में यह इतिहासकाल का प्रथम सम्राट हुआ। मथुरा के समीप परखम गाँव में मिली हुई अजातशत्रु की मूर्ति देखकर मिस्टर जायसवाल की सम्मति है कि अजातशत्रु ने सम्भवतः पश्चिम में मथुरा तक भी विजय किया था।

✪✪✪